LA BONNE LECTURE

LA BONNE LECTURE

Doris-Jeanne Gourévitch
Marie-Françoise Fourestier
Jacques Gourévitch

JOHN WILEY & SONS
NEW YORK CHICHESTER BRISBANE TORONTO SINGAPORE

ACKNOWLEDGEMENTS

The authors gratefully acknowledge permission to reproduce the following:

Georges Courteline, **Monsieur Badin**, Librairie ernest flammarion, 1964.

"Non, je ne regrette rien", words by Michel Vaucaire, music by Charles Dumont, © 1961 by Editions Musicales Eddie Barclay, copyright assigned 1965 to Ste d'Editions Musicales Internationales (S.E.M.I.). Used by permission of Shapiro, Bernstein & Co., Inc., Music Publishers.

Bernard Dadié, "La Lueur du soleil couchant" from **Légendes africaines**. Used by permission of Editions Robert Laffont, 1966.

Sempé, *Bande dessinée* from **Rien n'est simple**, Denoël, Paris, 1962, © Christiane Charillon, 1962.

Boris Vian, "Complainte du progrès" from *Textes et chansons*, Editions Julliard, 1966.

Jean Giraudoux, **L'Apollon de Bellac**, Editions Bernard Grasset, 1954 and 1982.

Simone de Beauvoir, excerpt from **Memoires d'une jeune fille rangée,** © Editions Gallimard, 1958.

Georges Perros, 38 lines from "Qu'est-ce qu'ils seront mes enfants" from **Une Vie ordinaire**, © Editions Gallimard, 1967.

"Le Chant des Partisans." Words by Maurice Druon and Joseph Kessel, music by Anna Marly. © 1944, 1966 by France Music. © 1945 by Editions Raoul Breton. Used by permission.

Drawings by Laurent Baude

Library of Congress Cataloging in Publication Data:
Main entry under title:
La bonne lecture.

English and French

1. French language—Readers. 2. French language—Text-books for foreign speakers—English. 3. French literature. I. Gourévitch, Doris-Jeanne. II. Fourestier, Marie-Françoise. III. Gourévitch, Jacques.

PC2117.B59 1984 448.6'421 83-14659
ISBN 0-471-89050-2

Printed in the United States of America

10 9 8 7 6 5 4 3 2 1

Preface

This reader is intended for second-year French classes at the college level.

The texts, from 1793 to our days, were chosen to give students an interesting variety of readings of literary value including, among others, short stories by Maupassant, Balzac and Dadié, plays by Courteline and Giraudoux, poetry by Verlaine and Perros and an extract from *Mémoires d'une jeune fille rangée* by Simone de Beauvoir. For further diversity, and the acquisition of an everyday vocabulary, we have added lessons based on a menu and recipes, a whimsical satirical poem song by Boris Vian, a song popularized by Piaf, the famous song of the Resistance "Le Chant des Partisans," and a cartoon.

The texts are in no way intended as a survey of literature. No attention, whatsoever, was given to chronology.

The lessons are divided into: *Lecture, Étude du texte* and, for many lessons, *Remarques grammaticales.*

A short biographical sketch in French precedes the reading material, acquainting the students with the life, times, and works of the writer and introducing them to the reading that follows. Notes accompanying the readings help students to understand words and expressions which might be beyond their present comprehension; some identify historical dates and background and a few offer grammatical explanations where necessary. All notes are in French, readily understandable to students after a basic course.

The second part of the lesson, *Étude du texte,* is an analysis of the text, working its way from "exercises de vocabulaire" to thought-provoking questions and discussions. The type of exercise used in this section encourages students to practice vocabulary already learned and to use vocabulary and expressions they have seen for the first time in the preparation of the lesson. Questions on style help the students to further analyze the text. Many of the *"sujets de conversation"* and *"compositions écrites"* focus on the students' own ideas and reactions to problems facing them and the world today, problems which have been highlighted in the readings and are still very "relevant." When the reading material stretches into more than one lesson, these topics, at the end of the last lesson, include the entire story or play.

Many lessons are followed by *Remarques grammaticales*. These are in no way intended as a comprehensive grammar review. They merely point out and illustrate for the students certain points of grammar learned in grammar lessons and now used in literature, thus rendering them less abstract. For the most part, only grammatical points which come up in the readings and which present a special interest to the students are considered and only in the context of the material read. Our own experience, however, coupled with suggestions from colleagues, led us to include two slightly more developed "lessons," one on the simple past and the other on the subjunctive. We felt that these two subjects were rarely covered adequately in the first year of French and would be needed to render the reading of the texts more understandable without forcing the students to refer to a grammar book. The examples, printed in italics, in the exercises and the *Remarques grammaticales* are direct quotations from the texts.

We have also included notes on French versification in the lesson on *Colloque sentimental* by Verlaine, realizing that students do little in that area in a basic course and feeling that this knowledge would enable them to appreciate more fully French poetry.

A comprehensive French-English vocabulary is found at the end of the book. This vocabulary includes words and expressions from the biographical notes, readings, footnotes, exercises, and *Remarques grammaticales*.

We take this opportunity to thank our colleagues and students for their valuable and constructive suggestions. A special "thank you" goes to Professor Lucienne DeWulf, Fashion Institute of Technology of the State University of New York, Professor J. Robert Loy, Brooklyn College and the Graduate Center of the City University of New York, and Professor Michèle Maréchal-Trudel, Borough of Manhattan Community College of the City University of New York, for their careful reading of sections of the manuscript and the resulting judicious suggestions. Our thanks go also to Madame Catherine Mallet-Montfort who was very helpful in contacting editors and publishing houses in Paris, thus facilitating the granting of permissions. And last but not least, we'd like to express our appreciation to Ronald Nelson, editor, and Elizabeth Doble, production supervisor, for their cooperation in the preparation of this book.

D.J.G.
M.F.F.
J.G.

Table des matières

PREMIER CHAPITRE 1

Monsieur Badin GEORGES COURTELINE

Que, si, y *et* **en**

DEUXIÈME CHAPITRE 13

Non, je ne regrette rien Paroles de MICHEL VAUCAIRE
Musique de CHARLES DUMONT

TROISIÈME CHAPITRE 21

L'Aventure de Walter Schnaffs GUY DE MAUPASSANT

Le passé simple

QUATRIÈME CHAPITRE 30

L'Aventure de Walter Schnaffs (fin) GUY DE MAUPASSANT

L'imparfait et le passé simple

CINQUIÈME CHAPITRE 38

Menus et recettes

SIXIÈME CHAPITRE 45

Colloque sentimental PAUL VERLAINE

Notes sur la versification français

SEPTIÈME CHAPITRE 52

La Lueur du soleil couchant BERNARD DADIÉ

Quelques verbes irréguliers

HUITIÈME CHAPITRE 64

Bande dessinée SEMPÉ

Le subjonctif - Conjugaison

NEUVIÈME CHAPITRE 70

Complainte du progrès BORIS VIAN

Le subjonctif - Emploi

DIXIÈME CHAPITRE 79

L'Apollon de Bellac JEAN GIRAUDOUX

La construction interrogative

ONZIÈME CHAPITRE 93

L'Apollon de Bellac (suite) JEAN GIRAUDOUX

La forme féminine de l'adjectif

DOUZIÈME CHAPITRE 107

L'Apollon de Bellac (suite) JEAN GIRAUDOUX

Les pronoms personnels

TREIZIÈME CHAPITRE 122

L'Apollon de Bellac (fin) JEAN GIRAUDOUX

Place des pronoms personnels

QUATORZIÈME CHAPITRE 131

Mémoires d'une jeune fille rangée (extrait)
SIMONE DE BEAUVOIR

Place de l'adjectif qualificatif

QUINZIÈME CHAPITRE 138

Chant des Partisans Paroles de MAURICE DRUON et JOSEPH KESSEL Musique de ANNA MARLY

SEIZIÈME CHAPITRE 148

Ce qu'est un homme dans la vie GEORGES PERROS

L'impératif des verbes **être, avoir, savoir** et **vouloir**

Le pronom impersonnel **il**

DIX-SEPTIÈME CHAPITRE 152

Lettre de Marie-Antoinette à sa belle-sœur MARIE-ANTOINETTE

L'adverbe de négation **ne**

La "troisième personne de l'impératif"

DIX-HUITIÈME CHAPITRE 160

Un Épisode sous la Terreur HONORÉ DE BALZAC

Les verbes pronominaux

DIX-NEUVIÈME CHAPITRE 172

Un Épisode sous la Terreur (suite) HONORÉ DE BALZAC

L'adverbe

VINGTIÈME CHAPITRE 183

Un Épisode sous la Terreur (fin) HONORÉ DE BALZAC

VOCABULAIRE FRANÇAIS-ANGLAIS 191

LES PROVINCES DE FRANCE

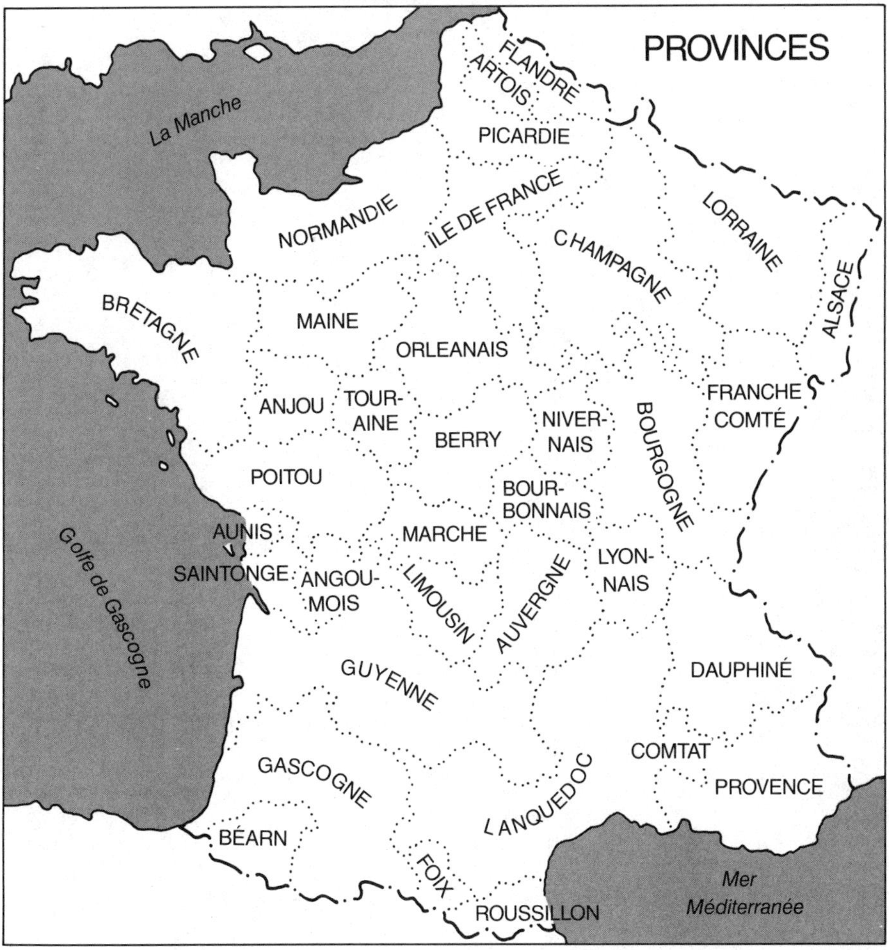

LA BONNE LECTURE

PREMIER CHAPITRE

Monsieur Badin

GEORGES COURTELINE (GEORGES MOINEAU) (1858-1929)

Entre 1890 et 1914 Georges Courteline a connu une immense popularité. De nos jours il continue à faire rire le public chaque fois qu'une de ses pièces est reprise.

Né à Tours en 1858, Georges Moineau était le fils d'un journaliste et auteur dramatique. Sa jeunesse s'est écoulée entre Paris et Tours. Lycéen rebelle, cavalier au 13ème régiment de chasseurs, puis employé sans enthousiasme au Ministère de l'Intérieur, Georges Moineau a trouvé dans ces différentes expériences la matière de la majorité de ses œuvres. Il n'était fait ni pour être soldat ni pour être fonctionnaire. La discipline, les règlements stricts, les horaires fixes étaient pour lui un tourment constant. Il aimait aller au café et se promener au hasard des rues de Paris pour observer à son aise les ridicules de l'humanité.

En 1881 sa vie prend une direction nouvelle. Il adopte le pseudonyme de Georges Courteline et fonde une revue littéraire où il publie poèmes et contes. Il poursuit aussi une carrière de journaliste tout en continuant à travailler au Ministère. Ses souvenirs de la vie militaire, **Les Gaîtés de l'escadron** *(1886)** *et* **Le Train de 8h. 47** *(1888) lui apportent la célébrité et lui permettent de quitter l'Administration. Il fait ses débuts au théâtre en 1891 et dès* **Messieurs les Ronds de cuir** *en 1893 va de succès en succès jusqu'en 1914 avec des pièces dont les plus connues sont* **Boubouroche** *(1893),* **La Peur des coups** *(1894),* **Hortense couche-toi** *(1897),* **Théodore cherche des allumettes** *(1897),* **Monsieur Badin** *(1897),* **Les Boulingrin** *(1898),* **Le Gendarme est sans pitié** *(1899),* **Le Commissaire est bon enfant** *(1899),* **L'Article 330** *(1900),* **Les Balances** *(1901),* **La Paix chez soi** *(1903) et* **La Conversion d'Alceste,** *écrit en mémoire de Molière (1905). Cependant, malgré l'admiration du public et des écrivains de son époque, Courteline, jamais satisfait par ses écrits, déclare à un de ses amis : « Le fait du véritable artiste n'est pas de se complaire en ce qu'il fit, mais de le comparer tristement à ce qu'il aurait voulu faire » et continue à corriger et à refaire en partie la totalité de son œuvre. Durant ses dernières années, à part ce travail de révision, il n'a publié que* **Les Linottes** *(1912), un*

**Première au théâtre, comme « revue militaire en trois actes » (écrite en collaboration avec Edouard Norès), en 1895.*

roman dans lequel il fait ses adieux à sa jeunesse et à son œuvre littéraire, et **La Philosophie de Courteline** *(1917) où il montre son amertume qui se mêle à un spiritualisme religieux.*

Monsieur Badin, *écrit en 1897, est un des meilleurs exemples du talent de Georges Courteline. Comme la majorité de ses autres pièces de théâtre, c'est une pièce en un acte. Il y fait preuve du don d'observation, de la gaîté, du sens du comique qui ont souvent conduit ses contemporains à le comparer à Molière.*

Monsieur Badin

Le cabinet du directeur. Celui-ci, installé à sa table de travail, donne des signatures qu'il éponge aussitôt. — Brusquement, il s'interrompt, allonge la main vers un cordon de sonnette. — Sonnerie à la cantonade. — La porte s'ouvre. Le garçon de bureau apparaît.

LE DIRECTEUR. C'est vous, Ovide ?
OVIDE. Oui, monsieur le Directeur.

LE DIRECTEUR. Est-ce que M. Badin[1] est venu ?

OVIDE. Oui, monsieur le Directeur.

LE DIRECTEUR, *stupéfait.* M. Badin est là ?

OVIDE. Parfaitement.

LE DIRECTEUR. Réfléchissez à ce que vous dites. Je vous demande si monsieur Badin, l'expéditionnaire du troisième bureau, est à son poste, oui ou non.

OVIDE. Monsieur le Directeur, il y est !

LE DIRECTEUR, *soupçonneux.* Ovide, vous avez bu.

OVIDE, *désespéré.* Moi ! . . .

LE DIRECTEUR. Allons ! avouez la vérité ; je ne vous dirai rien pour cette fois.

OVIDE, *des larmes dans la voix.* Monsieur le Directeur, je vous jure ! . . . J'ai bu qu'un verre de coco.[2]

LE DIRECTEUR, *à lui-même.* La présence de monsieur Badin au ministère constitue un tel phénomène, une telle anomalie ! . . . Enfin, nous allons bien voir. Allez me chercher monsieur Badin.

OVIDE. Bien, monsieur le Directeur.

Il sort. Le directeur s'est remis à la besogne.
Long silence. Enfin, à la porte trois petits coups.

LE DIRECTEUR. Entrez !

Apparition de M. Badin.

MONSIEUR BADIN, *saluant jusqu'à terre.* Monsieur le Directeur . . .

LE DIRECTEUR, *toujours plongé dans ses signatures.* Bonjour, monsieur Badin. Entrez donc, monsieur Badin, et prenez un siège, je vous prie.

MONSIEUR BADIN. Je suis confus . . .

LE DIRECTEUR. Du tout, du tout.[3] — Dites-moi, monsieur Badin, voilà près de quinze jours que vous n'avez mis le pied à l'Administration.

MONSIEUR BADIN, *humble.* Ne m'en parlez pas ! . . .

LE DIRECTEUR. Permettez ! C'est justement pour vous en parler que je vous ai fait prier de passer à mon cabinet. — Voilà, dis-je, près de quinze jours que vous n'avez mis le pied à l'Administration. Tenu au courant de votre absence par votre chef de bureau, et inquiet pour votre santé, j'ai envoyé six fois le médecin du ministère prendre chez vous de vos nouvelles. On lui a répondu six fois que vous étiez à la brasserie.[4]

[1]**Monsieur Badin** *Le mot* badin *s'applique à une personne qui aime jouer et rire.*
[2]**J'ai bu qu'un verre de coco** *Le* ne *est souvent omis dans le langage populaire.*
[3]**du tout, du tout** pas du tout
[4]**brasserie** sorte de café-restaurant où l'on sert surtout de la bière

MONSIEUR BADIN. Monsieur, on lui a menti. Mon concierge est un imposteur que je ferai mettre à la porte par le propriétaire.

LE DIRECTEUR. Fort bien, monsieur Badin, fort bien : ne vous excitez pas ainsi.

MONSIEUR BADIN. Monsieur, je vais vous expliquer. J'ai été retenu chez moi par des affaires de famille. J'ai perdu mon beau-frère...

LE DIRECTEUR. Encore !

MONSIEUR BADIN. Monsieur...

LE DIRECTEUR. Ah çà ! monsieur Badin, est-ce que vous vous fichez de moi ?[5]

MONSIEUR BADIN. Oh !...

LE DIRECTEUR. À cette heure, vous avez perdu votre beau-frère, comme déjà, il y a trois semaines, vous aviez perdu votre tante, comme vous aviez perdu votre oncle le mois dernier, votre père à la Trinité, votre mère à Pâques[6] ! Sans préjudice, naturellement, de tous les cousins, cousines, et autres parents éloignés que vous

[5]**est-ce que vous vous fichez de moi ?** *(fam.)* est-ce que vous vous moquez de moi ?

[6]**À Pâques ou à la Trinité** *Cette expression vient d'une vieille chanson populaire et s'applique de nos jours à un événement qui ou bien n'est jamais arrivé ou n'arrivera jamais ou bien dont la date est très incertaine.*

n'avez cessé de mettre en terre à raison d'un au moins la semaine. Quel massacre ! non, mais quel massacre ! A-t-on idée d'une boucherie pareille ! . . . Et je ne parle ici, notez bien, ni de la petite sœur qui se marie deux fois l'an, ni de la grande qui accouche[7] tous les trois mois. Eh bien, monsieur, en voilà assez. Que vous vous moquiez du monde, soit ! mais il y a des limites à tout, et si vous supposez que l'Administration vous donne deux mille quatre cents francs pour que vous passiez votre vie à marier les uns, à enterrer les autres, ou à tenir sur les fonts baptismaux, vous vous mettez le doigt dans l'œil ![8]

MONSIEUR BADIN. Monsieur le Directeur . . .

LE DIRECTEUR. Taisez-vous ! Vous parlerez quand j'aurai fini ! — Vous êtes ici trois employés attachés à l'expédition : vous, M. Soupe et M. Fairbatu. M. Soupe en est aujourd'hui à sa trente-septième année de service et il n'y a plus à attendre de lui que les preuves de sa vaine bonne volonté. Quant à M. Fairbatu, c'est bien simple : il place des huiles en province ! . . . Alors quoi ? Car voilà pourtant où nous en sommes, il est inouï de penser que, sur trois expéditionnaires, l'un soit gâteux,[9] le second voyageur de commerce et le troisième à l'enterrement depuis le jour de l'An jusqu'à la Saint-Sylvestre ![10] Et naïvement vous vous êtes fait à l'idée que les choses pouvaient continuer de ce train ? . . . Non, monsieur Badin ; cent fois non ! J'en suis las,[11] moi, des enterrements, et des mariages, et des baptêmes ! . . . Désormais, c'est de deux choses l'une : la présence ou la démission ! Choisissez ! Si c'est la démission, je l'accepte ! Je l'accepte à l'instant même. Est-ce clair ? Si c'est le contraire, vous me ferez le plaisir d'être ici chaque jour sur le coup de dix heures, et ceci à partir de demain. Est-ce clair ? J'ajoute que le jour où la fatalité, cette fatalité odieuse qui vous poursuit, semble se faire un jeu de vous persécuter, viendra vous frapper de nouveau dans vos affections de famille, je vous balancerai,[12] moi ! Est-ce clair ?

MONSIEUR BADIN. Ah ! vous me faites bien de la peine, monsieur le Directeur ! À la façon dont vous me parlez, je vois bien que vous n'êtes pas content.

LE DIRECTEUR. Allons donc ! Mais vous vous trompez ; je suis fort satisfait au contraire !

[7]**accouche** donne naissance à un enfant

[8]**vous vous mettez le doigt dans l'œil** *(fam.)* vous vous trompez

[9]**gâteux** sénile

[10]**Saint-Sylvestre** le 31 décembre

[11]**j'en suis las** j'en suis fatigué, j'en ai assez

[12]**je vous balancerai** *(fam.)* je vous mettrai à la porte

MONSIEUR BADIN. Vous raillez.[13]

LE DIRECTEUR. Moi ! . . . monsieur Badin ? . . . que j'eusse[14] une âme si traîtresse ! . . . qu'un si lâche dessein ! . . .[15]

MONSIEUR BADIN. Si, monsieur ; vous raillez. Vous êtes comme tous ces imbéciles qui trouvent plaisant de me taper sur le ventre et de m'appeler employé pour rire.[16] Pour rire ! . . . Dieu vous garde, monsieur, de vivre jamais un quart d'heure de ma vie d'employé pour rire !

LE DIRECTEUR, *étonné.* Pourquoi cela !

MONSIEUR BADIN. Écoutez, monsieur. Avez-vous jamais réfléchi au sort du pauvre fonctionnaire qui, systématiquement, opiniâtrement, ne veut pas aller au bureau, et que la peur d'être mis à la porte hante, poursuit, torture, martyrise, d'un bout de la journée à l'autre ?

LE DIRECTEUR. Ma foi non.

MONSIEUR BADIN. Eh bien, monsieur, c'est une chose épouvantable, et c'est là ma vie, cependant. Tous les matins, je me raisonne, je me dis : « Va au bureau, Badin ; voilà plus de huit jours que tu n'y es allé ![17] Je m'habille, alors, et je pars ; je me dirige vers le bureau. Mais ouitche ![18] J'entre à la brasserie ; je prends un bock . . .[19], deux bocks . . ., trois bocks. Je regarde marcher l'horloge, pensant : « Quand elle marquera l'heure, je me rendrai à mon ministère. » Malheureusement, quand elle a marqué l'heure, j'attends qu'elle marque le quart ; quand elle a marqué le quart, j'attends qu'elle marque la demie . . .

LE DIRECTEUR. Quand elle a marqué la demie, vous vous donnez le quart d'heure de grâce . . .

MONSIEUR BADIN. Parfaitement ! Après quoi je me dis : « Il est trop tard. J'aurais l'air de me moquer du monde. Ce sera pour une autre fois ! » Quelle existence ! Quelle existence ! Moi qui avais un si bon estomac, un si bon sommeil, une si belle gaieté, je ne prends plus plaisir à rien, tout ce que je mange me semble amer comme du fiel ! Si je sors, je longe les murs comme un voleur, l'œil aux aguets, avec la peur incessante de rencontrer un de mes chefs ! Si je rentre, c'est avec l'idée que je vais trouver chez le

[13]**Vous raillez** Vous ne parlez pas sérieusement

[14]**que j'eusse** *imparfait du subjonctif du verbe* avoir

[15]**dessein** projet

[16]**employé pour rire** employé qui n'est pas sérieux

[17]**voilà plus de huit jours que tu n'y es allé** Pas *peut être omis après* voilà . . . que *suivi d'un verbe à un temps composé ; ici* voilà . . . que *signifie* il y a . . . que.

[18]**ouitche** exclamation

[19]**bock** verre de bière

concierge mon arrêté de révocation ![20] Je vis sous la crainte du renvoi comme un patient sous le couperet !... Ah ! Dieu !...

LE DIRECTEUR. Une question, monsieur Badin. Est-ce que vous parlez sérieusement ?

MONSIEUR BADIN. J'ai bien le cœur à la plaisanterie !... Mais réfléchissez donc, monsieur le Directeur. Les trois mille francs qu'on me donne ici, je n'ai que cela pour vivre, moi ! que deviendrai-je, le jour, inévitable, hélas ! où on ne me les donnera plus ? Car, enfin, je ne me fais aucune illusion : j'ai trente-cinq ans, âge terrible où le malheureux qui a laissé échapper son pain doit renoncer à l'espoir de le retrouver jamais !... Oui, ah ! ce n'est pas gai, tout cela ! Aussi, je me fais un sang ![21] Monsieur, j'ai maigri de vingt livres, depuis *que je ne suis jamais* au ministère ! *(Il relève son pantalon.)* Regardez plutôt mes mollets, si on ne dirait pas des bougies. Et si vous pouviez voir mes reins ! des vrais reins de chat écorché ; c'est lamentable. Tenez, monsieur (nous sommes entre hommes, nous pouvons bien nous dire cela), ce matin, j'ai eu la curiosité de regarder mon derrière dans la glace. Eh bien ! j'en suis encore malade, rien que d'y penser. Quel spectacle ! Un pauvre petit derrière de rien du tout, gros à peine comme les deux poings !... Je n'ai plus de fesses, elles ont fondu ! Le chagrin, naturellement ; les angoisses continuelles, les affres !... Avec ça, je tousse la nuit, j'ai des transpirations ; je me lève des cinq et six fois pour aller boire au pot à eau !... *(Hochant la tête.)* Ah ! ça finira mal, tout cela ; ça me jouera un mauvais tour.

LE DIRECTEUR, *ému*. Eh bien ! mais, venez au bureau, monsieur Badin.

MONSIEUR BADIN. Impossible, monsieur le Directeur.

LE DIRECTEUR. Pourquoi ?

MONSIEUR BADIN. Je ne peux pas... Ça m'embête.

LE DIRECTEUR. Si tous vos collègues tenaient ce langage...

MONSIEUR BADIN, *un peu sec*. Je vous ferai remarquer, monsieur le Directeur, avec tout le respect que je vous dois, qu'il n'y a pas de comparaison à établir entre moi et mes collègues. Mes collègues ne donnent au bureau que leur zèle, leur activité, leur intelligence et leur temps : moi, c'est ma vie que je lui sacrifie ! *(Désespéré.)* Ah ! tenez, monsieur, ce n'est plus tenable !

LE DIRECTEUR, *se levant*. C'est assez mon avis.

MONSIEUR BADIN, *se levant également*. N'est-ce pas ?

LE DIRECTEUR. Absolument. Remettez-moi votre démission ; je la transmettrai au ministre.

MONSIEUR BADIN, *étonné*. Ma démission ? Mais, monsieur, je ne songe pas à démissionner ! je demande seulement une augmentation.

[20]**arrêté de révocation** lettre annonçant qu'on est mis à la porte.

[21]**je me fais un sang** je me tourmente

LE DIRECTEUR. Comment, une augmentation !

MONSIEUR BADIN, *sur le seuil de la porte.* Dame,[22] monsieur, il faut être juste. Je ne peux pourtant pas me tuer pour deux cents francs par mois.

Étude du texte

I. EXERCICES DE VOCABULAIRE

A. *Trouvez dans le texte les synonymes des mots et des expressions en italique.*

1. Je suis *gêné.*
2. Voilà quinze jours que *vous n'êtes pas venu au bureau.*
3. On *ne* lui a *pas dit la vérité.*
4. *Ne vous énervez pas* ainsi.
5. Vous me ferez le plaisir d'être ici *à dix heures précises.*
6. *J'ai perdu* vingt livres.
7. Je ne peux pas venir au bureau, *ça m'ennuie.*
8. Si tous vos collègues *parlaient comme vous.*

B. *Expliquez les expressions suivantes en français et utilisez-les dans des phrases. Traduisez ensuite vos phrases en anglais.*

1. tenir au courant de
2. faire de la peine à
3. du jour de l'An à la Saint-Sylvestre
4. le quart d'heure de grâce
5. avoir le cœur à
6. jouer un mauvais tour

C. *Terminez les phrases suivantes d'une façon logique en vous basant sur le texte.*

1. Le directeur est furieux parce que . . .
2. Le directeur a envoyé le docteur chez M. Badin parce que . . .
3. Tous les matins M. Badin se dirige vers son bureau mais . . .
4. La plus grande crainte de M. Badin c'est . . .
5. M. Badin a maigri parce que . . .

[22]**Dame** exclamation

D. *Trouvez dans la liste ci-dessous les mots qui conviennent aux définitions suivantes.*

1. un imposteur 2. se faire à 3. être à son poste 4. être plongé dans 5. un phénomène

1. une chose ou une personne extraordinaire
2. être à son travail ou là où on doit être
3. une personne qui assume une fausse identité
4. s'habituer à
5. s'absorber complètement dans ce qu'on fait

II. QUESTIONNAIRE

Répondez en français aux questions suivantes.

1. Pourquoi le directeur dit-il « Ovide, vous avez bu » ?
2. Que demande-t-il à Ovide ?
3. Que dit le directeur à M. Badin après l'avoir invité à s'asseoir ?
4. Pourquoi M. Badin dit-il que son concierge est un imposteur ?
5. Comment M. Badin explique-t-il son absence ?
6. Pourquoi le directeur ne le croit-il pas ?
7. Pourquoi lui dit-il qu'il s'est mis le doigt dans l'œil ?
8. Comment le directeur décrit-il les trois employés qui sont attachés à l'expédition ?
9. De quoi le directeur est-il las ? Quel choix donne-t-il à M. Badin ?
10. Que répond M. Badin après la longue tirade du directeur ? Que lui reproche-t-il ?
11. Comment M. Badin décrit-il sa vie ? De quoi a-t-il peur ?
12. Est-ce que le directeur croit qu'il parle sérieusement ?
13. Quelle description M. Badin fait-il de lui-même ?
14. Pourquoi M. Badin ne veut-il pas venir au bureau ?
15. Comment M. Badin réagit-il quand le directeur dit : « Si tous vos collègues tenaient ce langage... » ?
16. Sur quel point sont-ils d'accord ?
17. Pourquoi M. Badin est-il étonné par la conclusion du directeur ?
18. Que demande M. Badin ? Comment explique-t-il cette demande ?

III. STYLE

Une farce est une comédie populaire dans laquelle le comique est poussé à l'extrême.

En appliquant cette définition à **Monsieur Badin,** trouvez les facteurs dans la situation, les personnages, le dialogue, les détails, les jeux de scène qui font de cette pièce une farce.

IV. SUJETS DE CONVERSATION

1. Le problème de l'ennui dans le travail : à votre avis, quelles sont les professions qui présentent ce problème ?
2. Imaginez sur ce modèle un dialogue entre un professeur et un étudiant qui ne vient jamais en classe et ne fait pas son travail.
3. Croyez-vous que l'auteur ait fait de M. Badin une caricature de ceux qui n'acceptent pas l'ordre établi ? Connaissez-vous des gens qui lui ressemblent et croyez-vous :

   qu'ils aient toujours raison ?
   qu'ils aient toujours tort ?
   qu'ils aient tort ou raison suivant les cas ?

V. UN PEU DE THÉÂTRE...

Jouez cette scène en faisant ressortir les différentes personnalités des deux protagonistes : M. le Directeur, sec, ironique, parfois en colère ; M. Badin, suppliant, pleurant presque et toujours humble excepté à la fin.

VI. COMPOSITION ÉCRITE

Courteline a défini son œuvre comme « le droit de rire des petites misères qui ne valent pas la peine qu'on en pleure. » À votre avis, cette définition s'applique-t-elle à cette pièce ?

Remarques grammaticales

QUELQUES NOTES SUR **QUE, SI, Y** ET **EN**

Saviez-vous que chacun de ces petits mots peut avoir un sens différent suivant le rôle qu'il joue dans la phrase ?

I. Que peut être soit un pronom, soit une conjonction soit même un adverbe.

a. **Que** pronom :

Réfléchissez à ce **que** *vous dites.* (what)
Mon concierge est un imposteur **que** *je ferai mettre à la porte par mon propriétaire.* (whom)
Avec tout le respect **que** *je vous dois* (that)

b. **Que** conjonction rattache deux propositions :

On lui a répondu six fois **que** *vous étiez à la brasserie.* (that)
...Je vois bien **que** *vous n'êtes pas content.* (that)
...Si vous supposez que l'Administration vous donne deux mille quatre cents francs **pour que** *vous passiez votre temps à marier les uns, à enterrer les autres...*
...J'ai maigri de vingt livres **depuis que** *je ne suis jamais au ministère.*

Notez que dans les deux derniers exemples, **que** combiné avec **pour** ou **depuis** forme une locution conjonctive.

c. **Que** adverbe :

Mes collègues **ne** *donnent au bureau* **que** *leur zèle...* **(ne...que** dans le sens de **seulement)**

et aussi dans une phrase comme :

Que vous êtes injuste, Monsieur le Directeur (dans le sens de **comme**)

II. **Si** peut être une conjonction ou un adverbe.

a. **Si** conjonction :

Je vous demande **si** *M. Badin...est à son poste, oui ou non.* (whether)
Choisissez ! **Si** *c'est la démission, je l'accepte !* (if)

b. **Si** adverbe :

Si, *monsieur, vous raillez.* (dans le sens de **oui,** après une phrase négative ou une négation sous-entendue)
Moi qui avais un **si** *bon estomac, un* **si** *bon sommeil...*(dans le sens de **tellement**)

III. **Y** peut être un adverbe ou un pronom.

a. **Y** adverbe remplace **ici, là, là-bas, à** ou **dans cet endroit :**

Monsieur le Directeur, il **y** *est.* (il est là)
*Voilà plus de huit jours que tu n'***y** *es allé.* (au bureau)

b. **Y** pronom remplace **à ceci, à cela :**

*J'en suis encore malade rien que d'***y** *penser.* (à cela)

IV. **En** peut être un adverbe, un pronom ou une préposition.

a. **En** adverbe remplace **d'ici, de là, de là-bas, de cet endroit :**

Je vais tous les jours à la brasserie et j'**en** sors malade. (de la brasserie, c'est-à-dire de là-bas)

b. **En** pronom remplace **de ceci, de cela :**

*Ne m'***en** *parlez pas!* (de cela)
*J'***en** *suis encore malade.* (d'avoir regardé mon derrière)

Et n'oubliez pas que **en** pronom remplace aussi des noms dans le sens partitif, par exemple :

Monsieur a beaucoup d'idées. Il **en** a beaucoup.
Combien de sœurs avez-vous, Monsieur Badin ? J'**en** ai beaucoup.

c. **En** préposition dans son sens le plus courant veut dire **dans :**

...Et autres parents éloignés que vous n'avez cessé de mettre **en** *terre.*
...Il place des huiles **en** *province.*

Mais notez que **en** peut se traduire en anglais de différentes façons. Ceci, d'ailleurs, est le cas pour la majorité des prépositions, ce qui rend leur emploi correct si difficile pour les étrangers. Considérez, par exemple, cette phrase :

Jeanne est allée **en** France **en** avion **en** juillet **en** même temps que Pierre.

qui se traduit en anglais :

Jeanne went **to** France, **by** plane **in** July **at** the same time as Pierre.

Et n'oubliez pas que **en** préposition forme avec le participe présent le gérondif :

En buvant sa bière dans une brasserie...
Gagner sa vie **en travaillant**...

DEUXIÈME CHAPITRE

Non, je ne regrette rien

Paroles de MICHEL VAUCAIRE, musique de CHARLES DUMONT ; chanson écrite pour et chantée par EDITH PIAF

Née pendant la première guerre mondiale, Edith Piaf a eu une enfance misérable. Son père était acrobate et toute petite elle l'accompagnait dans les quartiers populaires de Paris : son père faisait des tours, la petite chantait et « passait le chapeau » pour récolter quelques sous. Elle a donc grandi dans les rues pauvres de Paris et toute sa vie a gardé une affection profonde pour les petites gens. Un jour le propriétaire d'un bistrot élégant l'a entendu chanter et, impressionné par son talent, lui a offert son premier contrat professionnel. C'est lui qui l'a baptisée « la môme Piaf », nom qu'elle a conservé quelques années avant de devenir Edith Piaf. En français populaire, « môme » signifie enfant et un « piaf » est un moineau, l'oiseau des rues de Paris. Edith, petite, maigre, brune ressemblait en effet à un moineau.

Elle a connu assez vite une grande popularité mais son vrai succès n'est venu que plus tard lorsque compositeurs et paroliers ont commencé à écrire des chansons pour elle, chansons tirées de sa vie et de ses expériences dans les rues de Paris. Ces chansons dont elle n'a que rarement composé les paroles et la musique, elle les faisait siennes et il était impossible de les imaginer chantées par quelqu'un d'autre. Cette femme toute petite, fragile, sans beauté était capable de captiver son public pendant des soirées entières. Lorsqu'elle apparaissait sur la scène, vêtue d'une robe noire toute simple, le visage pâle et sans maquillage, elle ressemblait toujours à la gamine qui passait le chapeau : seule, perdue, pathétique. Lorsque les lumières s'éteignaient et qu'un seul projecteur se fixait sur cette petite forme sombre, le public était hypnotisé ; la moindre expression du visage et des mains prenait un relief saisissant. Jeunes, vieux, riches, pauvres, cyniques ou blasés, les spectateurs se laissaient emporter dans un autre monde par cette voix puissante, vibrante et chaude qui savait si

bien exprimer toutes les peines et les joies de l'amour ; ils sortaient du théâtre bouleversés, les larmes aux yeux.

Edith Piaf a réussi une brillante carrière malgré une vie personnelle chaotique et de sérieux ennuis de santé. Totalement indisciplinée, elle voulait préserver son indépendance, passer son temps avec ses amis et ses amants, boire des nuits entières. Elle a toujours refusé de se conformer à l'image stéréotypée de la « star » . De santé fragile, elle a dû subir plusieurs opérations ; elle a beaucoup souffert, ce qui l'a amenée petit à petit à un usage excessif de calmants et de drogues.

*« La môme Piaf » est morte en octobre 1963. Tout Paris est venu lui dire adieu. Les petites gens, pauvres et en haillons, ont dépensé leurs derniers sous pour lui apporter de petits bouquets de fleurs sauvages, ses fleurs favorites. Au cimetière des centaines d'hommes et de femmes de tout âge et de toute condition sociale sont venus lui rendre un dernier hommage. Un contingent de la Légion Étrangère * était là, au garde-à-vous. Il a laissé sur sa tombe un énorme bouquet de fleurs attaché par un ruban tricolore, avec une carte : « À notre môme Piaf. La Légion. »*

* **La Légion Étrangère** *fait partie de l'armée française. Elle était à cette époque constituée en grande partie d'étrangers qui s'étaient engagés au service de la France. Une des chansons les plus célèbres d'Edith Piaf s'appelle « Mon légionnaire ».*

De son vivant Edith Piaf était l'une des chanteuses françaises les plus connues dans le monde entier. Pour son fidèle public, elle était déjà une légende. Même maintenant, des années après sa mort, ses disques continuent à se vendre.

« Non, je ne regrette rien » est venue à la fin de sa carrière (1960) et semble incarner le credo de sa vie.

Non, je ne regrette rien

Lisez les paroles de cette chanson à haute voix comme si c'était un poème. N'oubliez pas de prononcer tous les e *muets suivis d'une consonne à l'intérieur du vers : Exemple :* Je ne regrett**e** rien

Non ! Rien de rien
Non ! Je ne regrette rien
Ni le bien, qu'on m'a fait
Ni le mal, Tout ça m'est bien égal !
Non ! Rien de rien
Non ! Je ne regrette rien
C'est payé
Balayé
Oublié
Je me fous[1] du passé
Avec mes souvenirs
J'ai allumé le feu
Mes chagrins, mes plaisirs
Je n'ai plus besoin d'eux
Balayés les amours
Et tous leurs trémolos
Balayés pour toujours
Je repars à zéro

Car ma vie
Car mes joies
Aujourd'hui
Ça commence avec toi !

[1]**Je me fous** *(fam.)* je me moque

Non, je ne regrette rien

Paroles de
Michel VAUCAIRE

Musique de
Charles DUMONT

EM 318 B

2
Do
Sol7
Non! Rien de rien... Non! Je ne regret-te
2' fois al Coda
Do
Fa
Rém
rien... C'est pa-yé, Ba-la-yé, Oubli-
2. Car ma vie, Car mes joies, Aujour-
Sol7
Do
S.A.
Libre
-é, Je me fous du pas-sé! A-vec mes sou-ve-
Libre
COUPLET (a Tempo)
Do
Sol7
-nirs J'ai al-lu-mé le feu, Mes cha-grins, mes plai-
Le Contrechant à l'8ve
p a Tempo

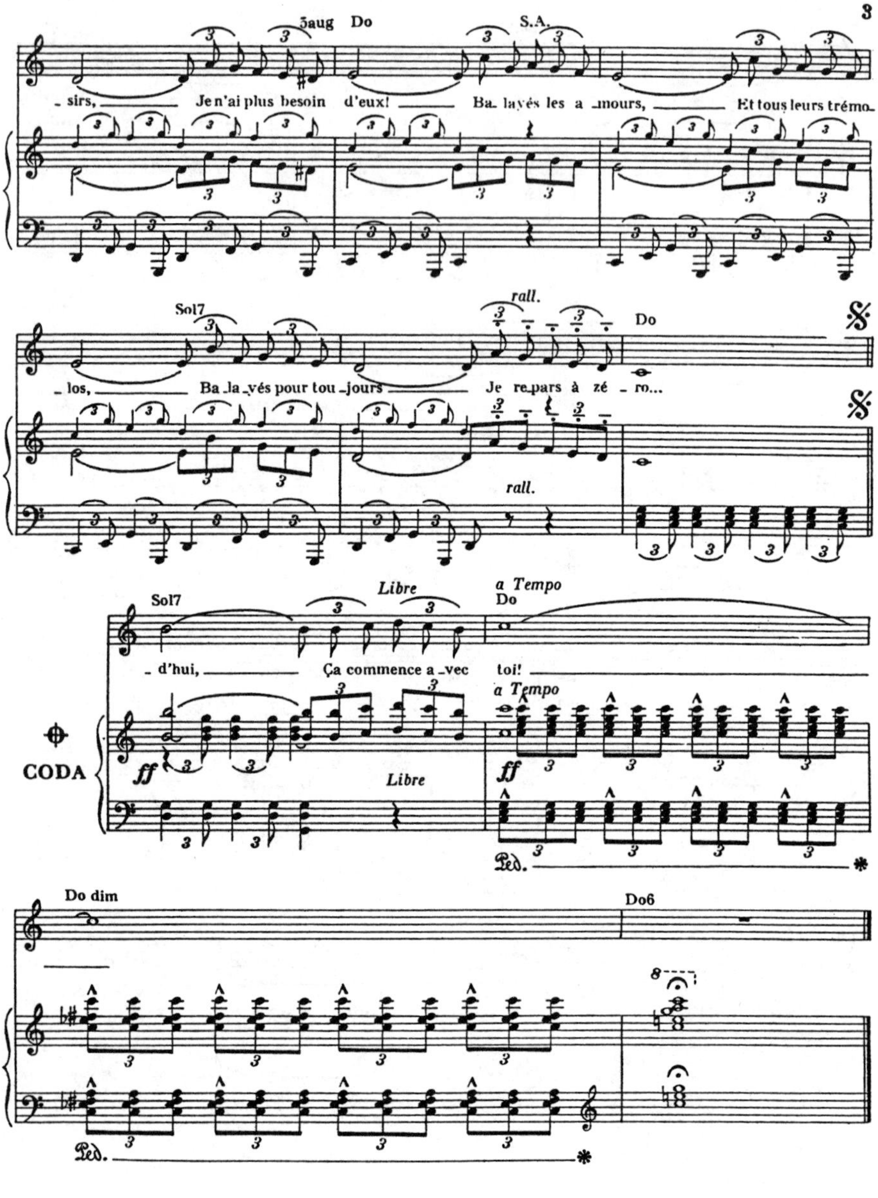
5aug Do
S.A.
_ sirs, Je n'ai plus besoin d'eux! Ba_layés les a_mours, Et tous leurs trémo_
Sol7
rall.
Do
_ los, Ba_la_yés pour tou_jours Je re_pars à zé _ ro...
rall.
CODA
Sol7
Libre
a Tempo
Do
_ d'hui, Ça commence a_vec toi!
ff
Libre
Ped.
Do dim
Do6
Ped.

Étude du texte

I. EXERCICES DE VOCABULAIRE

A. *Expliquez en français les expressions suivantes.*

1. ça m'est bien égal
2. je repars à zéro

B. *Trouvez dans le texte les verbes qui correspondent aux substantifs suivants.*

1. le regret
2. le paiement
3. le balai
4. l'oubli
5. le commencement

C. *Trouvez dans le texte les antonymes des mots suivants.*

1. tout
2. le bien
3. l'avenir
4. se rappeler
5. la joie
6. finir

II. QUESTIONNAIRE

Répondez en français aux questions suivantes.

1. Est-ce que la femme dans cette chanson (Edith Piaf) regrette son passé ?
2. Pourquoi dit-elle que tout lui est égal maintenant ?
3. Que veut-elle dire par « c'est payé, balayé, oublié » ?
4. Qu'a-t-elle fait avec ses souvenirs ?
5. Pourquoi n'a-t-elle plus besoin ni de ses chagrins ni de ses plaisirs ?
6. Pourquoi veut-elle repartir à zéro ?
7. Est-ce qu'on repart toujours à zéro quand on trouve un nouvel amour, une nouvelle amitié ? Qu'en pensez-vous ?

III. STYLE

1. Est-ce que, sans musique, cette chanson ferait un joli petit poème ? Expliquez sur quoi vous basez votre réponse.
2. Écoutez la chanson. Est-ce que les paroles et la musique vont bien ensemble ?

IV. SUJETS DE CONVERSATION

1. Dans votre propre vie avez-vous jamais voulu « oublier le passé » et « repartir à zéro » ?
2. Imaginez qu'un événement très heureux (ou malheureux) vous arrive et dites comment ce fait pourrait changer votre attitude envers la vie.

V. COMPOSITION ÉCRITE

Résumez, dans vos propres mots, la chanson « Non, je ne regrette rien ».

VI. CHANTEZ LA CHANSON !

TROISIÈME CHAPITRE

L'Aventure de Walter Schnaffs

GUY DE MAUPASSANT (1850-1893)

Guy de Maupassant fit ses études à Rouen, ville principale de la Normandie, près de l'endroit où il est né. Après avoir servi pendant la guerre franco-prussienne (1870-1871), il s'installa à Paris où il travailla d'abord au Ministère de la Marine puis au Ministère de l'Instruction publique.

C'est à l'âge de trente ans qu'il commença vraiment sa carrière littéraire et en dix ans il écrivit vingt-sept volumes comprenant plus de trois cents contes, quelques pièces de théâtre et des romans dont les plus connus sont **Une Vie** *(1883),* **Bel-Ami** *(1885),* **Fort comme la mort** *(1888) et* **Pierre et Jean** *(1889).*

Inspirée par Gustave Flaubert, un Normand comme lui et un ami de sa famille, l'œuvre de Maupassant vaut par la précision de l'observation et la simplicité du style. Tous ses personnages, qu'ils soient paysans de Normandie, petits bourgeois de Paris ou de province, employés, militaires ou propriétaires, sont décrits avec objectivité, sans férocité et sans sympathie. Il n'essaie pas d'analyser la vie, il se contente de la montrer telle qu'il la voit sans cacher sa médiocrité et souvent avec une certaine ironie. Ce don de présenter la vérité lui permet de nous donner un tableau fin et précis de la société durant la dernière partie du XIXème siècle.

Maupassant est, sans aucun doute, un des plus grands écrivains du XIXème siècle. Il voulut s'effacer derrière ses personnages et il y réussit. Dans ses contes il crée un tableau complet où règnent une observation minutieuse, un réalisme sobre et une atmosphère psychologique nuancée.

Guy de Maupassant est mort à l'âge de quarante-trois ans, après avoir passé les deux dernières années de sa vie dans une maison de santé.

L'Aventure de Walter Schnaffs *est un excellent exemple de sa façon précise, imagée et poétique de décrire ses personnages. Ce conte illustre aussi son style simple où le comique se mêle à l'ironie.*

L'Aventure de Walter Schnaffs *fait partie des* **Contes de la Bécasse** *(1883).*

L'Aventure de Walter Schnaffs

Depuis son entrée en France avec l'armée d'invasion,[1] Walter Schnaffs se jugeait le plus malheureux des hommes. Il était gros, marchait avec peine, soufflait beaucoup et souffrait affreusement des pieds qu'il avait fort plats et fort gras. Il était en outre[2] pacifique et

[1]**armée d'invasion** *L'armée prussienne a envahi la France pendant la guerre franco-prussienne (1870-1871). La Prusse était une partie de ce qui est maintenant l'Allemagne.*

[2]**en outre** de plus

bienveillant, nullement magnanime ou sanguinaire, père de quatre enfants qu'il adorait et marié avec une jeune femme blonde, dont il regrettait désespérément chaque soir les tendresses, les petits soins et les baisers. Il aimait se lever tard et se coucher tôt, manger lentement de bonnes choses et boire de la bière dans les brasseries. Il songeait en outre que tout ce qui est doux dans l'existence disparaît avec la vie ; et il gardait au cœur une haine épouvantable, instinctive et raisonnée en même temps, pour les canons, les fusils, les revolvers et les sabres, mais surtout pour les baïonnettes, se sentant incapable de manœuvrer assez vivement cette arme rapide pour défendre son gros ventre.

Et quand il se couchait sur la terre, la nuit venue, roulé dans son manteau à côté des camarades qui ronflaient, il pensait longuement aux siens laissés là-bas et aux dangers semés sur sa route : — S'il était tué, que deviendraient les petits ? Qui donc les nourrirait et les élèverait ? À l'heure même, ils n'étaient pas riches, malgré les dettes qu'il avait contractées en partant pour leur laisser quelque argent. Et Walter Schnaffs pleurait quelquefois.

Au commencement des batailles il se sentait dans les jambes de telles faiblesses qu'il se serait laissé tomber s'il n'avait songé que toute l'armée lui passerait sur le corps. Le sifflement des balles hérissait le poil sur sa peau.

Depuis des mois il vivait ainsi dans la terreur et dans l'angoisse.

Son corps d'armée s'avançait vers la Normandie ;[3] et il fut un jour envoyé en reconnaissance avec un faible détachement qui devait simplement explorer une partie du pays et se replier ensuite. Tout semblait calme dans la campagne ; rien n'indiquait une résistance préparée.

Or, les Prussiens descendaient avec tranquillité dans une petite vallée que coupaient des ravins profonds quand une fusillade violente les arrêta net, jetant bas une vingtaine des leurs ; et une troupe de francs-tireurs,[4] sortant brusquement d'un petit bois grand comme la main, s'élança en avant, la baïonnette au fusil.

Walter Schnaffs demeura d'abord immobile, tellement surpris et éperdu qu'il ne pensait même pas à fuir. Puis un désir fou de détaler le saisit ; mais il songea aussitôt qu'il courait comme une tortue en comparaison des maigres Français qui arrivaient en bondissant comme un troupeau de chèvres. Alors, apercevant à six pas devant lui un large fossé plein de broussailles couvertes de feuilles sèches, il y sauta à pieds joints, sans songer même à la profondeur, comme on saute d'un pont dans une rivière.

[3]**Normandie** *ancienne province de France, capitale Rouen*

[4]**francs-tireurs** soldats qui ne font pas partie de l'armée régulière

Il passa, à la façon d'une flèche, à travers une couche épaisse de lianes et de ronces aiguës qui lui déchirèrent la face et les mains, et il tomba lourdement assis sur un lit de pierres.

Levant aussitôt les yeux, il vit le ciel par le trou qu'il avait fait. Ce trou révélateur le pouvait dénoncer,[5] et il se traîna avec précaution, à quatre pattes, au fond de cette ornière, sous le toit de branchages enlacés, allant le plus vite possible, en s'éloignant du lieu du combat. Puis il s'arrêta et s'assit de nouveau, tapi comme un lièvre au milieu des hautes herbes sèches.

Il entendit pendant quelque temps encore des détonations, des cris et des plaintes. Puis les clameurs de la lutte s'affaiblirent, cessèrent. Tout redevint muet et calme.

Soudain quelque chose remua contre lui. Il eut un sursaut épouvantable. C'était un petit oiseau qui, s'étant posé sur une branche, agitait des feuilles mortes. Pendant près d'une heure, le cœur de Walter Schnaffs en battit à grands coups pressés.

La nuit venait, emplissant d'ombre le ravin. Et le soldat se mit à songer. Qu'allait-il faire ? Qu'allait-il devenir ? Rejoindre son armée ?

[5]**le pouvait dénoncer** *une vieille construction pour* pouvait le dénoncer

...Mais comment ? Mais par où ? Et il lui faudrait recommencer l'horrible vie d'angoisses, d'épouvantes, de fatigues et de souffrances qu'il menait depuis le commencement de la guerre ! Non ! Il ne se sentait plus ce courage ! Il n'aurait plus l'énergie qu'il fallait pour supporter les marches et affronter les dangers de toutes les minutes.

Mais que faire ? Il ne pouvait rester dans ce ravin et s'y cacher jusqu'à la fin des hostilités. Non, certes. S'il n'avait pas fallu manger, cette perspective ne l'aurait pas trop atterré ; mais il fallait manger, manger tous les jours.

Et il se trouvait ainsi tout seul, en armes, en uniforme, sur le territoire ennemi, loin de ceux qui le pouvaient défendre.[6] Des frissons lui couraient sur la peau.

Soudain il pensa : « Si seulement j'étais prisonnier ! » Et son cœur frémit de désir, d'un désir violent, immodéré, d'être prisonnier des Français. Prisonnier ! Il serait sauvé, nourri, logé à l'abri des balles et des sabres, sans appréhension possible, dans une bonne prison bien gardée. Prisonnier ! Quel rêve !

Et sa résolution fut prise immédiatement :

— Je vais me constituer prisonnier.

Il se leva, résolu à exécuter ce projet sans tarder d'une minute. Mais il demeura immobile, assailli soudain par des réflexions fâcheuses et par des terreurs nouvelles.

Où allait-il se constituer prisonnier ? Comment ? De quel côté ? Et des images affreuses, des images de mort, se précipitèrent dans son âme.

Il allait courir des dangers terribles en s'aventurant seul, avec son casque à pointe,[7] par la campagne.

S'il rencontrait des paysans ? Ces paysans, voyant un Prussien perdu, un Prussien sans défense, le tueraient comme un chien errant ! Ils le massacreraient avec leurs fourches, leurs pioches, leurs faux, leurs pelles ! Ils en feraient une bouillie, une pâtée, avec l'acharnement des vaincus exaspérés.

S'il rencontrait des francs-tireurs ? Ces francs-tireurs, des enragés sans loi ni discipline, le fusilleraient pour s'amuser, pour passer une heure, histoire de rire en voyant sa tête. Et il se croyait déjà appuyé contre un mur en face de douze canons de fusils, dont les petits trous ronds et noirs semblaient le regarder.

S'il rencontrait l'armée française elle-même ? Les hommes d'avant-garde le prendraient pour un éclaireur, pour quelque hardi et malin troupier parti seul en reconnaissance, et ils lui tireraient dessus.[8] Et il

[6]**le pouvaient défendre** *voir note 5*
[7]**casque à pointe** casque se terminant par une pointe porté par les soldats prussiens
[8]**et ils lui tireraient dessus** *expression familière pour* ils tireraient sur lui

entendait déjà les détonations irrégulières des soldats couchés dans les broussailles, tandis que lui, debout au milieu d'un champ, s'affaissait, troué comme une écumoire par les balles qu'il sentait entrer dans sa chair.

Il se rassit, désespéré. Sa situation lui paraissait sans issue.[9]

La nuit était tout à fait venue, la nuit muette et noire. Il ne bougeait plus, tressaillant à tous les bruits inconnus et légers qui passent dans les ténèbres. Un lapin, tapant du cul au bord d'un terrier, faillit faire s'enfuir Walter Schnaffs.[10] Les cris des chouettes lui déchiraient l'âme, le traversant de peurs soudaines, douloureuses comme des blessures. Il écarquillait ses gros yeux pour tâcher de voir dans l'ombre ; et il s'imaginait à tout moment entendre marcher près de lui.

Après d'interminables heures et des angoisses de damné, il aperçut, à travers son plafond de branchages, le ciel qui devenait clair. Alors, un soulagement immense le pénétra ; ses membres se détendirent, reposés soudain ; son cœur s'apaisa ; ses yeux se fermèrent. Il s'endormit.

Étude du texte

I. EXERCICES DE VOCABULAIRE

A. *Faites des phrases avec les expressions suivantes. Traduisez ensuite vos phrases en anglais.*

1. en outre
2. arrêter net
3. grand comme la main
4. à pieds joints
5. se traîner à quatre pattes
6. à l'abri de
7. histoire de rire
8. courir des dangers

B. *Terminez les phrases suivantes de façon logique en vous basant sur le texte.*

1. Walter Schnaffs se jugeait le plus malheureux des hommes parce que...

[9]**sans issue** sans solution

[10]**faillit faire s'enfuir Walter Schnaffs** le fit presque s'enfuir

2. Walter Schnaffs ne voulait pas rejoindre son armée parce que...
3. Il avait peur des paysans français parce que...
4. Il était désespéré parce que...

II. QUESTIONNAIRE

Répondez en français aux questions suivantes.

1. À quelle époque l'action de ce conte se passe-t-elle ?
2. Quelle est votre première impression de Walter Schnaffs ?
3. Décrivez sa vie avant la guerre.
4. Pourquoi avait-il si peur des armes à feu en général et des baïonnettes en particulier ?
5. Quelles pensées le faisaient pleurer quelquefois ?
6. Pour quelle raison le détachement a-t-il été envoyé en reconnaissance ?
7. Pourquoi Walter Schnaffs a-t-il sauté dans le fossé ?
8. Qu'a-t-il fait lorsqu'il a remarqué le trou au-dessus de sa tête ?
9. Qu'est-ce qui a fait battre son cœur à grands coups ?
10. Pour quelles raisons a-t-il décidé de ne pas rejoindre son armée ?
11. Qu'est-ce qui l'a poussé à ne pas rester dans le ravin jusqu'à la fin des hostilités ?
12. Quelle pensée a fait frémir son cœur ?
13. Quelles images affreuses se sont précipitées dans son âme ? Que lui arriverait-il s'il rencontrait des paysans, des francs-tireurs ou l'armée française elle-même ?
14. A-t-il pu dormir pendant la nuit ?
15. Pourquoi s'est-il endormi au matin ?

III. STYLE

1. Étudiez les images dans les premiers paragraphes et relevez celles qui sont particulièrement comiques.
2. Comment Maupassant réussit-il à nous communiquer la peur et l'angoisse de Walter Schnaffs ?

IV. SUJETS DE CONVERSATION

1. Décrivez un épisode de votre vie où vous avez ressenti une terreur aussi violente que celle de Walter Schnaffs.
2. Walter Schnaffs était partagé entre la peur et le désir de se faire faire prisonnier. Est-ce que ce genre de combat intérieur est fréquent ? Vous est-il arrivé de vous trouver dans une situation analogue ?

V. COMPOSITION ÉCRITE

En relisant les deux premiers paragraphes de ce conte, quel portrait vous faites-vous de Walter Schnaffs ? Est-ce que ce court passage a suffi à l'auteur pour vous présenter complètement ce personnage, pour vous donner l'impression que vous le connaissez ? Indiquez les passages du texte qui vous ont permis de répondre à ces questions.

Remarques grammaticales

LE PASSÉ SIMPLE

Le passé simple est employé pour décrire les événements ou les faits qui se sont passés pendant une période dans le passé. L'auteur, en quelque sorte, se transporte dans le passé et décrit les événements précis qui ont eu lieu à ce moment-là. C'est la raison pour laquelle le passé simple est souvent appelé un temps historique ou littéraire.

Ces événements, en général, sont successifs et brefs. La notion de brièveté, cependant, est relative. Par exemple, dans les notes biographiques sur Maupassant le passé simple est employé dans « ...en dix ans il **écrivit** vingt-sept volumes... » parce que dans la succession des événements de sa vie ces dix ans ne forment qu'un épisode. *L'Aventure de Walter Schnaffs* est une excellente illustration de l'emploi du passé simple.

De nos jours, le passé simple n'est presque jamais employé dans la langue parlée où il est remplacé soit par le passé composé soit même par le présent. Par exemple, si Walter Schnaffs racontait son histoire aujourd'hui il dirait :

« Levant aussitôt les yeux, j'ai vu le ciel par le trou que j'avais fait. Ce trou révélateur pouvait me dénoncer et je me suis traîné avec précaution à quatre pattes, au fond de cette ornière, allant le plus vite possible. Puis je me suis arrêté et je me suis assis de nouveau... »

ou même :

« Levant aussitôt les yeux, je vois le ciel par le trou que j'avais fait. Ce trou révélateur pouvait me dénoncer et je me traîne avec précaution à quatre pattes, au fond de cette ornière, allant le plus vite possible. Puis je m'arrête et m'asseois de nouveau... »

Conjugaison

À l'exception des verbes qui se conjuguent comme **venir** (**tenir, revenir**, etc....), tous les autres verbes se terminent au passé simple selon l'un des trois modèles suivants :

	1	2	3
lère pers. sing.	ai	is	us
2ème pers. sing.	as	is	us
3ème pers. sing.	a	it	ut
1ère pers. pl.	âmes	îmes	ûmes
2ème pers. pl.	âtes	îtes	ûtes
3ème pers. pl.	èrent	irent	urent

Tous les verbes dont l'infinitif se termine par **er** se conjuguent suivant le modèle 1 :

...quand une fusillade violente les **arrêta** *net...*
Walter Schnaffs **demeura** *d'abord immobile...*
...ses yeux se **fermèrent**.

La majorité des autres verbes, y compris tous ceux qui se conjuguent comme **finir,** se terminent suivant le modèle 2.

Puis un désir fou de détaler le **saisit** (saisir)...
...il **vit** (voir) *le ciel par le trou qu'il avait fait...*
...il **entendit** (entendre) *pendant quelque temps...*
...le soldat **se mit** (se mettre) *à songer...*
Il **s'endormit** (s'endormir).

Un petit nombre de verbes, parmi lesquels **être, paraître, avoir, recevoir** et **vouloir,** se conjuguent suivant le modèle 3.

...il **fut** (être) *un jour envoyé en reconnaissance...*
il **eut** (avoir) *un sursaut épouvantable...*
Quand il se réveilla, le soleil lui **parut** (paraître) *à peu près au milieu du ciel.*

La conjugaison de **venir** (et des verbes qui se conjuguent de la même façon) est : Je **vins,** tu **vins,** il (elle) **vint,** nous **vînmes,** vous **vîntes,** ils (elles) **vinrent :**

Tout **redevint** (redevenir) *muet et calme.*

Exercice facultatif

Trouvez dans le texte des phrases qui contiennent des verbes au passé simple et mettez-les au présent d'abord et au passé composé ensuite.

QUATRIÈME CHAPITRE

L'Aventure de Walter Schnaffs (fin)

Quand il se réveilla, le soleil lui parut arrivé à peu près au milieu du ciel ; il devait être midi.[1] Aucun bruit ne troublait la paix morne des champs ; et Walter Schnaffs s'aperçut qu'il était atteint d'une faim aiguë.

Il bâillait, la bouche humide à la pensée du saucisson, du bon saucisson des soldats ; et son estomac lui faisait mal.

Il se leva, fit quelques pas, sentit que ses jambes étaient faibles, et se rassit pour réfléchir. Pendant deux ou trois heures encore, il établit le pour et le contre, changeant à tout moment de résolution, combattu, malheureux, tiraillé par les raisons les plus contraires.

Une idée lui parut enfin logique et pratique, c'était de guetter le passage d'un villageois seul, sans armes, et sans outils de travail dangereux, de courir au-devant de lui et de se remettre en ses mains en lui faisant bien comprendre qu'il se rendait.

Alors il ôta son casque, dont la pointe le pouvait trahir,[2] et il sortit sa tête au bord de son trou, avec des précautions infinies.

Aucun être isolé ne se montrait à l'horizon. Là-bas, à droite, un petit village envoyait au ciel la fumée de ses toits, la fumée des cuisines ! Là-bas, à gauche, il apercevait, au bout des arbres d'une avenue, un grand château flanqué de tourelles.

Il attendit ainsi jusqu'au soir, souffrant affreusement, ne voyant rien que des vols de corbeaux, n'entendant rien que les plaintes sourdes de ses entrailles.

Et la nuit encore[3] tomba sur lui.

Il s'allongea au fond de sa retraite et il s'endormit d'un sommeil fiévreux, hanté de cauchemars, d'un sommeil d'homme affamé.

L'aurore de nouveau se leva sur sa tête. Il se remit en observation. Mais la campagne restait vide comme la veille ; et une peur nouvelle entrait dans l'esprit de Walter Schnaffs, la peur de mourir de faim ! Il se voyait étendu au fond de son trou, sur le dos, les yeux fermés.

[1]**il devait être midi** il était probablement midi
[2]**dont la pointe le pouvait trahir** dont la pointe pouvait le trahir *(voir note 5, troisième chapitre)*
[3]**encore** encore une fois

Puis des bêtes, des petites bêtes de toute sorte s'approchaient de son cadavre et se mettaient à le manger, l'attaquant partout à la fois, se glissant sous ses vêtements pour mordre sa peau froide. Et un grand corbeau lui piquait les yeux de son bec effilé.

Alors, il devint fou, s'imaginant qu'il allait s'évanouir de faiblesse et ne plus pouvoir marcher. Et déjà, il s'apprêtait à s'élancer vers le village, résolu à tout oser, à tout braver, quand il aperçut trois paysans qui s'en allaient aux champs avec leurs fourches sur l'épaule, et il replongea dans sa cachette.

Mais, dès que le soir obscurcit la plaine, il sortit lentement du fossé, et se mit en route, courbé, craintif, le cœur battant, vers le château lointain, préférant entrer là-dedans plutôt qu'au village qui lui semblait redoutable comme une tanière pleine de tigres.

Les fenêtres d'en bas brillaient. Une d'elles était même ouverte ; et une forte odeur de viande cuite s'en échappait, une odeur qui pénétra brusquement dans le nez et jusqu'au fond du ventre de Walter Schnaffs, qui le crispa, le fit haleter, l'attirant irrésistiblement, lui jetant au cœur une audace désespérée.

Et brusquement, sans réfléchir, il apparut, casqué, dans le cadre de la fenêtre.

Huit domestiques dînaient autour d'une grande table. Mais soudain une bonne demeura béante, laissant tomber son verre, les yeux fixes. Tous les regards suivirent le sien !

On aperçut l'ennemi !

Seigneur ! les Prussiens attaquaient le château !...

Ce fut d'abord un cri, un seul cri, fait de huit cris poussés sur huit tons différents, un cri d'épouvante horrible, puis une levée tumultueuse, une bousculade, une mêlée, une fuite éperdue vers la porte du fond. Les chaises tombaient, les hommes renversaient les femmes et passaient dessus. En deux secondes, la pièce fut vide, abandonnée, avec la table couverte de mangeaille[4] en face de Walter Schnaffs stupéfait, toujours debout dans sa fenêtre.

Après quelques instants d'hésitation, il enjamba le mur d'appui et s'avança vers les assiettes. Sa faim exaspérée le faisait trembler comme un fiévreux : mais une terreur le retenait, le paralysait encore. Il écouta. Toute la maison semblait frémir ; des portes se fermaient, des pas rapides couraient sur le plancher du dessus. Le Prussien inquiet tendait l'oreille à ces confuses rumeurs ; puis il entendit des bruits sourds comme si des corps fussent tombés[5] dans la terre molle, au pied des murs, des corps humains, sautant du premier étage.

Puis tout mouvement, toute agitation cessèrent, et le grand château devint silencieux comme un tombeau.

[4]**mangeaille** *(fam.)* nourriture
[5]**fussent tombés** *plus-que-parfait du subjonctif du verbe* tomber

Walter Schnaffs s'assit devant une assiette restée intacte, et il se mit à manger. Il mangeait par grandes bouchées comme s'il eût craint[6] d'être interrompu trop tôt, de n'en pouvoir engloutir assez. Il jetait à deux mains les morceaux dans sa bouche ouverte comme une trappe ; et des paquets de nourriture lui descendaient coup sur coup dans l'estomac, gonflant sa gorge en passant. Parfois il s'interrompait, prêt à crever à la façon d'un tuyau trop plein. Il prenait alors la cruche à cidre et se déblayait l'œsophage comme on lave un conduit bouché.

Il vida toutes les assiettes, tous les plats et toutes les bouteilles ; puis, saoul de liquide et de mangeaille, abruti, rouge, secoué par des hoquets, l'esprit troublé et la bouche grasse, il déboutonna son uniforme pour souffler, incapable d'ailleurs de faire un pas. Ses yeux se fermaient, ses idées s'engourdissaient ; il posa son front pesant dans ses bras croisés sur la table, et il perdit doucement la notion des choses et des faits.

Le dernier croissant éclairait vaguement l'horizon au-dessus des arbres du parc. C'était l'heure froide qui précède le jour.

Des ombres glissaient dans les fourrés, nombreuses et muettes ; et

[6]**eût craint** *plus-que-parfait du subjonctif du verbe* craindre

parfois, un rayon de lune faisait reluire dans l'ombre une pointe d'acier.

Le château tranquille dressait sa grande silhouette noire. Deux fenêtres seules brillaient encore au rez-de-chaussée.

Soudain, une voix tonnante hurla :

— En avant ! nom d'un nom ![7] à l'assaut ! mes enfants !

Alors, en un instant, les portes, les contrevents et les vitres s'enfoncèrent sous un flot d'hommes qui s'élança, brisa, creva tout, envahit la maison. En un instant cinquante soldats armés jusqu'aux cheveux,[8] bondirent dans la cuisine où reposait pacifiquement Walter Schnaffs, et lui posant sur la poitrine cinquante fusils chargés, le culbutèrent, le roulèrent, le saisirent, le lièrent des pieds à la tête.

Il haletait d'ahurissement, trop abruti pour comprendre, battu, crossé et fou de peur.

Et tout d'un coup, un gros militaire chamarré d'or[9] lui planta son pied sur le ventre en vociférant :

— Vous êtes mon prisonnier, rendez-vous !

Le Prussien n'entendit[10] que ce seul mot « prisonnier », et il gémit : « *ya, ya, ya* ».

Il fut relevé, ficelé sur une chaise, et examiné avec une vive curiosité par ses vainqueurs qui soufflaient comme des baleines. Plusieurs s'assirent n'en pouvant plus d'émotion et de fatigue.[11]

Il souriait, lui, il souriait maintenant, sûr d'être enfin prisonnier !

Un autre officier entra et prononça :

— Mon colonel,[12] les ennemis se sont enfuis ; plusieurs semblent avoir été blessés. Nous restons maîtres de la place.

Le gros militaire qui s'essuyait le front vociféra : « Victoire ! »

Et il écrivit sur un petit agenda de commerce tiré de sa poche :

« Après une lutte acharnée, les Prussiens ont dû battre en retraite, emportant leurs morts et leurs blessés, qu'on évalue à cinquante hommes hors de combat. Plusieurs sont restés entre nos mains. »

Le jeune officier reprit :

— Quelles dispositions dois-je prendre, mon colonel ?

Le colonel répondit :

— Nous allons nous replier pour éviter un retour offensif avec l'artillerie et des forces supérieures.

Et il donna l'ordre de repartir.

[7]**nom d'un nom** exclamation exprimant une émotion violente

[8]**armés jusqu'aux cheveux** *on dirait aujourd'hui* armés jusqu'aux dents

[9]**chamarré d'or** couvert d'or

[10]**n'entendit** *ici :* ne comprit

[11]**n'en pouvant plus d'émotion et de fatigue** ne pouvant plus rien faire à cause de l'émotion et de la fatigue

[12]**mon colonel** *Dans l'armée française quand on parle à un officier supérieur, on s'adresse à lui en faisant précéder son grade par* « mon » : mon lieutenant, mon colonel, mon général, etc.

La colonne se reforma dans l'ombre, sous les murs du château, et se mit en mouvement, enveloppant de partout Walter Schnaffs garrotté, tenu par six guerriers le revolver au poing.

Des reconnaissances furent envoyées pour éclairer la route. On avançait avec prudence, faisant halte de temps en temps.

Au jour levant, on arrivait à la sous-préfecture[13] de La Roche-Oysel,[14] dont la garde nationale[15] avait accompli ce fait d'armes.

La population anxieuse et surexcitée attendait. Quand on aperçut le casque du prisonnier, des clameurs formidables éclatèrent. Les femmes levaient les bras ; des vieilles pleuraient ; un aïeul lança sa béquille au Prussien et blessa le nez d'un de ses gardiens.

Le colonel hurlait :

— Veillez à la sûreté du captif !

On parvint enfin à la maison de ville.[16] La prison fut ouverte, et Walter Schnaffs jeté dedans, libre de liens.

Deux cents hommes en armes montèrent la garde autour du bâtiment.

Alors, malgré des symptômes d'indigestion qui le tourmentaient depuis quelque temps, le Prussien, fou de joie, se mit à danser, à danser éperdument, en levant les bras et les jambes, à danser en poussant des rires frénétiques, jusqu'au moment où il tomba, épuisé au pied d'un mur.

Il était prisonnier ! Sauvé !

C'est ainsi que le château de Champignet fut repris à l'ennemi après six heures seulement d'occupation.

Le colonel Ratier, marchand de drap, qui enleva cette affaire à la tête des gardes nationaux[17] de La Roche-Oysel, fut décoré.

Étude du texte

I. EXERCICES DE VOCABULAIRE

A. *Expliquez en français les expressions suivantes.*

1. être atteint d'une faim aiguë
2. faire mal

[13]**sous-préfecture** *nom administratif donné à une ville d'importance secondaire*
[14]**La Roche-Oysel** *nom d'une ville inventée par l'auteur*
[15]**garde nationale** *milice civique fondée pendant la Révolution et qui participa à la guerre franco-prussienne.*
[16]**maison de ville** mairie
[17]**gardes nationaux** membres de la garde nationale

3. faire quelques pas
4. établir le pour et le contre
5. se mettre en route
6. tendre l'oreille
7. se mettre à manger
8. fou de joie

B. *Trouvez dans le texte les substantifs qui correspondent aux verbes suivants.*

1. penser	7. crier
2. résoudre	8. épouvanter
3. raisonner	9. fuir
4. fumer	10. hésiter
5. observer	11. agiter
6. regarder	12. émouvoir

II. QUESTIONNAIRE

Répondez en français aux questions suivantes.

1. Qu'est-ce que Walter Schnaffs a ressenti en se réveillant ?
2. Quelle idée lui est venue après trois heures de réflexion ?
3. Comment a-t-il passé cette journée ?
4. Pourquoi son sommeil était-il hanté de cauchemars ?
5. Quelles pensées le tourmentaient ?
6. Pourquoi, après avoir résolu de tout oser, s'est-il replongé dans sa cachette ?
7. Pourquoi s'est-il décidé à aller vers le château plutôt qu'au village ?
8. Qu'est-ce qui l'a attiré vers la fenêtre ouverte du château ?
9. Pourquoi l'auteur précise-t-il que Walter Schnaffs était casqué ?
10. Qu'est-ce que Walter Schnaffs a fait quand la cuisine a été abandonnée par les domestiques ?
11. Pourquoi perdait-il la notion des choses et des faits ?
12. Que s'est-il passé au lever du jour ?
13. Qui étaient les hommes qui ont attaqué Walter Schnaffs ?
14. Pourquoi le gros militaire (le colonel) a-t-il crié « Victoire » ? A-t-il résumé la situation sur son agenda d'une façon véridique ?
15. Décrivez le transfert de Walter Schnaffs du château à La Roche-Oysel.
16. Quelle a été la réaction de Walter Schnaffs lorsqu'il s'est trouvé en prison ?
17. Par quelles phrases l'auteur montre-t-il que les Français ont transformé l'incident en grande victoire ?
18. Pourquoi dans la dernière phrase Maupassant précise-t-il que le colonel était un marchand de drap ?

III. STYLE

1. De quelle façon Maupassant rend-il Walter Schnaffs vivant, humain et même sympathique ?
2. Trouvez dans le texte des phrases ou passages qui peuvent servir à illustrer les caractéristiques suivantes du style de Maupassant :

a. pittoresque
b. concret
c. précis
d. ironique
e. exagéré
f. comique

IV. SUJETS DE CONVERSATION (ces sujets de conversation sont basés sur le conte entier)

1. Où se trouve le comique dans la scène où Walter Schnaffs mange dans la cuisine du château ?
2. Tout au long de ce conte, l'auteur montre que Walter Schnaffs aimait manger, qu'il avait peur d'être affamé et de mourir de faim. Ce trait explique-t-il ses décisions et ses actions ? Indiquez les passages précis du texte sur lesquels vous vous appuyez pour arriver à votre conclusion.
3. En général, les contes de guerre tendent à décrire l'héroïsme de ses compatriotes ou, quelquefois, à ridiculiser l'ennemi. Est-ce le cas dans ce conte ?
4. Que pensez-vous du personnage de Walter Schnaffs et de la conduite des Français ? Pensez-vous que ce conte soit véridique, que les événements aient pu se passer exactement comme Maupassant les a décrits ?
5. Est-ce que ce conte est une critique ou même une parodie de la guerre et, dans ces conditions, pensez-vous qu'il puisse être considéré comme pacifiste ? Quelle est votre opinion sur le mouvement pacifiste qui existe de nos jours à travers le monde ?

V. COMPOSITIONS ÉCRITES

1. Quel portrait de Walter Schnaffs ressort de ce conte ? Est-ce que ses actions et réactions au cours du récit confirment l'image que l'auteur a essayé de vous donner ?
2. L'ironie dans ce conte : où réside-t-elle ? dans la situation, les personnages ou la façon dont l'auteur les présente ? Basez vos conclusions sur des exemples précis.

Remarques grammaticales

L'IMPARFAIT ET LE PASSÉ SIMPLE

Ce conte montre d'une façon parfaite la différence dans l'emploi de l'imparfait et du passé simple. Considérez, par exemple, le passage suivant :

Le dernier croissant éclairait vaguement l'horizon au-dessus des arbres du parc. C'était l'heure froide qui précède le jour.

Des ombres glissaient dans les fourrés, nombreuses et muettes ; et parfois, un rayon de lune faisait reluire dans l'ombre une pointe d'acier.

Le château tranquille dressait sa grande silhouette noire. Deux fenêtres seules brillaient encore au rez-de-chaussée.

Soudain, une voix tonnante hurla :

— En avant ! nom d'un nom ! à l'assaut ! mes enfants !

Alors, en un instant, les portes, les contrevents et les vitres s'enfoncèrent sous un flot d'hommes qui s'élança, brisa, creva tout, envahit la maison. En un instant cinquante soldats armés jusqu'aux cheveux, bondirent dans la cuisine où reposait pacifiquement Walter Schnaffs, et lui posant sur la poitrine cinquante fusils chargés, le culbutèrent, le roulèrent, le saisirent, le lièrent des pieds à la tête.

Remarquez que dans les trois premiers paragraphes l'auteur décrit une série d'images ou d'événements qui durent pendant un certain temps dans le passé, les faits sont durables et simultanés ; donc l'imparfait.

Dans le dernier paragraphe au contraire, les faits décrits sont brefs et successifs ; donc le passé simple :

les vitres s'enfoncèrent
un flot d'hommes s'élança, brisa, creva tout

Notez aussi le passage où cinquante soldats « bondirent dans la cuisine où reposait pacifiquement Walter Schnaffs » qui pourrait être récrit de la façon suivante : « pendant que Walter Schnaffs reposait (imparfait) les soldats bondirent » (passé simple).

Exercice facultatif

Trouvez d'autres passages dans le texte et expliquez, de la même façon, la raison pour laquelle soit l'imparfait soit le passé simple est employé.

CINQUIÈME CHAPITRE

Menus et recettes

La France a une longue tradition de qualité culinaire. Bien manger et bien boire revêt dans ce pays une grande importance. L'art culinaire comprend à la fois vin et nourriture. Il serait impensable qu'un bon repas ne soit pas accompagné d'un vin de qualité en harmonie avec les plats : vin blanc sec avec poisson et fruits de mer, vin rouge avec les viandes rouges, etc.

L'art de la table jouit du même prestige que peinture et musique. Le nom de Bocuse est familier à tous les Français, presque au même titre que celui de Renoir ou de Debussy.

Le repas du soir est l'occasion privilégiée pour la famille de se retrouver. Les repas sont plus longs qu'aux États-Unis, on s'attarde volontiers à table, que ce soit dans la salle à manger ou dans la cuisine qui est souvent le cœur de la maison. L'accent, cependant, est mis beaucoup plus sur la finesse culinaire, la présentation que sur la quantité, quelle que soit la classe sociale.

Malgré le succès en France de restaurants tels que McDonald et Burger King, dans les grands centres urbains, ce ne sont pas les endroits où les Français vont dîner en famille. Quand on veut dîner dehors, il y a beaucoup de restaurants, petits ou grands, chics ou familiaux. Et n'oubliez pas les déjeuners d'affaires dans des restaurants de luxe qui peuvent parfois durer deux ou trois heures.

En dépit du développement des supermarchés, la France rurale et provinciale continue à s'approvisionner de préférence au marché du village qui est aussi un endroit où la population locale se rencontre et peut bavarder à son aise.

Bien que les festins interminables de l'époque médiévale aient disparu, tous les événements importants de la vie, tels que baptêmes, mariages, enterrements, sont toujours l'occasion d'un repas de famille particulièrement soigné, sans oublier, bien sûr, le traditionnel déjeuner du dimanche qui réunit toute la famille.

La bonne cuisine, au même titre que la haute couture, les parfums, les vins, le champagne, les liqueurs et le fromage, fait partie intégrante de l'art de vivre français. Les républiques, les gouvernements changent, mais la cuisine reste.

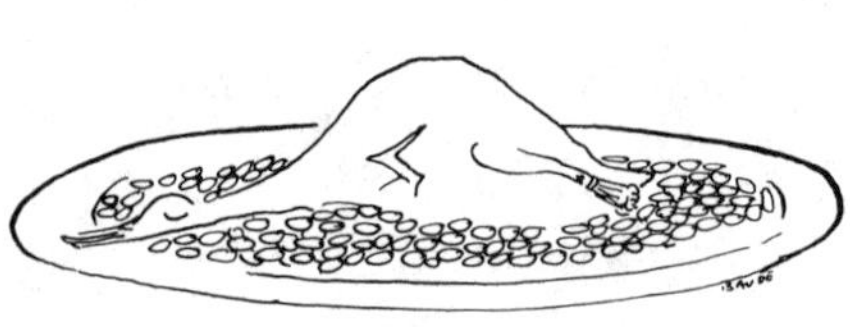

Le Ménestrel

MENU

Soupes

Soupe du jour
Vichyssoise
Soupe à l'oignon gratinée
Consommé

Hors d'œuvre

Pâté maison
Hors d'œuvre variés
Artichauts à la vinaigrette
Asperges à la vinaigrette (en saison)
Salade niçoise[1]
Saumon fumé
Melon au porto (en saison)

Plats du jour

Viandes

Bifteck frites
Bœuf bourguignon[2]
Gigot d'agneau aux flageolets[3]
Blanquette de veau[4]
Escalopes de veau à la crème
Canard aux olives
Côtes de porc grillées
Poulet à l'estragon
Poulet au citron et au vin blanc
Pot-au-feu[5]

[1]**salade niçoise** *(de Nice, ville qui se trouve au sud de la France) salade composée d'olives, tomates, laitue, sardines, thon, œufs durs et anchois*
[2]**bœuf bourguignon** *ragoût de bœuf, cuit à petit feu dans du vin rouge avec des oignons, des champignons et des fines herbes*
[3]**flageolets** *petits haricots blancs ou verts au goût très fin*
[4]*Vous trouverez plus loin la recette de ce plat très populaire dans toute la France*
[5]**pot-au-feu** *viande bouillie avec toutes sortes de légumes*

Fruits de mer

Filets de sole amandine
Poisson du jour grillé
Saumon frais à la provençale[6]
Coquilles Saint-Jacques
Curry de crevettes
Homard à l'américaine[7]

Pour les végétariens

Omelettes au fromage, aux champignons, aux fines herbes
Tomates à la provençale
Gratin dauphinois[8]
Légumes de saison sautés à la chinoise
Ratatouille

Desserts

Tarte aux pommes
Tarte aux fraises
Baba au rhum
Mousse au chocolat
Crème au caramel
Poires Belle-Hélène[9]
Plateau de pâtisseries
Fraises avec crème Chantilly ou au vin (en saison)
Corbeille de fruits de saison
Plateau de fromages

Pour les boissons, prière de consulter la carte des vins.

[6]**saumon frais à la provençale** *saumon cuit avec de l'ail et des tomates (Provence : ancienne province située au Sud de la France)*
[6]**homard à l'américaine** *homard préparé dans une sauce spéciale (sauce tomate, vin blanc, cognac, ail, fines herbes)*
[8]**gratin dauphinois** *pommes de terre gratinées au four avec de la crème et du fromage ; c'est une spécialité de la province française du Dauphiné qui se trouve dans les Hautes Alpes*
[9]*Vous trouverez plus loin la recette de ce dessert*

RECETTES

Blanquette de veau (pour 6 personnes)

3 livres[10] de veau pour ragoût coupé en petits morceaux
1 grosse carotte coupée en deux
1 gros oignon
12 petits oignons blancs
1 tasse de bouillon de poulet
1 cuillerée à soupe de farine
4 cuillerées à soupe de beurre
½ livre de champignons
1 cuillerée à soupe de jus de citron
1 tasse de crème
1 bouquet garni[11]
sel, poivre

[10]*Dans le système métrique une livre égale 500 grammes ; une livre en Amérique égale 454 grammes.*

[11]**bouquet garni** *mélange de fines herbes (persil, thym, laurier, . . .) employé comme assaisonnement*

Mettez le veau dans un fait-tout,[12] recouvrez-le d'eau et ajoutez un peu de sel. Amenez à ébullition, puis ajoutez carotte, gros oignon et bouquet garni. Cuisez à feu doux pendant environ une heure ou jusqu'à ce que le veau soit tendre.

Pendant que le veau cuit, préparez les petits oignons et les champignons.

Petits oignons

Dans une casserole, mettez la tasse de bouillon de poulet, une cuillerée à soupe de beurre et les petits oignons épluchés. Couvrez et cuisez à feu doux pendant trente ou quarante minutes.

Champignons

Faites revenir[13] les champignons dans une cuillerée à soupe de beurre.

Lorsque le veau est cuit, égouttez-le mais ne jetez pas le bouillon de cuisson. Remettez le veau dans le fait-tout. Arrangez les oignons sur la viande.

Faites fondre le reste du beurre, ajoutez la farine à feu très doux et tournez à l'aide d'une cuillère en bois pendant deux minutes environ. Sortez du feu et ajoutez le bouillon de cuisson tout en battant avec un fouet. Amenez la sauce à ébullition tout en tournant avec une cuillère en bois. Cuisez à feu doux pendant dix minutes de plus. Ajoutez les champignons et continuez à cuire à feu doux pendant cinq minutes. Goûtez la sauce, ajoutez du sel, du poivre et du jus de citron à volonté.

Versez la sauce et les champignons sur le veau et les oignons. Ajoutez la crème.

Si vous ne servez pas la blanquette immédiatement, couvrez-la. Réchauffez au moment de servir mais faites attention de ne pas amener la blanquette à ébullition.

Servez avec du riz, des nouilles ou des pommes de terre nouvelles, une salade verte et une bouteille de vin blanc sec ou de vin rosé bien frais.

[12]**fait-tout** *grande casserole avec un couvercle*

[13]**faire revenir** *cuire jusqu'à ce que les champignons changent de couleur*

Poires Belle-Hélène (pour 6 personnes)

6 belles poires mûres
1 tasse de sucre
1 bâton de vanille
une plaque de chocolat à cuire
1 cuillerée à soupe de beurre

Mélangez trois tasses d'eau, le sucre et le bâton de vanille dans une casserole assez grande pour contenir les six poires. Faites bouillir le liquide pendant cinq minutes. Pelez les poires et pochez-les dans le sirop jusqu'à ce qu'elles soient tendres. Laissez-les refroidir dans le sirop, puis égouttez-les. Disposez-les sur un plat.

Sauce au chocolat
Faites fondre le chocolat à feu doux dans une casserole. Ajoutez le beurre et mélangez bien. Versez la sauce sur les poires. Servez immédiatement avec de la glace à la vanille.

Étude du texte

I. QUESTIONNAIRE

1. Vous êtes au Ménestrel. Qu'est-ce que vous commandez ?
2. Imaginez un repas pour une occasion spéciale.

II. SUJETS DE CONVERSATION

1. Pensez-vous que la façon de se nourrir reflète la culture d'un pays ?
2. Dans notre société, est-ce que les repas sont encore le centre de la vie familiale ?

III. COMPOSITION ÉCRITE

Écrivez votre recette favorite.

SIXIÈME CHAPITRE

Colloque sentimental

PAUL VERLAINE (1844-1896)

Né à Metz en 1844, Verlaine fait ses études à Paris, obtient le baccalauréat en 1862 et devient petit employé à l'Hôtel de Ville de Paris. Mais, de bonne heure, il s'intéresse à la poésie et publie trois recueils de vers en quatre ans : **Poèmes saturniens** *(1866),* **Fêtes galantes** *(1869),* **La Bonne chanson** *(1870).*

En 1871, à peine marié, il abandonne sa jeune femme pour errer à travers la France, la Belgique et l'Angleterre avec le poète Rimbaud, ce jeune génie, son « mauvais ange » . Après une querelle Verlaine tire deux coups de revolver sur Rimbaud et le blesse très légèrement au poignet. Il est condamné et emprisonné en Belgique pendant deux ans. En prison il se convertit et prend la résolution de mener une vie digne et chrétienne. De cette résolution est né son livre **Sagesse** *(1881). Une fois de retour à Paris, il retombe dans ses anciennes habitudes de débauche et ses dernières années sont tourmentées et déréglées. Mais de cette vie misérable est sortie une poésie exquise — une poésie douce et musicale dans laquelle il parle de l'amour fugitif et des émotions transitoires dans des tons nuancés qui font penser à la peinture, comme les sons et les mouvements de sa poésie font penser à la musique. Il suggère — il n'explique pas. Et il suit à la lettre le credo de son* Art poétique *« De la musique avant toute chose ».*

Le poème, Colloque sentimental, *fait partie d'un recueil intitulé* **Fêtes galantes** *qui a été inspiré par une exposition à Paris des œuvres du peintre Watteau (1684-1721). Dans ce poème le vieux parc fait penser à un décor de Watteau.*

Colloque[1] sentimental

Dans le vieux parc solitaire et glacé,
Deux formes ont tout à l'heure passé.

Leurs yeux sont morts et leurs lèvres sont molles,
Et l'on entend à peine leurs paroles.

[1]**colloque** entretien de deux ou de plusieurs personnes

Dans le vieux parc solitaire et glacé,
Deux spectres ont évoqué le passé.

— [2]Te souvient-il[3] de notre extase ancienne ?
— Pourquoi voulez-vous donc qu'il m'en souvienne ?[4]

— Ton cœur bat-il toujours à mon seul nom ?[5]
Toujours vois-tu mon âme en rêve ? — Non.

— Ah ! les beaux jours de bonheur indicible
Où nous joignions nos bouches ! — C'est possible.

— Qu'il était bleu, le ciel, et grand, l'espoir!
— L'espoir a fui, vaincu, vers le ciel noir.

Tels[6] ils marchaient dans les avoines folles,[7]
Et la nuit seule entendit leurs paroles.

[2]*(—) Le tiret remplace souvent les guillemets (« . . . ») dans un dialogue pour indiquer le changement d'interlocuteur.*

[3]**te souvient-il** te souviens-tu

[4]**qu'il m'en souvienne** que je m'en souvienne

[5]**à mon seul nom** *ici :* en entendant simplement mon nom

[6]**tels** *ici :* ainsi

[7]**avoines folles** variété de plante sauvage *Le nom de la plante est « folle avoine » . Notez l'inversion de l'adjectif et du nom, liberté prise en poésie.*

Notes sur la versification française

Saviez-vous que le nombre de syllabes (ou pieds), la coupe, la rime, l'enjambement et la musicalité des voyelles ou consonnes caractérisent le vers français ?

1. Le compte des syllabes

En poésie on compte chaque syllabe prononcée. L'*e* muet est prononcé à l'intérieur d'un vers devant une consonne. Il n'est jamais prononcé à la fin d'un vers.

1	2	3	4	5	6	7	8	9	10
Leurs /	yeux /	sont /	morts /	et /	leurs /	lè /	vres /	sont /	molles

1	2	3	4	5	6	7	8	9	10
Et /	l'on /	en /	tend /	à /	pei /	ne /	leurs /	pa /	roles

Les vers peuvent avoir un nombre variable de syllabes. *Colloque sentimental* est en *décasyllabes* (dix pieds). Le vers classique de douze syllabes s'appelle *alexandrin.*

2. La coupe

On appelle **coupe** les pauses à l'intérieur d'un vers après une syllabe accentuée.

— Ton cœur / bat-il toujours / à mon seul nom

3. La rime

On appelle **rime** le retour des mêmes sons à la fin de deux ou plusieurs vers. Dans la poésie française c'est uniquement *l'oreille* (c'est-à-dire le son) qui détermine si deux mots riment.

Les rimes féminines se terminent en syllabes muettes (*e, es, ent* muets, etc.) : indicibl**e**, possibl**e** ; moll**es**, foll**es** ; etc. Toutes les autres sont masculines : glac**é**, pass**é** ; espoi**r**, noi**r** ; etc.

Les rimes sont :

suivies ou plates : aa-bb-cc, etc.
croisées : a b a b, etc.
embrassées : a b b a
libres : quand leur ordre n'est pas régulier

Les rimes sont :

1. *pauvres :* une voyelle identique. Il n'y a pas de rimes pauvres dans ce poème. Mais un exemple d'une rime pauvre serait : d**o**s, m**o**t.
2. *suffisantes :* un son de voyelle et un son de consonne identiques : par**ole**s, f**oll**es.
3. *riches :* au moins une voyelle ou une consonne doit être ajoutée à la rime suffisante : **glacé, passé.**

4. L'enjambement

On appelle **enjambement** le procédé rythmique qui consiste à reporter sur le vers suivant un ou plusieurs mots nécessaires au sens du vers précédent, sans qu'il y ait une pause entre les deux vers (en anglais : run-on line) :

— Ah ! les beaux jours de bonheur indicible
Où nous joignions nos bouches ! — C'est possible.

Étude du texte

I. EXERCICES DE VOCABULAIRE

A. *Relevez dans le texte les mots ou les expressions qui évoquent la mélancolie, la tristesse.*

B. *Trouvez deux images pittoresques dans ce poème et expliquez votre choix.*

C. *Trouvez dans le poème des mots de la même famille que :*

1. la solitude
2. la glace
3. former
4. mortel
5. la vieillesse
6. l'évocation
7. le souvenir
8. extatique
9. nommer
10. rêver
11. la journée
12. la possibilité
13. espérer
14. la marche
15. la folie

D. Quel est l'effet produit sur vous par les mots **solitaire** et **glacé** pour décrire le parc ?

E. Remarquez la position des adjectifs **bleu** et **grand** dans le vers :

Qu'il était **bleu,** le ciel, et **grand,** l'espoir !

Quel est l'effet donné par la transposition de ces deux adjectifs ?

F. Notez que Verlaine se sert :
de l'indicatif présent : **sont, entend, bat**, etc.
du passé composé : **ont passé, ont évoqué**, etc.
de l'imparfait : **joignions, marchaient**
du passé simple : **entendit**
du subjonctif présent : **souvienne**

Est-ce que la variation des temps et des modes des verbes ajoute un certain mouvement, un certain décor au poème ?

G. Définissez le mot **spectre**. Pourquoi Verlaine a-t-il employé ce mot dans le vers :

Deux spectres ont évoqué le passé.

Est-ce que le mot **spectre** est moins substantiel que le mot **forme** ? Pourquoi ?

II. QUESTIONNAIRE

Répondez en français aux questions suivantes.

1. Quels mots dans le premier vers reflètent l'atmosphère de ce poème ? Pourquoi ?
2. Décrivez le parc dans vos propres mots.
3. Comparez le premier et le troisième couplet. Pourquoi pensez-vous que Verlaine répète le premier vers ? Quel changement fait-il dans le second ? Quelle en est la signification ?
4. Pourquoi Verlaine parle-t-il de **deux formes** d'abord, puis de **deux spectres** ensuite, au lieu de deux personnes ou d'une femme et d'un homme ? Pourquoi ce manque de précision ?
5. Quelle idée vous faites-vous de ces deux **formes**, de leurs attitudes ?
6. Qu'est-ce qu'elles se disent l'une à l'autre ?
7. Étudiez le quatrième couplet. Comment les acteurs de ce petit drame s'adressent-ils l'un à l'autre ? Pourquoi Verlaine emploie-t-il les deux formes du pronom à la deuxième personne ?
8. Comment chacun des deux personnages se souvient-il de leur passé commun ?

9. Ont-ils jamais eu de l'espoir ? En ont-ils toujours ?
10. Dans le couplet :

    — Qu'il était **bleu,** le ciel, et grand l'espoir !
    — L'espoir a fui, vaincu, vers le ciel **noir.**

    remarquez la juxtaposition des adjectifs **bleu** et **noir**. Quelle en est la signification ?

11. Quel est l'effet psychologique du vers :

    L'espoir a fui, vaincu, vers le ciel noir.

    Est-ce que le **ciel noir** représente l'échec ?

12. Ce poème est divisé en trois parties. Donnez un titre à chacune des parties et résumez-les brièvement.
13. Pourquoi le poème est-il intitulé *Colloque sentimental* ?

III. STYLE

A. *Analysez la versification de ce poème.*

1. Les rimes sont-elle suivies, croisées, embrassées ou libres ? Donnez trois exemples.
2. Indiquez deux rimes riches et deux rimes suffisantes.
3. Indiquez deux rimes féminines et deux rimes masculines.
4. De quelle façon est-ce que la rime, le rythme et la musicalité des voyelles et des consonnes créent l'atmosphère du poème ?

B. Le vocabulaire est-il concret ou abstrait ? Donnez cinq exemples pour justifier votre réponse.

C. De quelle façon la forme de ce poème (distique : groupe de deux vers formant un sens complet) ajoute-t-elle à sa souplesse, à sa simplicité ? Est-ce que le poème aurait eu le même effet s'il avait été écrit autrement ?

D. Qu'est-ce qui fait de ce poème une petite pièce de théâtre ?

IV. UN PEU DE THÉÂTRE...

Vous venez de rencontrer un ami (une amie) dont vous avez été amoureux (amoureuse). C'est fini — mais vous n'avez pas oublié votre bonheur passé. Imaginez la conversation entre vous et votre ami (amie). Avec un(e) autre étudiant(e), jouez la scène.

V. COMPOSITION ÉCRITE

Écrivez un court dialogue — un « scénario » pour un film. Sujet : la rencontre d'une jeune fille et d'un jeune homme qui avaient été amoureux. Le jeune homme a quitté la jeune fille. Ils se retrouvent dans « le vieux parc » après deux ans.

VI. LISEZ LE POÈME À HAUTE VOIX. APPRENEZ-LE PAR CŒUR.

Exercice facultatif

Lisez le poème ci-dessous à haute voix.

Le ciel est, par-dessus le toit...[8]

Le ciel est, par-dessus le toit,
  Si bleu, si calme !
Un arbre, par-dessus le toit,
  Berce sa palme.

La cloche, dans le ciel qu'on voit,
  Doucement tinte.
Un oiseau sur l'arbre qu'on voit
  Chante sa plainte.

Mon Dieu, mon Dieu, la vie est là,
  Simple et tranquille.
Cette paisible rumeur-là
  Vient de la ville.

— Qu'as-tu fait, ô toi que voilà
  Pleurant sans cesse,
Dis, qu'as-tu fait, toi que voilà
  De ta jeunesse ?

Analysez la versification, la composition et le vocabulaire de ce poème.

A. Versification

1. Comptez le nombre de syllabes dans chaque vers.
2. Le rythme est-il régulier ou irrégulier ?

[8]*Ce poème de Verlaine a été écrit en prison en 1873. Il fait partie de* **Sagesse** *(1881).*

3. Les rimes sont-elles suivies, croisées, embrassées ou libres ?
4. Combien de rimes sont féminines ? Nommez-les et dites pourquoi elles le sont. Combien de rimes sont masculines ? Nommez-les et dites pourquoi elles le sont.
5. Y a-t-il des enjambements dans ce poème ? Où ?

B. Composition du poème

En combien de parties peut-on le diviser ? Résumez chacune des parties.

C. Vocabulaire

1. Comment Verlaine crée-t-il la monotonie doucement mélancolique de ce poème ?
2. Quels mots ajoutent au sentiment de tristesse et de regret ?
3. Relevez les expressions et les mots par lesquels Verlaine exprime la douceur des sons qu'il entend : par exemple *l'oiseau . . .chante sa plainte.*
4. La tristesse, l'écoulement du temps et la brièveté de la jeunesse sont des thèmes fréquents en poésie. Sont-ils présents dans ce poème et où les trouvez-vous ?
5. Le ciel est le symbole de la liberté dont Verlaine est privé quand il écrit ce poème. Ce symbole est-il bien choisi ? Pourquoi ou pourquoi pas ?
6. Quels symboles Verlaine a-t-il choisis pour montrer ce qu'est le monde extérieur pour un prisonnier ?

SEPTIÈME CHAPITRE

La Lueur du soleil couchant

BERNARD DADIÉ (1916-   )

Bernard Dadié est né en 1916 en Côte d'Ivoire, qui était encore à cette époque une colonie française. Quoiqu'il ait reçu une éducation française (en Côte d'Ivoire et au Sénégal) il a toujours manifesté un grand intérêt pour sa propre culture et le folklore de l'Afrique occidentale. À la fin de ses études il a travaillé au Sénégal à l'Institut français d'Afrique noire. Puis il est retourné en Côte d'Ivoire pour se mettre au service de son gouvernement. Depuis 1960, date de l'indépendance de la Côte d'Ivoire, il n'a cessé de jouer un rôle important dans la vie politique de son pays.

Ses activités et responsabilités politiques ne l'ont pas empêché de faire une brillante carrière littéraire. Il est l'auteur non seulement de contes, de romans mais aussi de poèmes. Parmi ses œuvres principales, l'on peut citer **Afrique debout** *(poèmes, 1950),* **Légendes africaines** *(1953),* **Le Pagne noir** *(1955),* **La Ronde des jours** *(poèmes, 1956),* **Climbié** *(roman, 1956) et* **Un Nègre à Paris** *(roman, 1959). Il a donc apporté une énorme contribution à la vie culturelle de son pays et il est également responsable de la création d'un centre d'art dramatique en Côte d'Ivoire.*

Il existe de multiples langues africaines mais la majorité sont purement orales et ne possèdent aucun système d'écriture. C'est pourquoi Bernard Dadié, tout comme Bigaro Diop du Sénégal, Camara Laye de Guinée et Joseph Brahim Seid du Tchad, écrit en français mais s'inspire directement des traditions, de l'héritage culturel et du folklore de son pays. Il se sert de son éducation française pour affirmer son identité africaine.

La Lueur du soleil couchant, *comme les autres contes de Bernard Dadié, est l'adaptation en français d'une histoire racontée le soir au milieu du village dans le dialecte de la région par le « griot ». Le « griot » de l'Afrique occidentale est à la fois un conteur, un mime, un acteur, un musicien et un chroniqueur ; c'est grâce à lui que ces contes et légendes où se mêlent harmonieusement le merveilleux et la réalité quotidienne, se sont transmis de génération en génération et n'ont rien perdu de leur vitalité et de leur fraîcheur.*

La Lueur du soleil couchant *fait partie du recueil* **Légendes africaines**, *publié en 1953.*

La Lueur du soleil couchant

« La lueur du soleil couchant seule sera notre témoin. »

Il y a longtemps de cela. Dans un village étaient deux amis, deux amis inséparables. On ne voyait jamais l'un sans l'autre et l'on disait d'eux qu'ils étaient l'ombre l'un de l'autre.

Tout chez eux se faisait en commun. Aussi les citait-on en exemple dans le village. Riches tous les deux, aucun d'eux ne vivait aux crochets[1] de l'autre. Ils portaient des pagnes[2] de même nuance, des sandales de même teint.[3] On les aurait pris pour des jumeaux.[4] Tous deux étaient mariés. Et ils s'appelaient Amantchi et Kouame.

L'existence pour eux s'écoulait[5] paisible. Ils partaient ensemble pour les voyages d'affaires et ensemble encore, revenaient. Jamais on ne voyait l'un sans l'autre. Pour une amitié c'en était véritablement une.

[1]**aux crochets de** à la charge de

[2]**pagnes** morceaux d'étoffe qui servent de culotte ou de jupe

[3]**teint** *ici :* couleur

[4]**jumeaux** deux enfants nés en même temps d'une même mère

[5]**s'écoulait** *ici :* passait

Chaque soir, ils partaient se promener dans la plantation de l'un ou de l'autre, et jamais n'ergotaient[6] sur le sens de tel ou tel mot prononcé par l'un d'eux... Ils étaient, pour tout dire, heureux. Mais qui aurait jamais cru que sous les dehors d'une amitié aussi tendre et chaude, aussi sûre et constante, il y avait une ombre ? Qui aurait cru qu'Amantchi avait un faible pour[7] la femme de Kouame ? Qui aurait cherché un dessous[8] aux nombreux cadeaux qu'il venait tout le temps faire à cette femme ?

Au début, le village avait jasé.[9] Puis las de jaser, il s'était tu puisqu'il n'était pas arrivé à jeter le trouble dans l'esprit de Kouame, puisqu'il n'était point parvenu à brouiller[10] les deux amis. Et il s'était tu, le village. Et les choses avaient continué à aller du même train[11] qu'avant.

La vie était belle. L'on vieillissait avec le temps et jamais avant le temps. On dormait bien et s'amusait bien. On n'avait pas à courir après les aiguilles d'un cadran quelconque, encore moins à tout le temps sursauter à un coup de sirène. On prenait son temps pour jouir de tout : on ne se pressait point. La vie était là, devant soi, riche, généreuse. On avait une philosophie qui permettait de se comporter de la sorte.[12] On se savait membre d'une communauté qui jamais ne devait s'éteindre... Pour voyager, on pouvait bien mettre des jours et des jours, voire[13] des mois. On était sûr d'arriver sans encombre,[14] sans accident aucun... On partait au chant du coq, on se reposait lorsque le soleil se faisait trop chaud, on repartait dès qu'il avait franchi[15] la cime des arbres et on s'arrêtait le soir dans le premier village venu pour se coucher. Connu ou non, on était reçu avec plaisir. L'étiquette commande. On parlait des diables, des génies et des revenants[16] comme on aurait parlé d'un voisin de case[17] avec la conviction qu'ils existaient. Et un homme qui mourait, mourait soit de maladie naturelle sans complication aucune due à une transgression d'interdit, soit parce que les diables et les sorciers s'en étaient mêlés, s'étaient saisis de son « ombre », son âme. On se

[6]**ergotaient** se disputaient
[7]**avait un faible pour** était amoureux de
[8]**dessous** *ici :* sens caché
[9]**avait jasé** avait parlé avec malice
[10]**brouiller** *ici :* mettre fin à leur amitié
[11]**du même train** de la même façon
[12]**se comporter de la sorte** se conduire de cette façon
[13]**voire** même
[14]**sans encombre** sans problème, sans incident
[15]**avait franchi** avait dépassé
[16]**revenants** esprits, fantômes
[17]**case** habitation simple, hutte

livrait alors à toute une série de cérémonies compliquées et on arrivait à sauver l'homme, à le racheter comme on disait. Et alors chacun essayait de se protéger contre ces actions occultes. Et comme tout le monde, Amantchi et Kouame ne manquaient pas à cette règle. Et chacun savait ce qu'avait son ami pour se protéger.

Et le village après avoir vainement jasé, s'était tu.

Les deux amis en dépit des[18] rumeurs du village restaient amis.

Un soir, comme d'habitude, ils partirent en promenade. Mais ce soir-là, seul Amantchi en revint, au grand étonnement de tout le village.

Ils rentraient de promenade, Kouame marchait en tête. Amantchi suivait avec d'étranges idées qui lui trottaient par la tête,[19] poursuivi par l'image de cette femme que depuis fort longtemps il cherchait. Il avait toujours réussi à dominer cette hantise,[20] mais aujourd'hui, c'était plus fort que lui. Il était dompté.[21] Son ami allait de son pas le

[18]**en dépit de** malgré
[19]**lui trottaient par la tête** le préoccupaient
[20]**hantise** obsession
[21]**dompté** *ici :* totalement dominé

plus tranquille, bavardant, et lui suivait, répondant machinalement à toutes les questions de l'autre. Il voyait la femme, elle lui parlait. Il sentait son parfum, quelque chose de très grisant.[22] Ils s'en allaient tous deux, l'un précédant l'autre.

Les oiseaux en groupes rejoignaient leur nid. La brise chargée de tous les parfums cueillis en route passait, odoriférante, légère, douce, caressante. Les palmiers agitaient paisiblement leurs branches. Les manguiers et deux orangers en fleurs étaient pleins d'abeilles en quête de nectar. Des libellules allaient çà et là... montant, descendant. Des papillons prenaient le frais, posés sur des feuilles. Partout, dans les feuillages comme dans les herbes, il y avait concert. Des toucans[23] passaient, bruyants, tandis que des colibris et des tisserins[24] bavardaient dans les orangers. Les bananiers, de leurs feuilles s'éventaient les uns les autres. Partout régnait le calme, la paix... Tout concourait à l'amour : les pigeons sur les branches se chatouillaient du bec... Kouame allait toujours. Amantchi suivait... Il suivait fiévreux, toujours prêt à frapper, les yeux rivés sur la nuque de son ami... Il se rapprochait de lui. Deux fois il s'était rapproché de lui. Trois fois...

Que vient-il de faire ? Est-ce possible ? Son ami, son seul ami ?

Le soleil se couchait. Il projetait des lueurs rouges, des lueurs de flammes, des lueurs de sang par le ciel.

Kouame ouvrant une dernière fois les yeux, fixa terriblement son assassin d'ami et lui dit :

« Tu m'as tué ? Il n'y a pas eu de témoins ? Eh bien ! la lueur du soleil couchant seule sera notre témoin. »

Amantchi traîna le mort jusqu'au fleuve qui coulait près de là et l'y jeta. D'abord il lui avait paru que l'eau lui opposait de la résistance, que l'eau refusait d'accepter ce corps de mort, qu'elle ne voulait pas de cette horrible et criminelle paternité. Elle finit cependant par céder. Elle s'ouvrit, puis ses lèvres se rapprochèrent, se soulevèrent et ensevelirent Kouame sous leur dalle[25] d'eau. À un moment, il parut à Amantchi que Kouame essayait de s'accrocher à un des nombreux cailloux qui peuplaient le fond du fleuve. Mais le courant le poussait, le talonnait, et ce corps s'en allait en compagnie des brindilles, des feuilles, des baies et des touffes d'herbes ambulantes charriées par le fleuve...

Sur les pêcheries, des mouettes qui somnolaient se levèrent avec un ensemble parfait et sur un seul cri, s'en allèrent. Un martin-

[22]**grisant** qui monte à la tête comme l'alcool
[23]**toucans** grands oiseaux tropicaux au long bec
[24]**tisserins** petits oiseaux africains
[25]**dalle** *ici* : pierre tombale

pêcheur qui cherchait sa pitance, lui aussi prit le large.[26] Le crime leur paraissait monstrueux et c'était leur façon à eux de protester. Le soleil, lui, jetait toujours des lueurs de sang, et le ciel était rouge, rouge, dirait-on du sang de Kouame. Les oiseaux plongeaient leur tête dans l'eau, en révérence au corps que le courant emportait. Les arbres s'ébrouèrent[27] sous le vent brusque qui passa. Les margouillats[28] appuyés sur leur train avant[29] tournèrent la tête à droite, à gauche, comme pour dire :

« Quoi, c'est çà l'amitié des hommes ? »

Le soleil qui jetait des lueurs de sang, lorsque disparut le corps de Kouame se voila la face derrière un rideau de nuages noirs. Le ciel prenait le deuil.[30]

Au village des vieillards eurent des pressentiments et se dirent que des faits anormaux se passaient.

Amantchi rentra chez lui, se déshabilla, cacha ses habits tachés de sang sous son lit, en prit d'autres et courut chez la femme de son ami.

— Où est ton mari ?

— Mon mari ? Mais c'est à moi de te poser cette question !

— Comment, il n'est pas encore rentré ?

— Où l'as-tu laissé ?

— En route.

— En route ?

— Oui.

— C'est étrange...

La nouvelle vola de case en case et en quelques minutes eut fini de courir le village qui sortit tous ses tam-tams et les battit longtemps pour appeler Kouame que l'on croyait égaré. Pendant des jours et pendant des nuits, les tam-tams battirent. Pendant des jours et pendant des nuits les hommes parcoururent la brousse[31] à la recherche de Kouame, de Kouame dont le corps s'en était allé au fil de l'eau[32] maintenant rendue boueuse par une crue[33] subite, étrange, insolite. Au bout de trente jours de cette vaine recherche, la conviction se fit totale, de la mort de Kouame. Ses funérailles furent grandioses.

[26]**prit le large** s'éloigna
[27]**s'ébrouèrent** s'agitèrent
[28]**margouillats** gros lézards qui peuvent changer de couleur
[29]**train avant** pattes de devant
[30]**prenait le deuil** *ici :* se couvrait
[31]**brousse** *ici :* région africaine éloignée des centres urbains et plus ou moins inculte
[32]**au fil de l'eau** avec le courant
[33]**crue** montée des eaux d'un fleuve

Avec le temps, et quelque entorse[34] à la coutume, Amantchi épousa la veuve. Ils vécurent heureux.

Seulement voilà. Ce qui devait arriver arriva. Kouame avant de mourir le lui avait dit, à son ami.

Un jour, debout devant sa glace, Amantchi s'apprêtait à sortir, lorsque d'une fenêtre brusquement ouverte par sa femme, un rayon de flamme, une lueur de sang traversa la chambre. Le soleil encore se couchait, il se couchait comme l'autre jour. Et tout le ciel était rouge, aussi rouge que l'autre jour, le jour où se commit le crime. Ce rayon passant devant la glace effraya Amantchi. Il était là, hagard devant la glace. Et il tremblait, tremblait, tremblait, plus qu'il n'avait tremblé le jour du crime... La lueur de sang était toujours là, persistante, plus rouge de seconde en seconde. Et Amantchi tremblait... Il revivait toute la scène. Il monologuait, oubliant que sa femme était près de lui...

— C'est la même lueur, exactement qui passa au moment où il fermait les yeux, la même lueur du même soleil couchant. Et il me l'avait dit : « Tu m'as tué ? Il n'y a pas eu de témoins ? Eh bien ! la lueur du soleil couchant seule sera notre témoin ».

Et la lueur était là... Et le soleil cette fois refusait de se coucher, envoyant partout des rayons couleur de sang...

Et le village, ameuté[35] par la femme, accourut. Amantchi était toujours devant la glace et toujours divaguait.[36]

Et le soleil s'entêtait à ne pas se coucher, inondant le monde de rayons couleur de sang.

Ce fut ainsi que l'on sut le crime que commit Amantchi un soir, le crime dont le seul témoin fut la lueur du soleil couchant.

Étude du texte

I. EXERCICES DE VOCABULAIRE

A. *Expliquez les expressions suivantes et utilisez-les dans des phrases. Traduisez ensuite vos phrases en anglais.*

[34]**entorse** *ici :* altération
[35]**ameuté** appelé
[36]**divaguait** parlait d'une façon incohérente

1. jeter le trouble
2. l'étiquette commande
3. répondre machinalement
4. prendre le frais

B. *Choisissez parmi les expressions et les mots suivants celui qui convient le mieux pour compléter chaque phrase.*

1. ombre 2. sous les dehors de 3. brouiller 4. se rapprocher de 5. se presser 6. hagard 7. jaser 8. recevoir 9. inonder 10. encombre 11. témoin 12. vivre 13. divaguer 14. âme 15. battre 16. se taire

1. Les deux amis étaient inséparables ; ils étaient ... l'un de l'autre.
2. ... de cette amitié parfaite, il y avait une ombre.
3. Les rumeurs du village ne réussirent pas à ... les deux amis.
4. Après avoir beaucoup ..., le village ....
5. Quand les habitants du village voyageaient, ils ne ... pas.
6. Les voyageurs étaient toujours sûrs d'arriver sans ....
7. Les villageois ... les voyageurs avec une grande hospitalité.
8. Les sorciers se sont saisis de ... du mort.
9. Petit à petit, Amantchi ... e son ami.
10. Le crime d'Amantchi n'a eu qu'un seul ....
11. Lorsque Kouame a disparu, les tams-tams ... pendant des nuits.
12. Ils se sont mariés et ils ... heureux.
13. Les rayons du soleil couchant ... la chambre d'Amantchi.
14. Amantchi était ... devant la glace.
15. Lorsque les villageois sont arrivés, Amantchi était en train de ... devant la glace.

C. *Trouvez dans le texte les verbes de la même famille que les substantifs suivants.*

1. la vue
2. le retour
3. le départ
4. la recherche
5. la course
6. la réception
7. la protection
8. le tremblement
9. la réussite
10. la frayeur

II. QUESTIONNAIRE

Répondez en français aux questions suivantes.

1. Quelle impression crée la première phrase ?
2. Pourquoi disait-on, en parlant des deux amis, qu'ils étaient l'ombre l'un de l'autre ?
3. Pourquoi aurait-on pris les deux amis pour des jumeaux ?
4. Quel sentiment empêchait cette grande amitié d'être vraiment parfaite ?
5. Pourquoi le village avait-il jasé au début ? Pourquoi avait-il cessé de jaser ?
6. Comment l'auteur décrit-il la vie dans le village ? Quelle philosophie avait-on ?
7. Comment passait-on les soirées ? De quoi parlait-on ?
8. Comment expliquait-on la mort de quelqu'un ? Que faisait-on après la mort de quelqu'un ?
9. Pourquoi le village était-il étonné quand Amantchi est revenu de la promenade ?
10. Pendant la promenade, quels sentiments hantaient Amantchi ?
11. Kouame se doutait-il de l'état d'esprit de son ami ? Illustrez votre réponse par un exemple précis.
12. Quelle atmosphère régnait dans la nature pendant la promenade des deux amis ?
13. Quelles ont été les dernières paroles de Kouame ?
14. Qu'a fait Amantchi du corps de son ami ?
15. Comment la nature et les animaux ont-ils réagi à ce crime ?
16. Qu'a fait Amantchi en rentrant chez lui ?
17. Décrivez la réaction du village après la disparition de Kouame. Qu'ont fait les habitants ?
18. Après quelque temps qu'a fait Amantchi ?
19. À ce point de l'histoire était-il heureux ?
20. Qu'est-ce qui est arrivé un jour quand Amantachi s'apprêtait à sortir ?
21. Pourquoi Amantchi a-t-il été terrifié par le soleil couchant ?
22. Qu'est-ce qu'il a dit à haute voix, sans en être conscient ?
23. Finalement, qu'est-ce qui lui est arrivé ?
24. Comment le village a-t-il fini par savoir qu'Amantchi a commis le crime ?

III. STYLE

1. Comment l'auteur a-t-il réussi à rendre nature et animaux extra-ordinairement humains ?
2. Relevez dans le texte les éléments qui créent la couleur locale, qui font que ce conte est purement africain.

3. Contrairement à beaucoup d'histoires de crimes, nous savons d'avance qui est le coupable. Quels procédés l'auteur a-t-il employés pour créer cependant un sens de suspense ?

IV. SUJETS DE CONVERSATION

1. Pensez-vous que Dadié ait voulu montrer que la véritable amitié n'existe pas, ou que l'amour est plus fort que l'amitié ? Quelle est votre opinion personnelle à ce sujet ?
2. L'histoire ne dit pas ce qui est arrivé à Amantchi après que le village a découvert son crime. Quelle serait à votre avis la punition la plus appropriée :
   a) le forcer à quitter le village
   b) le laisser vivre dans le village parmi ses anciens amis
   c) le condamner à la prison
   d) le condamner à mort
3. Un crime passionnel est un crime inspiré par la passion amoureuse. Un cas typique serait celui d'un homme qui trouve sa femme avec un amant et qui tue soit l'un soit l'autre soit même les deux. En France, le jury est, en général, moins sévère lorsqu'il s'agit d'un tel crime. D'après vous, est-ce que ce genre de crime devrait être puni d'une façon différente que les crimes commis pour d'autres raisons ?

V. COMPOSITIONS ÉCRITES

1. Quel rôle la lueur du soleil couchant joue-t-elle dans ce conte ?
2. Décrivez la vie dans le village après la découverte du crime.

Remarques grammaticales

REMARQUES SUR QUELQUES VERBES IRRÉGULIERS

NOTE : *Dans les remarques qui suivent tous les verbes en italique viennent du conte que vous venez de lire.*

Parmi ces verbes certains ont une conjugaison très irrégulière, c'est-à-dire, tout à fait différente de tout autre verbe. On les appelle souvent verbes complètement irréguliers.

Remarquez que dans ce groupe se trouvent les verbes les plus communs et que beaucoup de ces verbes sont également irréguliers en anglais :

être to be	*aller* to go
avoir to have	*dire* to say, to tell
faire to do, to make	*voir* to see

Par contre pour d'autres verbes l'irrégularité suit un certain modèle commun. Ces « groupements » sont illustrés dans les paragraphes suivants.

A. Verbes en -er

Notez d'abord que parmi les quatre mille verbes qui se terminent en **-er**, seuls *aller* et **envoyer** sont irréguliers, et que ce dernier ne l'est qu'au futur de l'indicatif et au présent du conditionnel **(j'enverrai, j'enverrais).**

Et n'oubliez pas le cas particulier des verbes en :

-ger *voyager* (nous voyag**e**ons, je voyag**e**ais)
-cer *prononcer* (nous pronon**ç**ons, je pronon**ç**ais)
-eler *s'appeler* (je m'appe**ll**e, ils s'appe**ll**eront) mais **geler** : je g**è**le, nous g**è**lerons.
-eter **jeter** (je je**tt**e, nous je**tt**erons) mais *acheter* : j'ach**è**te, nous ach**è**terons.
-yer **essuyer** (j'essu**i**e, nous essu**i**erons) mais les verbes en **-ayer** peuvent s'écrire soit je pa**i**e soit je pa**y**e (pour le verbe *payer*).

B. Verbes en -ir

Cueillir, ouvrir et certains autres verbes (**offrir**, etc.) se conjuguent au présent de l'indicatif comme les verbes en **-er** (je cueill**e**, tu ouvr**es**...).

Dormir, partir, repartir, sentir, sortir et certains autres verbes perdent au singulier de l'indicatif présent et de l'impératif la consonne finale du radical (je do**rs**...)
Mourir, venir, revenir, parvenir, tenir et certains autres verbes ont deux radicaux (je **meur**s, nous **mour**ons ; je **vien**s, nous **ven**ons). Notez de plus que *venir* et *tenir* se conjuguent exactement de la même façon sauf que *venir* emploie l'auxiliaire **être** et *tenir* emploie l'auxiliaire **avoir** (je vi**ens**, je ti**ens** ; je **suis** venu, j'**ai** tenu).
Et rappelez-vous que la majorité des verbes en **-ir** se conjuguent comme **finir** (je fin-**i**-s, nous fin-**iss**-ons).

C. Verbes en -re

S'éteindre, rejoindre et tous les autres verbes qui se terminent en **-aindre** (**craindre**, etc.), **-eindre** et **-oindre** se conjuguent exactement de la même façon.

Descendre, rendre et un nombre d'autres verbes qui se terminent en **-dre** se terminent par le **d** du radical à la troisième personne du singulier du présent de l'indicatif (il descen**d**). Notez de plus que *prendre* et ses composés (**apprendre, comprendre,** etc.) ont deux radicaux (je **prends**, nous **pren**ons).

Connaître, paraître, disparaître et tous les autres verbes qui se terminent en **-aître**, sauf **naître**, se conjuguent exactement de la même façon.

D. Verbes en -oir

Devoir, recevoir et quelques autres verbes (**apercevoir, concevoir, percevoir**...) ont deux radicaux et se conjuguent exactement de la même façon (je **dois**, nous **devons** ; je **reçois**, nous **recevons**)

Pouvoir et *vouloir* ont, eux aussi, deux radicaux (je **peux**, nous **pouvons** ; je **veux**, nous **voulons**) et sont, avec **valoir**, les seuls verbes qui se terminent par un **x** à la premiere et la deuxième personnes du singulier de de l'indicatif présent (tu **veux**, tu **vaux**). Et n'oubliez pas que *pouvoir* a deux formes à la première personne du singulier de l'indicatif présent (je **peux** ou je **puis**).

HUITIÈME CHAPITRE

Bande dessinée

SEMPÉ (1932-   )

Jean-Jacques Sempé est né à Bordeaux en 1932. Il était un mauvais élève qui ne cessait de se rebeller contre la discipline du lycée. À la fin de ses études secondaires il entre comme garçon de bureau chez un courtier en vins mais s'habitue mal à cette existence monotone. Pour échapper à la routine de son travail, il commence à dessiner. Finalement il réussit à vendre un dessin au Sud-Ouest* *et ne rêve plus que d'aller à Paris pour poursuivre une carrière de dessinateur. Il fait alors son service militaire et a la chance d'être envoyé dans la capitale. Dès la fin de son service il commence à gagner difficilement sa vie en vendant des dessins à des journaux et à des agences de publicité.*

À partir de 1955, la chance lui sourit enfin. Il entre à Paris Match,† *travaille pour* Punch** *et pour de nombreuses publications. Aujourd'hui Sempé est un des dessinateurs les plus célèbres de France. Les critiques sont unanimes à reconnaître son talent exceptionnel et admirent particulièrement son humour, sa lucidité impitoyable et sa façon de dépeindre en traits simples et ironiques les faiblesses et les ridicules humains.*

Parmi les recueils de bandes dessinées de Sempé, l'on peut citer **Le petit Nicolas** *(1961),* **Rien n'est simple** *(1962),* **Tout se complique** *(1963),* **La Grande panique** *(1966),* **Face à face** *(1972),* **Bonjour bonsoir** *(1974),* **Simple question d'équilibre** *(1977) et* **Les Musiciens** *(1979).*

Cette bande dessinée est tirée de **Rien n'est simple.**

Étude de la bande dessinée

I. QUESTIONNAIRE

1. Qui sont ces deux personnages ?
2. Que pouvez-vous dire de leur personnalité en vous basant sur ce qu'ils pensent ?

****Le Sud-Ouest** *le plus grand journal du sud-ouest de la France*

†**Paris-Match** *grand magazine populaire parisien*

****Punch** *journal humoristique britannique*

3. Pourquoi sont-ils venus faire un pique-nique ? À votre avis, lequel des deux a eu l'idée de ce pique-nique ?
4. Quel genre de vie pensez-vous qu'ils mènent ?
5. Quelles circonstances ont pu causer une telle situation ?
6. À votre avis, lequel des deux aurait le plus de chances de réussir ?

II. SUJETS DE CONVERSATION

1. Pensez à d'autres situations où un homme et une femme pourraient avoir des projets semblables. Décrivez-les.
2. Imaginez la conversation entre l'homme et la femme avant le pique-nique.
3. L'un des deux protagonistes réussit. Imaginez la conversation au commissariat de police où l'agent demande des détails au survivant qui vient de décrire « l'accident ».
4. Discutez cette opinion exprimée par un critique du *Point** : « Des monstres, les personnages de Sempé ? Mais non. Des hommes, des femmes que vous rencontrez tous les jours. »

III. COMPOSITION ÉCRITE

Décrivez les deux bulles† et dites ce que chacune d'elles représente.

Remarques grammaticales

LA CONJUGAISON DU SUBJONCTIF

Le subjonctif en français a quatre temps : *le présent,* son composé, *le passé, l'imparfait* et le composé de celui-ci, *le plus-que-parfait.*

Vous avez sans doute déjà remarqué dans vos lectures que les deux premiers de ces temps, le présent et le passé, sont employés en français beaucoup plus souvent qu'en anglais. Ces remarques et celles de la leçon suivante vous permettront de les reconnaître dans les textes et de vous habituer à les employer dans vos propres phrases.

Les deux autres temps, l'imparfait et le plus-que-parfait, ne sont presque plus employés dans le français moderne, et sont identifiés dans les notes au bas de la page chaque fois qu'ils apparaissent dans les textes.

* **Le Point** *magazine parisien*

† **bulle** *cercle dans une bande dessinée qui contient les paroles ou pensées des personnages.*

Conjugaison

Tous les verbes, à la seule exception de **avoir** et **être**, ont les mêmes terminaisons au *présent* du subjonctif :

1ère pers. sing.	**-e**
2ème pers. sing.	**-es**
3ème pers. sing.	**-e**
1ère pers. pl.	**-ions**
2ème pers. pl.	**-iez**
3ème pers. pl.	**-ent**

Remarquez que ces terminaisons sont :

Au singulier, celles du présent de l'indicatif de tous les verbes en **-er** (sauf **aller**) et de certains autres verbes, tels que **cueillir, offrir, ouvrir,** qui se terminent par **-e, -es, -e** au présent de l'indicatif. Pour cetté raison les présents de l'indicatif et du subjonctif sont *identiques* pour ces verbes et oblgatoirement *différents* pour tous les autres verbes.

Au pluriel, celles de l'imparfait de l'indicatif pour la première et la deuxième personnes et celle du présent de l'indicatif pour la troisième personne. Pour cette raison, à la seule exception des verbes dont le radical est différent à l'indicatif et au subjonctif, le pluriel du subjonctif est *identique* à l'imparfait de l'indicatif pour la première et la deuxième personnes du pluriel et au présent de l'indicatif pour la troisième personne.

Par exemple pour le verbe **aimer**

INDICATIF		SUBJONCTIF
PRÉSENT	IMPARFAIT	PRÉSENT
j'aim**e**	j'aimais	*que j'aim**e**
tu aim**es**	tu aimais	que tu aim**es**
il / elle aim**e**	il / elle aimait	qu'il / elle aim**e**
nous aimons	nous aim**ions**	que nous aim**ions**
vous aimez	vous aim**iez**	que vous aim**iez**
ils / elles aim**ent**	ils / elles aimaient	qu'ils / elles aim**ent**

*Notez que la conjugaison du subjonctif est toujours précédée par la conjonction **que** pour indiquer que c'est dans les propositions subordonnées que ce mode est employé le plus souvent.

et pour le verbe **croire**

je crois	je croyais	que je croi**e**
tu crois	tu croyais	que tu croi**es**
il / elle croit	il / elle croyait	qu'il / elle croi**e**
nous croyons	nous croy**ions**	que nous croy**ions**
vous croyez	vous croy**iez**	que vous croy**iez**
ils / elles croi**ent**	ils / elles croyaient	qu'ils / elles croi**ent**

La liste suivante montre la différence à la première personne du singulier entre les deux présents pour certains verbes choisis parmi les plus courants

INFINITIF	PRÉSENT DE L'INDICATIF	PRÉSENT DU SUBJONCTIF
finir*	je finis	que je finisse
partir†	je pars	que je parte
venir†	je viens	que je vienne
courir	je cours	que je coure
craindre†	je crains	que je craigne
rendre†	je rends	que je rende
prendre†	je prends	que je prenne
connaître†	je connais	que je connaisse
battre	je bats	que je batte
boire	je bois	que je boive
dire	je dis	que je dise
écrire	j'écris	que j'écrive
lire	je lis	que je lise
mettre	je mets	que je mette
rire	je ris	que je rie
suivre	je suis	que je suive
taire	je tais	que je taise
vivre	je vis	que je vive
recevoir†	je reçois	que je reçoive
voir	je vois	que je voie

**et tous les verbes qui se conjuguent de la même façon*

†*et tous les verbes qui se conjuguent de la même façon; voir Remarques grammaticales du septième chapitre* (p. 61)

Parmi les verbes dont le radical n'est pas le même à l'indicatif et au subjonctif citons

aller

que j'aill**e**
que tu aill**es**
qu'il / elle aill**e**
que nous all**ions**
que vous all**iez**
qu'ils / elles aill**ent**

avoir

que j'ai**e**
que tu ai**es**
qu'il / elle ai**t**
que nous a**yons**
que vous a**yez**
qu'ils / elles a**ient**

être

que je soi**s**
que tu soi**s**
qu'il / elle soi**t**
que nous so**yons**
que vous so**yez**
qu'ils / elles so**ient**

faire
que je fass**e**
que tu fass**es**
qu'il / elle fass**e**
que nous fass**ions**
que vous fass**iez**
qu'ils / elles fass**ent**

pouvoir
que je puiss**e**
que tu puiss**es**
qu'il / elle puiss**e**
que nous puiss**ions**
que vous puiss**iez**
qu'ils / elles puiss**ent**

savoir
que je sach**e**
que tu sach**es**
qu'il / elle sach**e**
que nous sach**ions**
que vous sach**iez**
qu'ils / elles sach**ent**

vouloir
que je veuill**e**
que tu veuill**es**
qu'il / elle veuill**e**
que nous voul**ions**
que vous voul**iez**
qu'ils / elles veuill**ent**

Le *passé du subjonctif* de tous les verbes est formé du présent du subjonctif de leur auxiliaire-**avoir** ou **être**-et de leur participe passé.

NEUVIÈME CHAPITRE

Complainte du progrès

BORIS VIAN (1920-1959)

« Je n'atteindrai jamais les 40 ans » , disait souvent Boris Vian. En effet il est mort à l'âge de trente-neuf ans des suites d'une maladie cardiaque qui datait de son enfance. Mais jamais il n'a accepté, pour ménager son cœur, de ralentir son rythme de vie.

Boris Vian est un paradoxe vivant : fils de bourgeois de la banlieue parisienne, diplômé de l'École Centrale, une prestigieuse école d'ingénieurs, il exerce cette profession jusqu'en 1946, puis à vingt-six ans se lance dans une carrière de trompettiste de jazz qu'il poursuivra jusqu'à sa mort. Il se consacre également à des activités artistiques, littéraires et théâtrales. Boris Vian, c'est aussi le symbole des années 50, l'homme des boîtes de nuit de Saint-Germain-des-Prés où le jazz américain faisait fureur et où la jeunesse dansait des nuits entières sur la musique de Duke Ellington, Louis Armstrong et Sydney Bechet.*

Entre 1946 et 1959, il a tout fait pour mériter le surnom d'homme-orchestre que lui ont donné beaucoup de critiques. Journaliste au Temps Modernes,† *il fréquente les milieux existentialistes** de Paris et se lie avec Sartre et Simone de Beauvoir ; en 1946, il écrit sous le pseudonyme de Vernon Sullivan une parodie scandaleuse d'un roman noir américain intitulée* **J'irai cracher sur vos tombes** *(1946) qu'il prétend avoir traduit et qui devient rapidement un « best-seller » . Vian publie sous ce même pseudonyme deux autres romans qui remportent aussi un vif succès :* **Les Morts ont tous la même peau** *(1947) et* **On tuera tous les affreux** *(1948). Pendant cette période, la popularité de Vernon Sullivan éclipse même les meilleurs romans de Vian qu'il publie sous son vrai nom. Parmi eux on peut citer* **L'Écume des jours** *(1947),* **L'Automne à Paris** *(1947) et* **L'Arrache-Cœur** *(1953). Il écrit aussi des articles pour des revues de jazz, des poèmes, des chansons populaires, des comédies musicales, des opéras, des scénarios de films. Il est également l'auteur de plusieurs pièces de théâtre dont seule* **Les Bâtisseurs d'empire** *(1959), montée après sa mort, connaîtra un succès durable. Ces multiples activités ne l'empêchent pas de traduire en*

***Saint-Germain-des-Prés** Quartier de Paris où se réunissaient écrivains et artistes

†**Temps Modernes** journal parisien de l'époque

****milieux existentialistes** *Ces milieux se composaient d'adeptes de l'existentialisme, doctrine philosophique selon laquelle l'existence de l'homme précède son essence, lui laissant ainsi la liberté de se choisir. Jean-Paul Sartre a joué un rôle de premier plan dans ce mouvement. Pour Simone de Beauvoir voir quatorzième chapitre.*

français des romans américains, de faire des tours de chant, de produire des disques et de jouer dans des films.

Il est difficile de définir l'œuvre de Boris Vian car elle abonde en contradictions : la fantaisie, la poésie, la tendresse, la joie de vivre se mêlent à l'anarchie, à un humour souvent féroce, à la cruauté, à la tristesse et à la satire impitoyable des valeurs établies.

Complainte du progrès *est un bon exemple de l'imagination originale de Boris Vian, de son amour de l'incongru et des jeux sur les mots ; sous la gaîté, on y trouve aussi une note douce-amère.*

Complainte du progrès *est tiré d'un recueil intitulé* **Textes et chansons** *publié en 1966, après sa mort.*

Ce poème contient un certain nombre d'expressions inventées par le poète :

tourniquette gadget pour battre la vinaigrette
aérateur ventilateur
tabouret à glace petit siège muni d'une glace (*peut-être parodie d'armoire à glace, rêve de toutes les jeunes mariées)*
chasse-filou brosse
ratatine-ordures machine qui compresse les ordures
coupe-friture gadget qui coupe les pommes frites
efface-poussière machine qui enlève la poussière
éventre-tomates gadget qui coupe les tomates
écorche-poulet gadget qui enlève la peau des poulets
canon à patates gadget qui facilite la préparation des patates (mot familier pour *pommes de terre*)

Complainte[1] *du progrès*

Autrefois pour faire sa cour
On parlait d'amour
Pour mieux prouver son ardeur
On offrait son cœur
Aujourd'hui, c'est plus pareil[2]
Ça change, ça change
Pour séduire le cher ange
On lui glisse à l'oreille
Ah... Gudule ! [3]...Viens m'embrasser...Et je te donnerai
Un frigidaire
Un joli scooter
Un atomizer
Et du Dunlopillo[4]
Une cuisinière
Avec un four en verre
Des tas de couverts
Et des pell' à gâteaux[5]
Une tourniquette
Pour fair'[6] la vinaigrette
Un bel aérateur
Pour bouffer[7] les odeurs
Des draps qui chauffent
Un pistolet à gaufres
Un avion pour deux
Et mon poêl'[8] à mazout

Autrefois s'il arrivait
Que l'on se querelle
L'air lugubre on s'en allait

[1]**complainte** *chanson populaire sur un sujet triste ou pieux*
[2]**C'est plus pareil** ce n'est plus pareil
[3]**Gudule** *Sainte-Gudule est la patronne de Bruxelles. En France ce prénom féminin est souvent utilisé d'une façon humoristique.*
[4]**Dunlopillo** *marque célèbre de coussins et de matelas*
[5]**pell' à gâteaux** pelles à gâteaux *(ustensile utilisé pour servir les gâteaux)*
[6]**fair'** faire
[7]**bouffer** *(fam.)* manger
[8]**poêl'** poêle

En laissant la vaisselle
Aujourd'hui, que voulez-vous
La vie est si chère
On dit : rentre chez ta mère
Et l'on se garde tout
Ah... Gudule... Excuse-toi... ou je reprends tout ça.

Mon frigidaire
Mon armoire à cuillères
Mon évier en fer
Et mon poêl' à mazout
Mon cire-godasses[9]
Mon repasse-limaces.[10]
Mon tabouret à glace
Et mon chasse-filou
La tourniquette
À faire la vinaigrette

[9]**godasses** *(fam.)* souliers
[10]**limaces** *(fam.)* chemises

Le ratatine-ordures
Et le coupe-friture
Et si la belle
Se montre encore rebelle
On la fiche dehors[11]
Pour confier son sort

Au frigidaire
À l'efface-poussière
À la cuisinière
Au lit qu'[12]est toujours fait
Au chauffe-savates[13]
Au canon à patates
À l'éventre-tomates
À l'écorche-poulet
Mais très très vite
On reçoit la visite
D'une tendre petite
Qui vous offre son cœur
Alors on cède
Car il faut qu'on s'entraide
Et l'on vit comme ça
Jusqu'à la prochaine fois.

Étude du texte

I. EXERCICES DE VOCABULAIRE

A. *À quoi sert*

1. un frigidaire
2. un atomizer
3. une cuisinière
4. un aérateur

[11]**fiche dehors** *(fam.)* met à la porte
[12]**qu'est** qui est
[13]**savates** *(fam.)* pantoufles

B. *Trouvez dans le poème un mot de la même famille que chacun des mots suivants.*

1. amoureux
2. la preuve
3. l'offre
4. le changement
5. angélique
6. le chauffage
7. la querelle
8. la rentrée
9. visiter
10. la tendresse

C. *Nommez cinq choses qu'on met dans un frigidaire.*

II. QUESTIONNAIRE

Répondez en français aux questions suivantes.

1. Qu'est-ce qu'on faisait autrefois pour faire la cour à une jeune fille ?
2. Qu'est-ce qu'on dit aujourd'hui ?
3. Nommez cinq choses que le jeune homme offre à la jeune fille.
4. D'après le poète que faisait-on autrefois et que fait-on aujourd'hui après une querelle ? Êtes-vous d'accord avec lui ?
5. Qu'est-ce que le jeune homme dit à la jeune fille après une querelle ?
6. Nommez cinq choses qu'il va reprendre.
7. Si la jeune fille se rebelle, qu'est-ce qui lui arrive ?
8. Comment le jeune homme vit-il pendant un moment ?
9. Est-ce que cette même histoire se répète ? Pourquoi ?

III. STYLE

1. Quel est l'effet produit par les répétitions (remarquez les couplets avec reprise d'énumérations) ?
2. Pourquoi pensez-vous qu'il n'y a pas de ponctuation ? Qu'est-ce que ce manque de ponctuation ajoute au poème ?
3. En quoi consiste la drôlerie de ce poème ? Où se trouve le mélange de fantaisie et de réalité ?

IV. SUJETS DE CONVERSATION

1. Commentez le titre « Complainte du progrès » . De quel progrès le poète se plaint-il ?
2. Si vous aviez une querelle avec votre ami(e), comment partageriez-vous vos cadeaux et possessions communes ? Seriez-vous d'accord immédiatement ou après une longue discussion ?

V. UN PEU DE THÉÂTRE...

1. Jacqueline et Marc se parlent. Jacqueline raconte à Marc sa dernière querelle avec Daniel — ce qu'il lui avait acheté pour leur appartement et ce qu'elle a pris avec elle en partant. Un étudiant jouera le rôle de Marc et une étudiante celui de Jacqueline.
2. Daniel et Marc se parlent. Daniel raconte la même histoire d'une façon tout à fait différente. Deux étudiants joueront ces rôles.

VI. COMPOSITION ÉCRITE

Pensez-vous que ce poème soit une satire de l'amour moderne et du matérialisme de notre société ? Basez votre réponse sur des exemples précis.

Remarques grammaticales

L'EMPLOI DU SUBJONCTIF

Chaque mode d'un verbe est destiné à jouer un rôle spécifique pour exprimer la pensée de la personne qui parle (ou écrit). Pour différencier ces rôles on peut dire que si l'indicatif exprime une certitude, une constatation d'une vérité objective, et le conditionnel un fait qui, pour des raisons indépendantes de nous, est simplement éventuel, le subjonctif, lui, sert à l'expression d'une vérité subjective, d'un fait considéré à travers l'esprit de celui qui parle, ou dont on parle, ou à qui l'on parle. Il peut indiquer une émotion (doute, désir, crainte, espoir, nécessité, regret, etc.) ou exprimer un état ou une action qui est possible plutôt que réelle, ce qui *peut* ou *devrait être* plutôt que ce qui *est* ou *sera*.

Considérez, par exemple, ces deux phrases :

Jean ne croit pas que Pierre **soit** malade.
Hélène ne croit pas que Marie **est** malade.

Leur construction est exactement la même. La première, cependant, semble exprimer un doute (Jean ne pense pas que Pierre soit malade, et la personne qui parle ne sait pas s'il l'est ou non), alors que la seconde semble exprimer un fait (la personne qui parle *sait* que Marie est malade mais Hélène ne le croit pas).

On peut dire, pour cette raison, que dans certains cas, la différence entre l'indicatif et le subjonctif peut être expliquée par « une nuance de la pensée » qui existe dans l'esprit de celui qui parle.

Comme règle générale le subjonctif se trouve dans les *propositions subordonnees* où il présente une action ou un état dépendant de l'idée exprimée dans la proposition principale.

Notez certains cas où le subjonctif *doit* être employé :

1. Quand le verbe de la proposition principale exprime :

soit un ordre, un désir, une volonté...comme, par exemple, **ordonner, exiger, défendre, empêcher, demander, permettre, prier, souhaiter, vouloir**, etc.

Le Directeur **ordonne (exige)** que Monsieur Badin lui **dise** la vérité.
Monsieur Badin **veut (souhaite)** que le Directeur le **comprenne.**

soit un sentiment ou une émotion, comme **craindre, regretter, s'étonner, se plaindre ; avoir peur ; être triste, heureux, malheureux, étonné, surpris,** etc. Par exemple :

Monsieur Badin **regrette (s'étonne)** que le Directeur **soit** impatient avec lui.
Walter Schnaffs **a peur (craint)** que les francs-tireurs ne* le **fusillent**.

2. Après certains verbes impersonnels, tels que **il faut que, il suffit que, il est possible que, il se peut que, il vaut mieux que, il y a peu...qui**, etc. Par exemple:

Il faut que Monsieur Badin **soit** au bureau tous les jours.
Il y a peu d'employés **qui soient** à l'heure tous les jours.

3. Après certaines locutions conjonctives, telles que **pour que, afin que, de peur que, avant que, jusqu'à ce que, sans que, pourvu que, à moins que, quoique**, etc. Par exemple :

Monsieur Badin ne doit pas supposer que l'Administration lui donne de l'argent **pour qu**'il **puisse** passer sa vie à marier les uns et enterrer les autres.
Walter Schnaffs se cache des paysans **de peur qu**'ils ne* **fassent** une bouillie de lui.

4. Après une supposition suggérée par la construction **qui que, quel que, quoi que, où que**, etc. Par exemple :

Quoi que je **fasse** je serai tué par l'ennemi. Ainsi pensait Walter Schnaffs.
D'après Monsieur Badin ses collègues, **quels qu**'ils **soient**, ne donnent au bureau que leur zèle, leur activité, leur intelligence et leur temps.

Concordance des temps du présent et du passé du subjonctif

Le verbe de la proposition subordonnée est au *présent du subjonctif* si l'état ou l'action qu'il représente se passe *en même temps* ou *suit* l'état ou l'action de la proposition principale.

Monsieur Badin **regrette** que le Directeur ne le **comprenne** pas.
Le Directeur *veut* que Monsieur Badin **soit** au bureau **le lendemain matin.**

Le verbe est au *passé du subjonctif* si l'état ou l'action *précède* celui de la proposition principale.

Walter Schnaffs **est** heureux que les domestiques **aient quitté** la cuisine.

***Ne** *explétif, n'a pas de valeur négative. Son emploi est expliqué uniquement par l'usage qui remonte au latin.*

Le subjonctif dans la proposition principale

Le subjonctif est employé dans les propositions principales pour exprimer un *souhait*, une *prière*.

Vive la France	Que Dieu vous **garde**
Sauve qui peut	Que la guerre **soit** finie
Comprenne qui pourra	Grand bien vous **fasse**

Le subjonctif joue également le rôle de la *troisième personne de l'impératif*. Voir Remarques grammaticales du dix-septième chapitre, page 158.

DIXIÈME CHAPITRE

L'Apollon de Bellac

JEAN GIRAUDOUX (1882-1944)

Né à Bellac, petite ville du Limousin, Jean Giraudoux a fait ses études à Paris à l'École normale supérieure où il s'est spécialisé dans les études germaniques. Sa connaissance de la littérature et de l'âme allemandes a joué un grand rôle dans beaucoup de ses œuvres, notamment **Siegfried et le Limousin** *(1922).*

Après avoir servi dans l'armée pendant la première guerre mondiale, il poursuit une double carrière de diplomate et d'écrivain, publiant ses souvenirs de guerre, des romans, des écrits politiques et des critiques littéraires. Mais ce n'est qu'après avoir rencontré Louis Jouvet, le célèbre metteur en scène et acteur, que Giraudoux a vraiment trouvé sa voie : le théâtre.

Sa première pièce, **Siegfried**, *tirée de son roman* **Siegfried et le Limousin**, *paraît en 1928. Elle est suivie d'une dizaine d'autres pièces toutes montées et interprétées par Jouvet. Parmi celles-ci on peut citer* **Amphitryon 38** *(1929),* **Judith** *(1931),* **Intermezzo** *(1933),* **Tessa** *(1934),* **La Guerre de Troie n'aura pas lieu** *(1935),* **Electre** *(1937),* **Ondine** *(1939),* **l'Apollon de Bellac** *(1942).*

Dans **l'Impromptu de Paris** *(1937) Giraudoux a donné une excellente définition de son propre théâtre :*

> *Il s'agit de savoir si l'État voudra enfin comprendre qu'un peuple n'a une vie réelle grande que s'il a une vie irréelle puissante. Que la force d'un peuple est son imagination, et que le soir, quand la nuit avec sa fraîcheur l'amène doucement au repos et au rêve, il ne suffit pas de colorer à l'électricité les monuments de son passé. C'est très bien d'illuminer la Tour Eiffel, mais ne crois-tu pas que c'est encore mieux d'illuminer les cerveaux ?*

L'Apollon de Bellac *est un bon exemple de l'art de Giraudoux. Cette pièce en un acte, cette satire féerique, permet à une jeune fille sans expérience et sans talents d'obtenir non seulement plus qu'elle n'avait espéré mais, en le faisant, de transformer les fonctionnaires ternes d'un bureau sordide en un groupe plein de vie, de gaîté et d'amour. Et ceci grâce à une recette infaillible, la flatterie, le « beau mensonge ».*

L'Apollon de Bellac *a été créé par Louis Jouvet et sa troupe au théatre municipal de Rio de Janeiro, au Brísil, pendant la guerre Mondiale, le 16 juin 1942, sous le titre* L'Apollon de Marsac.

Sous ce même titre, la piece a été reprise à Paris par la Compagnie Louis Jouvet et représentée pour la première fois le 19 avril 1947.

L'Apollon de Bellac[1]

PERSONNAGES[2]
(par ordre d'entrée en scène)

Le Monsieur de Bellac
L'Huissier
Agnès
Le Secrétaire général
Monsieur de Cracheton
Monsieur Lepédura
Monsieur Rasemutte
Monsieur Schulze
Le Président
Mademoiselle Chèvredent
Thérèse

La salle d'attente à l'Office des Grands et Petits Inventeurs.

SCÈNE PREMIÈRE

Agnès. L'Huissier. Le Monsieur de Bellac.

AGNÈS. C'est bien ici l'Office des Grands et Petits Inventeurs ?

L'HUISSIER. Ici même.

AGNÈS. Je voudrais voir le président.

L'HUISSIER. Invention petite, moyenne, ou grande ?

AGNÈS. Je ne saurais trop dire.[3]

L'HUISSIER. Petite ? C'est le secrétaire général. Revenez jeudi.

LE MONSIEUR DE BELLAC. Et qui vous dit, huissier, que l'invention de Mademoiselle soit si petite que cela ?

L'HUISSIER. De quoi vous mêlez-vous ?

LE MONSIEUR DE BELLAC. La caractéristique de l'inventeur, c'est qu'il est modeste. L'orgueil a été inventé par les non-inventeurs. À la modestie créatrice Mademoiselle joint la modestie de son aimable sexe. Mais qui vous dit qu'elle ne vient pas vous proposer une invention destinée à bouleverser le monde !

AGNÈS. Monsieur...

L'HUISSIER. Pour les bouleversements du monde, c'est bien le président. Il reçoit les lundis, de onze à douze heures.

LE MONSIEUR DE BELLAC. Nous sommes mardi !

[1]**L'Apollon de Bellac** *Apollon, dieu grec des arts et du soleil, est toujours représenté dans les statues comme un homme d'une grande beauté. Bellac est une petite ville de province où Giraudoux est né.*

[2]*Notez que le nom de la plupart des personnages a été choisi pour suggérer d'une façon humoristique leurs traits saillants.*

Monsieur de Cracheton *une personne qui bave en parlant ; la particule « de » ajoute à ce trait vulgaire un signe de noblesse*
Monsieur Lepédura *une personne malpropre qui sent mauvais*
Monsieur Rasemutte *une personne aux jambes très courtes*
Mademoiselle Chèvredent *une personne aux longues dents jaunes et disgracieuses*

[3]**Je ne saurais trop dire** je ne suis pas sûre

L'HUISSIER. Si Mademoiselle n'a pas inventé de faire du mardi le jour qui précède le lundi, je n'y puis rien.[4]

LE MONSIEUR DE BELLAC. Gabegie ![5] L'humanité attend dans l'angoisse l'invention qui permettra d'adapter à notre vie courante les lois de l'attraction des étoiles pour les envois postaux et la cicatrisation des brûlures... Peut-être que Mademoiselle... Mademoiselle comment ?

AGNÈS. Mademoiselle Agnès.

LE MONSIEUR DE BELLAC. Peut-être que Mademoiselle Agnès nous l'apporte... Non, elle devra attendre lundi !

L'HUISSIER. Je vous prie de vous taire...

LE MONSIEUR DE BELLAC. Je ne me tairai pas. Je me tais le lundi. Et le légume unique ! Cinq continents se dessèchent dans l'espérance du légume unique, qui rendra ridicule cette spécialisation du poireau, du raisin, ou du cerfeuil, qui sera la viande et le pain universels, le vin et le chocolat, qui donnera à volonté la potasse, le coton, l'ivoire et la laine. Mademoiselle Agnès vous l'apporte elle-même. Ce que Paracelse[6] et Turpin[7] n'ont même pas imaginé, elle l'a découvert. Les pépins du légume unique sont là, dans ce sachet au tiède sur sa gorge[8] prêts à se déchaîner, le brevet une fois paraphé par votre président, vers la germination et la prolifération. Non, ils devront attendre lundi.

AGNÈS. Monsieur...

L'HUISSIER. Le registre est sur la table. Qu'elle s'inscrive pour lundi !

LE MONSIEUR DE BELLAC. Et voilà ! Lundi, à la première heure, les crétins qui ont inventé le clou sans pointe ou la colle à musique seront reçus illico[9] par le président, mais pendant une semaine la pauvre humanité aura continué à se plonger jusqu'aux fesses dans la boue des rizières, à crever ses yeux pour séparer les graines du radis ménager[10] de celles du radis fourrager,[11] et à soigner ses blessures à la râpure de pommes de terre, alors que le légume unique est là... et le firmament !... Mademoiselle Agnès ne s'inscrira pas...

L'HUISSIER. Peu me chaut.[12]

[4]**je n'y puis rien** je ne peux rien faire
[5]**Gabegie** *ici* : bêtise
[6]**Paracelse** *alchimiste et médecin suisse (1493-1541)*
[7]**Turpin** *chimiste et inventeur français (1848-1927)*
[8]**gorge** *ici :* poitrine d'une femme
[9]**illico** *(fam.)* immédiatement
[10]**radis ménager** radis comestible
[11]**radis fourrager** radis destiné aux animaux
[12]**peu me chaut** cela m'est égal *(le verbe* chaloir, *archaïque, ne s'emploie plus aujourd'hui que dans ce genre d'expressions)*

LE MONSIEUR DE BELLAC. Vous dites ?

L'HUISSIER. Je dis : peu me chaut... Vous ne comprenez pas ?

LE MONSIEUR DE BELLAC. Si. Et Bernard Palissy[13] aussi a compris, quand, à sa demande de subvention, l'intendant du roi répondit : Peu me chaut, et l'obligea à brûler pour son four ses superbes meubles Henri II...[14]

L'HUISSIER. Ses meubles Henri II ? Vous me rappelez que j'ai à préparer la salle du conseil.

Il sort.

SCÈNE DEUXIÈME

Agnès. Le Monsieur de Bellac.

AGNÈS. Je vous remercie, Monsieur. Mais je ne suis pas l'inventeur du légume unique.

LE MONSIEUR DE BELLAC. Je le savais. C'est moi.

AGNÈS. Je cherche une place. Voilà tout.

LE MONSIEUR DE BELLAC. Vous êtes dactylographe ?

AGNÈS. Dactylographe ? Qu'est-ce que c'est ?

LE MONSIEUR DE BELLAC. Sténographe ?

AGNÈS. Pas que je sache.[15]

LE MONSIEUR DE BELLAC. Polyglotte, rédactrice, classeuse ? Arrêtez-moi à votre spécialité.

AGNÈS. Vous pourriez énumérer le dictionnaire des emplois. Jamais je n'aurais à vous interrompre.

LE MONSIEUR DE BELLAC. Alors coquette, dévouée, gourmande, douce, voluptueuse, naïve ?

AGNÈS. C'est plutôt mon rayon.[16]

LE MONSIEUR DE BELLAC. Tant mieux. C'est la promesse d'une heureuse carrière.

AGNÈS. Non. J'ai peur des hommes...

LE MONSIEUR DE BELLAC. De quels hommes ?

AGNÈS. À les voir, je défaille...

LE MONSIEUR DE BELLAC. Peur de l'huissier ?

AGNÈS. De tous. Des huissiers, des présidents, des militaires. Là où il y a un homme, je suis comme une voleuse dans un grand magasin qui sent sur son cou le souffle de l'inspecteur.

[13]**Bernard Palissy** *savant, écrivain et artiste français du XVIème siècle, un des créateurs de la céramique en France.*

[14]**meubles Henri II** *style de meubles. Henri II était roi de France de 1547 à 1559.*

[15]**pas que je sache** pas à ma connaissance

[16]**c'est plutôt mon rayon** *ici* : c'est plutôt ma spécialité

LE MONSIEUR DE BELLAC. Voleuse de quoi ?

AGNÈS. J'ai envie de me débarrasser à toute force[17] de l'objet volé et de le lui lancer en criant : Laissez-moi fuir !

LE MONSIEUR DE BELLAC. Quel objet ?

AGNÈS. Je ne me le demande même pas. Je le recèle.[18] J'ai peur.

LE MONSIEUR DE BELLAC. Leur costume sans doute vous impressionne ? Leurs chausses et leurs grègues ?[19]

AGNÈS. Je me suis trouvée avec des nageurs. Leurs grègues étaient à terre. L'objet me pesait tout autant.

LE MONSIEUR DE BELLAC. Peut-être ils vous déplaisent, tout simplement.

AGNÈS. Je ne crois pas. Leurs yeux de chien me plaisent, leur poil, leurs grands pieds. Et ils ont des organes bien à eux qui m'attendrissent, leur pomme d'Adam au repas par exemple. Mais dès qu'ils me regardent ou me parlent, je défaille.

LE MONSIEUR DE BELLAC. Cela vous intéresserait de ne plus défaillir ?

AGNÈS. Vous dites ?

LE MONSIEUR DE BELLAC. Cela vous intéresserait de les mener à votre guise, de tout obtenir d'eux, de faire plonger les présidents, grimper les nageurs ?

AGNÈS. Il y a des recettes ?

LE MONSIEUR DE BELLAC. Une seule, infaillible !

AGNÈS. Pourquoi me le diriez-vous ! Vous êtes un homme...

LE MONSIEUR DE BELLAC. Ignorez-la, et vous aurez une vie sordide ! Recourez à elle, et vous serez reine du monde !

AGNÈS. Reine du monde ! Ah ! que faut-il leur dire !...

LE MONSIEUR DE BELLAC. Aucun d'eux n'écoute ?

AGNÈS. Personne...

LE MONSIEUR DE BELLAC. Dites-leur qu'ils sont beaux !

AGNÈS. Leur dire qu'ils sont beaux, intelligents, sensibles ?[20]

LE MONSIEUR DE BELLAC. Non ! Qu'ils sont beaux. Pour l'intelligence et le cœur, ils savent s'en tirer[21] eux-mêmes. Qu'ils sont beaux...

AGNÈS. À tous ? À ceux qui ont du talent, du génie ? Dire à un académicien[22] qu'il est beau, jamais je n'oserai...

LE MONSIEUR DE BELLAC. Essayez voir ![23] À tous ! Aux modestes, aux vieillards, aux emphysémateux.[24] Dites-le au professeur de philo-

[17]**à toute force** à n'importe quel prix

[18]**recèle** cache *(un objet volé)*

[19]**leurs chausses et leurs grègues** *culottes s'arrêtant au genou portées autrefois par les hommes ; ici : les vêtements d'hommes, en général*

[20]**sensibles** facilement touchés

[21]**s'en tirer** sortir heureusement d'une difficulté

[22]**académicien** *membre de l'Académie française*

[23]**Essayez voir !** essayez pour voir

[24]**emphysémateux** *désigne une personne qui souffre d'emphysème*

sophie, et vous aurez votre diplôme. Au boucher, et il lui restera du filet dans sa resserre. Au président d'ici, et vous aurez la place.

AGNÈS. Cela suppose tant d'intimité, avant de trouver l'occasion de le leur dire...

LE MONSIEUR DE BELLAC. Dites-le d'emblée. Qu'à défaut de votre voix, votre premier regard le dise, dès la seconde où il va vous questionner sur Spinoza[25] ou vous refiler de la vache.[26]

AGNÈS. Il faut attendre qu'ils soient seuls ! Être seule à seul avec eux.

LE MONSIEUR DE BELLAC. Dites-leur qu'ils sont beaux en plein tramway, en pleine salle d'examens, dans la boucherie comble.[27] Au contraire. Les témoins seront vos garants !

AGNÈS. Et s'ils ne sont pas beaux, qu'est-ce que je leur dis ? C'est le plus fréquent, hélas !

LE MONSIEUR DE BELLAC. Seriez-vous bornée, Agnès ? Dites qu'ils sont beaux aux laids, aux bancals, aux pustuleux...

AGNÈS. Ils ne le croiront pas !

LE MONSIEUR DE BELLAC. Tous le croiront. Tous le croient d'avance. Chaque homme, même le plus laid, nourrit en soi une amorce et un secret par lequel il se relie directement à la beauté même. Il entendra simplement prononcer tout haut le mot que sa complaisance lui répète tout bas. Ceux qui ne le croient pas, s'il s'en trouve,[28] sont même les plus flattés. Ils croient qu'ils sont laids, mais qu'il est une femme[29] qui peut les voir beaux, ils s'accrochent à elle. Elle est pour eux le lorgnon enchanté et le régulateur d'un univers à yeux déformants.[30] Ils ne la quittent plus. Quand vous voyez une femme escortée en tous lieux d'un état-major de servants,[31] ce n'est pas tant qu'ils la trouvent belle, c'est qu'elle leur a dit qu'ils sont beaux...

AGNÈS. Ah ! il est déjà des femmes qui savent la recette ?

LE MONSIEUR DE BELLAC. Elles la savent mal. Elles biaisent.[32] Elles disent au bossu qu'il est généreux, au couperosé qu'il est tendre. C'est sans profit. J'ai vu une femme perdre millions, perles et rivières,[33] parce qu'elle avait dit à un pied tourné[34] qu'il marchait

[25]**Spinoza** *philosophe hollandais du XVIIème siècle*
[26]**refiler de la vache** fam : donner un morceau de viande de mauvaise qualité
[27]**comble** *ici* : pleine de monde
[28]**s'il s'en trouve** s'il y en a
[29]**il est une femme** il y a une femme
[30]**yeux déformants** yeux qui déforment ce qu'ils voient
[31]**état-major de servants** groupe d'admirateurs
[32]**biaisent** parlent d'une façon détournée
[33]**rivières** *ici :* colliers de diamants
[34]**pied tourné** homme qui a un pied déformé

vite. Il fallait lui dire, il faut leur dire qu'ils sont beaux... Allez-y. Le président n'a pas de jour pour s'entendre dire qu'il est beau...

AGNÈS. Non. Non. Je reviendrai. Laissez-moi d'abord m'entraîner. J'ai un cousin qui n'est pas mal. Je vais m'exercer avec lui.

LE MONSIEUR DE BELLAC. Vous allez vous exercer tout de suite. Et sur l'huissier !

AGNÈS. Sur ce monstre ?

LE MONSIEUR DE BELLAC. Le monstre est parfait pour l'entraînement. Puis sur le secrétaire général. Excellent aussi. Je le connais. Il est plus affreux encore. Puis sur le président...

L'huissier apparaît, hésite, et rentre dans la salle du conseil.

AGNÈS. Commencer par l'huissier, jamais !

LE MONSIEUR DE BELLAC. Très bien, commencez par ce buste !...

AGNÈS. C'est le buste de qui ?

LE MONSIEUR DE BELLAC. Peu importe. C'est un buste d'homme. Il est tout oreilles.

AGNÈS. Il n'a pas de barbe. Il n'y a que la barbe chez les hommes qui me donne confiance...

LE MONSIEUR DE BELLAC. Eh bien, parlez à n'importe qui, à n'importe quoi ! À cette chaise, à cette pendule !

AGNÈS. Elles sont du féminin.

LE MONSIEUR DE BELLAC. À ce papillon ! Le voilà sur votre main. Il s'est arraché aux jasmins et aux roses pour venir pomper sa louange. Allez-y.

AGNÈS. Comme il est beau !

LE MONSIEUR DE BELLAC. Dites-le à lui-même.

AGNÈS. Comme tu es beau !

LE MONSIEUR DE BELLAC. Vous voyez : il remue les ailes. Brodez un peu. Ornez un peu. De quoi est-ce spécialement fier, un papillon ?

AGNÈS. De son corselet, je pense. De sa trompe.

LE MONSIEUR DE BELLAC. Alors, allez-y ! Comme ton corselet est beau !...

AGNÈS. Comme ton corselet est beau, Papillon ! Tu es en velours de Gênes ![35] Ce que c'est beau, le jaune et le noir ! Et ta trompe ! Jamais on ne me fera croire qu'une fleur comme toi a une trompe ! C'est un pistil !

LE MONSIEUR DE BELLAC. Pas mal du tout. Voilà l'huissier ! Chassez-le.

AGNÈS. Il se cramponne !

[35]**velours de Gênes** velours fabriqué à Gênes, ville d'Italie. *Gênes est le nom français de la ville italienne* Genoa. *Les velours bleus fabriqués dans cette ville pour l'exportation portaient le nom de Gênes. Notez que le mot anglais « jeans » est une déformation de ce nom.*

LE MONSIEUR DE BELLAC. Dites-lui que vous préférez le rouge. Et maintenant, vous m'entendez, même méthode pour l'huissier que pour le papillon avec, bien entendu, l'équivalent pour les huissiers du corselet et du pistil !

AGNÈS. Laissez-moi lui parler du temps, d'abord. Regardez-le, ciel !

LE MONSIEUR DE BELLAC. Non, que votre premier mot soit le mot, sans préambule, sans préface !

AGNÈS. Quel mot ?

LE MONSIEUR DE BELLAC. Vous pataugerez après,[36] tant pis. Il sera dit !

AGNÈS. Quel mot ?

LE MONSIEUR DE BELLAC. Faut-il vous le répéter cent fois !... Comme vous êtes beau !...

Étude du texte

I. EXERCICES DE VOCABULAIRE

A. *Expliquez en français les expressions en italique.*

1. *De quoi vous mêlez-vous ?*
2. *à volonté*
3. Cela vous intéressait de les mener *à votre guise*...
4. Le président *n'a pas de jour* pour s'entendre dire qu'il est beau...
5. J'ai un cousin *qui n'est pas mal.*
6. C'est le buste de qui ? *Peu importe.*

B. *Montrez par des exemples précis que vous comprenez la différence entre :*

1. Revenez jeudi
2. Je me tais le lundi

C. *Terminez les phrases suivantes d'une façon logique en vous basant sur le texte :*

1. Pour les bouleversements du monde le président reçoit....
2. Le Monsieur de Bellac dit qu'Agnès a inventé....
3. Le président recevra lundi, à la première heure, les crétins qui ont inventé....
4. Agnès est venue à l'Office des Grands et Petits Inventeurs parce que....

[36]**vous pataugerez après** *ici* : vous vous débrouillerez d'une façon ou d'une autre

5. Agnès défaille quand un homme....
6. Le Monsieur de Bellac dit à Agnès de dire aux hommes....
7. Si Agnès répète ce que le Monsieur de Bellac lui conseille de dire au professeur de philosophie, elle....
8. Si elle le dit au boucher, elle....
9. Les hommes vont croire ce qu'Agnès leur dit parce que....
10. Toutes les femmes ne réussissent pas avec cette recette parce qu'elles....
11. Agnès dit au papillon que....
12. Agnès hésite à dire à l'huissier qu'il....

D. *Choisissez la réponse correcte.*

1. Un (Une) dactylographe est une personne
   a. qui sait taper à la machine
   b. qui lit les lignes de la main
   c. qui sait se servir de ses mains

2. Un (Une) sténographe est une personne
   a. qui se sert de stencils dans son travail
   b. qui se sert de signes pour écrire plus rapidement
   c. qui sait écrire en plusieurs langues

3. Un (Une) polyglotte est une personne
   a. qui est mariée à plusieurs hommes
   b. qui fait un travail varié
   c. qui parle plusieurs langues

4. Une rédactrice est une personne
   a. qui met les textes écrits dans leur forme finale
   b. qui écrit des romans
   c. qui fait des recherches

5. Une classeuse est une personne
   a. qui s'occupe des programmes
   b. qui appartient à une classe
   c. qui arrange les documents dans un ordre donné

6. Une coquette est une personne
   a. qui cherche à attirer l'attention des hommes
   b. qui flatte tout le monde
   c. qui est employée dans une maison de couture

7. Une naïve est une personne
   a. rusée qui fait semblant d'être innocente
   b. innocente et simple dans ses idées
   c. qui essaie de plaire

8. Une gourmande est une personne
   a. qui apprécie la bonne cuisine
   b. qui mange trop
   c. qui sait faire la cuisine

II. QUESTIONNAIRE

Répondez en français aux questions suivantes.

1. Qu'est-ce que l'huissier demande à Agnès quand elle dit qu'elle veut voir le président ?
2. Que dit le Monsieur de Bellac quand l'huissier demande à Agnès de revenir jeudi ?
3. Qu'est-ce qui caractérise l'inventeur d'après le Monsieur de Bellac ?
4. Quel genre d'inventeurs le président reçoit-il le lundi ?
5. Qu'est-ce que c'est que le légume unique ? Quels seraient ses avantages ?
6. D'après le Monsieur de Bellac, qui est reçu immédiatement par le président ?
7. Pourquoi Agnès est-elle venue ? Sait-elle exactement ce qu'elle veut ?
8. De qui Agnès a-t-elle peur ? Comment se sent-elle quand elle se trouve près d'un homme ? Qu'est-ce qu'elle a envie de faire ?
9. Est-ce que les hommes lui déplaisent ?
10. Quels sont les effets de la recette infaillible ?
11. En quoi consiste cette recette ? Est-ce qu'Agnès peut la changer ? Est-elle la même pour tous les hommes ?
12. Pourquoi le Monsieur de Bellac est-il sûr que tous les hommes croiront Agnès ?
13. Pourquoi beaucoup de femmes ne réussissent-elles pas avec la phrase magique ?
14. Que fait Agnès pour s'entraîner à employer la phrase magique avant de l'essayer sur l'huissier ?
15. Comment Agnès flatte-t-elle le papillon ? Est-ce qu'il réagit à ses compliments ?
16. Comment Agnès se débarrasse-t-elle du papillon ?
17. Comment Agnès veut-elle commencer la conversation avec l'huissier ? Comment le Monsieur de Bellac veut-il qu'elle la commence ?

III. STYLE

A. Le Monsieur de Bellac

> *Et voilà ! Lundi, à la première heure, les crétins qui ont inventé le clou sans pointe ou la colle à musique seront reçus illico par le président, mais pendant une semaine la pauvre humanité aura continué à se plonger jusqu'aux fesses dans la boue des rizières, à crever ses yeux pour séparer les graines du radis ménager de celles du radis fourrager, et à soigner ses blessures à la râpure de pommes de terre, alors que le légume unique est là . . .et le firmament ! . . .*

Analysez le passage ci-dessus. Commentez les images évoquées par Giraudoux. Est-ce que le vocabulaire est bien choisi ? Lesquelles de ces images sont comiques ?

B. Prenez deux exemples des scènes que vous avez lues et montrez l'imagination et l'irréel que Giraudoux introduit dans cette pièce.

IV. ANALYSE DU TEXTE

A. Commentez le passage suivant.

> *Chaque homme, même le plus laid, nourrit en soi une amorce et un secret par lequel il se relie directement à la beauté même. Il entendra simplement prononcer tout haut le mot que sa complaisance lui répète tout bas. Ceux qui ne le croient pas, s'il s'en trouve, sont même les plus flattés. Ils croient qu'ils sont laids, mais qu'il est une femme qui peut les voir beaux, ils s'accrochent à elle.*

B. Essayez de définir ce que Giraudoux veut dire par la phrase suivante.

> *Elle* [la femme] *est pour eux le lorgnon enchanté et le régulateur d'un univers à yeux déformants.*

V. SUJETS DE CONVERSATION

1. Le Monsieur de Bellac dit qu'à la modestie créatrice, Mademoiselle « joint la modestie de son aimable sexe ». Pensez-vous que les femmes soient plus modestes que les hommes ou le soient d'une façon différente ?
2. À votre avis quelles sont les inventions les plus importantes ?

VI. UN PEU DE THÉÂTRE . . .

Lisez la première scène à haute voix. Essayez de faire vivre les personnages. Agnès doit être timide, hésitante, et parler d'une toute petite voix. L'huissier doit être impersonnel, et parler presque comme une machine pour faire ressortir la fantaisie du Monsieur de Bellac qui, lui, s'exprime avec la plus grande assurance.

VII. COMPOSITIONS ÉCRITES

1. Faites le portrait du Monsieur de Bellac d'après vos premières impressions de lui.
2. Comment ces deux scènes nous font-elles entrer dans un univers irréel, fantaisiste, même absurde ?

Remarques grammaticales

LA CONSTRUCTION INTERROGATIVE

Rappelez-vous qu'en français il y a différentes façons de poser une question.

1. par l'inversion, en plaçant le sujet après le verbe

Seriez-vous bornée, Agnès ?

Notez que si le sujet avait été un nom au lieu d'un pronom, l'inversion aurait pris la forme suivante :

L'huissier est-il beau ?

2. En introduisant la question avec un pronom, un adjectif ou un adverbe interrogatif :

a. un pronom
Ce pronom peut être soit le sujet :

Qui *vous dit, huissier, que l'invention de Mademoiselle soit si petite que cela ?*

soit le complément direct :

Ah ! ***que*** *faut-il dire ?*
Qu'est-ce que *je leur dis ?*

soit le complément indirect :

De ***quoi*** *vous mêlez-vous ?*
C'est le buste de ***qui*** *?*

b. un adjectif

de ***quels*** *hommes ?*
quel *objet ?*

c. un adverbe

Mademoiselle ***comment*** *?*
Pourquoi *me le diriez-vous ?*

3. Finalement simplement par l'intonation de la voix. Cette façon se prête mieux à la conversation. Ce n'est donc pas étonnant qu'elle soit plus employée dans une pièce de théâtre que dans un roman ou un conte. *L'Apollon de Bellac* en est un bon exemple :

C'est bien ici l'Office des Grands et Petits Inventeurs ?
Invention petite, moyenne ou grande ?
Vous dites ?

Rappelez-vous aussi qu'une autre façon de poser une question est avec l'aide des expressions **est-ce que** et **n'est-ce pas.**

Exercices facultatifs

1. Notez qu'un grand nombre de questions dans le texte ne forment pas des phrases complètes. Choisissez quelques-unes d'entre elles et complétez-les sur le modèle suivant :

Invention petite, moyenne ou grande ?
Est-ce que votre invention est petite, moyenne ou grande ?
(ou) Votre invention est-elle petite, moyenne ou grande ?

Vous dites ?
Que dites-vous ?
(ou) Qu'est-ce que vous dites ?

2. Posez des questions à vos camarades en montrant par votre intonation que ce sont des questions.

ONZIÈME CHAPITRE

L'Apollon de Bellac (suite)

SCÈNE TROISIÈME

Agnès. L'Huissier.

AGNÈS, *après mille hésitations.* Comme vous êtes beau !

L'HUISSIER. Vous dites ?

AGNÈS. Je dis : comme vous êtes beau !

L'HUISSIER. Cela vous prend souvent ?

AGNÈS. C'est la première fois de ma vie...

L'HUISSIER. Que vous dites qu'il est beau à une tête de gorille ?

AGNÈS. Beau n'est peut-être pas le mot. Moi je ne juge pas les gens sur la transparence de la narine ou l'écart de l'œil.[1] Je juge sur l'ensemble.

L'HUISSIER. En somme voici ce que vous me dites : tous vos détails sont laids et votre ensemble est beau ?

AGNÈS. Si vous voulez ! Laissez-moi tranquille ! Vous pensez bien[2] que ce n'est pas pour flatter un sale huissier comme vous que je lui dis que je le trouve beau.

L'HUISSIER. Calmez-vous ! Calmez-vous !...

AGNÈS. C'est la première fois que je le dis à un homme. Cela ne m'arrivera plus.

L'HUISSIER. Je sais bien qu'à votre âge on dit ce qu'on pense. Mais pourquoi vous exprimez-vous si mal ?

La tête du Monsieur de Bellac apparaît et encourage Agnès.

AGNÈS. Je ne m'exprime pas mal. Je trouve que vous êtes beau. Je vous dis que vous êtes beau. Je puis me tromper. Tout le monde n'a pas de goût.

L'HUISSIER. Vous ne me trouvez pas beau. Je connais les femmes. Elles ne voient rien. Ce que je peux avoir de passable, elles ne le

[1]**l'écart de l'œil** la distance entre les yeux
[2]**vous pensez bien** *ici :* vous pouvez être sûr

voient même pas. Qu'est-ce que j'ai de beau ? Ma silhouette ?... Vous ne l'avez même pas remarquée...

AGNÈS. Votre silhouette ? Ah ! Vous croyez ! Quand vous avez relevé la corbeille à papiers, elle ne s'est pas penchée avec vous, votre silhouette ? Et vous l'avez mise dans votre poche, votre silhouette, quand vous avez traversé la salle pour aller au conseil ?[3]

L'HUISSIER. Vous la voyez maintenant parce que j'ai attiré votre œil sur elle...

AGNÈS. Vous avez parfaitement raison. Vous n'êtes pas beau. Je croyais vous voir et j'ai vu votre silhouette.

L'HUISSIER. Alors dites : Quelle belle silhouette ! Ne dites pas : Quel bel huissier !

AGNÈS. Je ne dirai plus rien.

L'HUISSIER. Ne vous fâchez pas ! J'ai le droit de vous mettre en garde. J'ai une fille, moi aussi, ma petite ; et je sais ce qu'elles sont, les filles, à votre âge. Parce que tout d'un coup la silhouette d'un homme leur paraît agréable, elles le trouvent beau. Beau des pieds à la tête. Et en effet, c'est rare, une belle silhouette. C'est avec les silhouettes que les Japonais ont fait ce qu'ils ont de mieux, les ombres chinoises. Et une silhouette dure. On a sa silhouette jusqu'à la mort. Et après. Le squelette a sa silhouette. Mais ces nigaudes confondent silhouette et corps, et si l'autre niais prête tant soit peu l'oreille,[4] c'est fait, elles se gâchent la vie, les imbéciles... On ne vit pas avec des silhouettes, mon enfant !

La tête du Monsieur de Bellac apparaît.

AGNÈS. Comme vous êtes beau, quand vous vous mettez en colère ! Vous ne me ferez pas croire qu'elles sont à votre silhouette, ces dents-là ?

L'HUISSIER. C'est vrai. Quand je me mets en colère, je montre la seule chose que j'ai de parfait, mes dents. Je ne fume pas. Je n'ai aucun mérite. Et je ne sais pas si vous avez remarqué que la canine était double. Pas la fausse en ciment. Celle de droite... Tenez, c'est le secrétaire général qui sonne... Je vais faire en sorte qu'il vous reçoive... Je lui dirai que vous êtes ma nièce.

AGNÈS. Qu'elle est belle, quand vous vous redressez ! On dirait celle du Penseur de Rodin.[5]

L'HUISSIER. Oui, oui, Cela suffit. Si vous étiez ma fille, vous recevriez une belle calotte ![6]

[3]**conseil** *ici :* salle du conseil
[4]**prête tant soit peu l'oreille** prête la moindre attention
[5]**Penseur de Rodin** *célèbre statue de Rodin, sculpteur français (1840-1917)*
[6]**calotte** *ici : (fam.)* une tape sur la tête

SCÈNE QUATRIÈME

Agnès. L'Huissier. Le Monsieur de Bellac.

LE MONSIEUR DE BELLAC. C'est un début.

AGNÈS. Un mauvais début. Je réussis mieux avec le papillon qu'avec l'huissier.

LE MONSIEUR DE BELLAC. Parce que vous vous entêtez à joindre l'idée de caresse à l'idée de beauté. Vous êtes comme toutes les femmes. Une femme qui trouve le ciel beau, c'est une femme qui caresse le ciel. Ce ne sont pas vos mains qui ont à parler, ni vos lèvres, ni votre joue, c'est votre cerveau.

AGNÈS. Il a bien manqué ne pas me croire.[7]

LE MONSIEUR DE BELLAC. Parce que vous biaisiez. Il vous a eue, avec sa silhouette. Vous n'êtes pas encore au point pour un secrétaire général.

AGNÈS. Comment m'entraîner ! Il arrive.

LE MONSIEUR DE BELLAC. Essayez sur moi...

AGNÈS. Vous dire à vous que vous êtes beau ?

LE MONSIEUR DE BELLAC. C'est si difficile que cela ?

AGNÈS. Pas du tout.

LE MONSIEUR DE BELLAC. Songez bien à ce que vous allez dire...

AGNÈS. Vous n'êtes pas mal du tout, quand vous vous moquez ainsi de moi...

LE MONSIEUR DE BELLAC. Faible. Vous biaisez ! Vous biaisez ! Et pourquoi quand je me moque ? Je ne suis pas beau autrement ?

AGNÈS. Oh ! si. Magnifique !

LE MONSIEUR DE BELLAC. Voilà ! Voilà ! Vous y êtes... Ce ne sont plus vos mains qui parlent.

AGNÈS. Devant vous, elles murmurent quand même un petit peu...

LE MONSIEUR DE BELLAC. Parfait !

AGNÈS. Le volume de votre corps est beau. La tête m'importe peu. Le contour de votre corps est beau.

LE MONSIEUR DE BELLAC. La tête vous importe peu ? Qu'est-ce à dire ?[8]

AGNÈS. Pas plus que la tête du Penseur de Rodin.

LE MONSIEUR DE BELLAC. Ses pieds évidemment ont plus d'importance... Écoutez, Agnès. C'est très ingénieux, ces allusions à une statue célèbre, mais le Penseur de Rodin est-elle la seule que vous connaissiez ?

AGNÈS. La seule. Avec la Vénus de Milo.[9] Mais celle-là ne peut guère me servir pour les hommes.

[7]**il a bien manqué ne pas me croire** il ne m'a presque pas crue

[8]**Qu'est-ce à dire ?** Qu'est-ce que cela veut dire ?

[9]**Vénus de Milo** *célèbre statue, sans bras, de Vénus, trouvée à Melos, maintenant au musée du Louvre*

LE MONSIEUR DE BELLAC. C'est à voir. Il est urgent en tout cas que vous doubliez votre répertoire. Dites l'Esclave de Michel-Ange.[10] Dites l'Apollon de Bellac.

AGNÈS. L'Apollon de Bellac ?

LE MONSIEUR DE BELLAC. Oui. Il n'existe pas. C'est moi qui l'extrais en ce moment à votre usage du terreau et du soleil antiques. Personne ne vous le contestera...

AGNÈS. Comment est-il ?

LE MONSIEUR DE BELLAC. Un peu comme moi, sans doute. Je suis né à Bellac. C'est un bourg du Limousin.

AGNÈS. On dit que les Limousins sont si laids. Comment se fait-il que vous soyez si beau ?...

LE MONSIEUR DE BELLAC. Mon père était très beau... Que je suis bête ! Bravo, vous m'avez pris...

AGNÈS. Je n'ai pas cherché à vous prendre. C'est vous qui m'avez donné la recette. Avec vous je suis franche.

LE MONSIEUR DE BELLAC. Voilà ! Elle a compris.

L'Huissier entre. Le Monsieur de Bellac se dissimule dans un réduit.

L'HUISSIER. Le secrétaire général vient vous voir ici une minute, Mademoiselle. Inutile de vous mettre en frais.[11] Pour voir une silhouette pareille, il faut se payer une visite au Musée de l'Homme.[12]

Il sort. Agnès au Monsieur de Bellac, qui passe la tête.

AGNÈS. Vous entendez. C'est terrible !...

LE MONSIEUR DE BELLAC. Entraînez-vous !

AGNÈS. Sur qui ? Sur quoi ?

LE MONSIEUR DE BELLAC. Sur tout ce qui est là. Les choses non plus ne résistent pas à qui leur dit qu'elles sont belles... Sur le téléphone...

Elle parle au téléphone, puis le touche.

AGNÈS. Comme tu es beau, mon petit téléphone...

LE MONSIEUR DE BELLAC. Pas les mains...

AGNÈS. Cela m'aide tellement !

LE MONSIEUR DE BELLAC. Au lustre ! Vous ne le toucherez pas...

AGNÈS. Comme tu es beau, mon petit, mon grand lustre ! Plus beau quand tu es allumé ? Ne dis pas cela... Les autres lustres, oui. Les lampadaires, les becs de gaz, toi pas. Regarde, le soleil joue sur toi, tu es le lustre à soleil. La lampe pigeon[13] a besoin d'être

[10]**Esclave de Michel-Ange** *célèbre statue de Michel-Ange, maintenant au musée du Louvre*
[11]**vous mettre en frais** *ici :* faire un effort spécial
[12]**Musée de l'Homme** *musée de Paris, spécialisé en histoire naturelle*
[13]**lampe pigeon** lampe à pétrole

allumée, ou l'étoile. Toi pas. Voilà ce que je voulais dire. Tu es beau comme une constellation, comme une constellation le serait, si, au lieu d'être un faux lustre, pendu dans l'éternité, avec ses feux mal distants,[14] elle était ce monument de merveilleux laiton,[15] de splendide carton huilé, de bobèches en faux Baccarat des Vosges[16] et des montagnes disposées à espace égal qui sont ton visage et ton corps.

Le lustre s'allume de lui-même.

LE MONSIEUR DE BELLAC. Bravo !

SCÈNE CINQUIÈME

Agnès. Le Secrétaire général.

L'Huissier. Le Monsieur de Bellac.

LE SECRÉTAIRE GÉNÉRAL. Une minute, Mademoiselle. Je dispose d'une minute...[17] Qu'avez-vous ?

AGNÈS. Moi ? Rien...

[14]**feux mal distants** feux à des distances inégales et lointaines

[15]**laiton** alliage de cuivre et de zinc

[16]**Baccarat des Vosges** *cristal connu, manufacturé à Baccarat, ville de la région des Vosges, en France*

[17]**Je dispose d'une minute** Je n'ai qu'une minute

LE SECRÉTAIRE GÉNÉRAL. Qu'avez-vous à me regarder ainsi ? Vous avez suivi aux Arts et Métiers[18] mon cours sur les inventions dans le rêve ? Vous me connaissez ?

AGNÈS. Oh ! non ! Au contraire...

LE SECRÉTAIRE GÉNÉRAL. Au contraire ? Que veut dire au contraire ?

AGNÈS. J'attendais un secrétaire général, comme ils ont coutume d'être, un peu voûté ou ventripotent, boiteux ou maigrelet, et je vous vois !

LE SECRÉTAIRE GÉNÉRAL. Je suis comme je suis.

La tête du Monsieur de Bellac apparaît.

AGNÈS. Oui. Vous êtes beau.

LE SECRÉTAIRE GÉNÉRAL. Vous dites ?

AGNÈS. Je ne dis rien. Je n'ai rien dit.

LE SECRÉTAIRE GÉNÉRAL. Si. Vous avez dit que j'étais beau. Je l'ai entendu clairement, et je dois dire que j'en éprouve quelque surprise. Si je l'étais, on me l'aurait déjà dit.

AGNÈS. Quelles idiotes !

LE SECRÉTAIRE GÉNÉRAL. Qui est idiote ? Ma sœur, ma mère, ma nièce ?

AGNÈS. Monsieur le secrétaire général, j'ai appris par une amie d'un membre de votre conseil, M. Lepédura...

LE SECRÉTAIRE GÉNÉRAL. Laissez M. Lepédura tranquille. Nous parlons de ma beauté. Je suis spécialiste du rêve, Mademoiselle. C'est à moi que s'adressent ceux des inventeurs qui ne font leurs trouvailles qu'en rêve, et j'ai réussi à retirer des songes des inventions aussi remarquables que le briquet-fourchette ou le livre qui se lit lui-même, qui n'auraient été sans moi que des épaves du sommeil. Si en rêve vous m'aviez dit que je suis beau, j'aurais compris. Mais nous sommes en état de veille.[19] Du moins je le suppose. Permettez que je me pince pour nous en assurer. Et que je vous pince.

Il lui prend la main.

AGNÈS. Hou là !

LE SECRÉTAIRE GÉNÉRAL, *qui a gardé la main d'Agnès.* Nous ne rêvons pas. Alors pourquoi vous m'avez dit que j'étais beau, cela m'échappe. Pour gagner ma faveur ? L'explication serait grossière. Pour vous moquer ? Votre œil est courtois, votre lèvre amène...

AGNÈS. Je l'ai dit parce que je vous trouve beau. Si Madame votre mère vous trouve hideux, cela la regarde.

LE SECRÉTAIRE GÉNÉRAL. Hideux est beaucoup dire, et je ne per-

[18]**Arts et Métiers** École technique
[19]**nous sommes en état de veille** nous sommes réveillés

mettrai pas que vous ayez de ma mère cette opinion défavorable. Ma mère, même quand j'avais cinq ans, m'a toujours trouvé des mains d'évêque.

AGNÈS. Si votre nièce vous préfère Valentino,[20] ce n'est pas à son honneur.

LE SECRÉTAIRE GÉNÉRAL. Ma nièce n'est pas une imbécile. Elle prétendait encore hier que j'ai l'arcade sourcilière dessinée par Le Nôtre.[21]

AGNÈS. Si votre sœur...

LE SECRÉTAIRE GÉNÉRAL. Vous tombez mal avec ma sœur. Elle sait bien que je ne suis pas beau, mais elle a toujours prétendu que j'avais un type, et ce type, un de nos amis, agrégé[22] d'histoire italienne, l'a récemment identifié. Et c'est un type célèbre. C'est à s'y méprendre, dit-il, celui de Galéas Sforza.[23]

AGNÈS. De Galéas Sforza. Jamais ! De l'Apollon de Bellac, oui.

LE SECRÉTAIRE GÉNÉRAL. De l'Apollon de Bellac ?

AGNÈS. Vous ne trouvez pas ?

LE SECRÉTAIRE GÉNÉRAL. Si vous y tenez tant que cela, Mademoiselle ! Vous savez que le type de Galéas est curieux. J'ai vu des gravures...

AGNÈS. À l'Apollon de Bellac habillé, évidemment ! Car, pour votre vêtement, je fais des réserves. Vous vous habillez mal, Monsieur le Secrétaire général. Moi, je suis franche. Vous ne me ferez jamais dire ce que je ne pense pas. Vous avez le travers des hommes vraiment beaux, de Boulanger[24] de Nijinski.[25] Vous vous habillez au Marché aux Puces.[26]

LE SECRÉTAIRE GÉNÉRAL. Ce qu'il faut s'entendre dire ! Et par une jeune personne qui dit au premier venu qu'il est beau !

AGNÈS. Je ne l'ai dit qu'à deux hommes dans ma vie. Vous êtes le second.

LE SECRÉTAIRE GÉNÉRAL. Personne évidemment ne ressemble à tout le monde, et moi, hélas ! moins que personne. *(À l'huissier.)* Que voulez-vous ! Vous ne voyez pas que nous sommes occupés !

L'huissier est entré.

[20]**Valentino** *Rudolph Valentino, célèbre acteur de cinéma des années 20*

[21]**Le Nôtre** *architecte du XVIIème siècle. Il a dessiné, entre autres, les jardins du château de Versailles.*

[22]**agrégé** *titulaire d'un diplôme avancé*

[23]**Galéas Sforza** *aristocrate italien du XVème siècle, duc de Milan*

[24]**Boulanger** *général français (1837-1891), célèbre pour sa belle allure ; idole des femmes françaises*

[25]**Nijinski** *célèbre danseur russe (1890-1950)*

[26]**Marché aux Puces** *marché en plein air où on trouve vêtements, meubles, livres, etc., d'occasion à bon marché*

L'HUISSIER. Ces Messieurs du conseil montent l'escalier. Je les annonce ?

LE SECRÉTAIRE GÉNÉRAL. Mademoiselle, le conseil me réclame. Mais me feriez-vous le plaisir de venir demain poursuivre cet intéressant entretien ? D'autant que la dactylographe qui travaille dans mon bureau entasse les fautes de frappe, et que je songe à l'écarter. Je suis sûr que vous êtes artiste, vous, en machine à écrire ?

AGNÈS. Hélas ! non. Je ne sais que le piano.

LE SECRÉTAIRE GÉNÉRAL. Parfait. C'est beaucoup plus rare. Vous prenez la dictée ?

AGNÈS. Lentement.

LE SECRÉTAIRE GÉNÉRAL. Tant mieux. Cette autre allait trop vite, et semblait me donner la leçon.

AGNÈS. Et je relis mal mon écriture.

LE SECRÉTAIRE GÉNÉRAL. Parfait. L'autre était l'indiscrétion même. À demain donc, Mademoiselle. Vous acceptez ?

AGNÈS. Avec reconnaissance, mais à une condition.

LE SECRÉTAIRE GÉNÉRAL. Vous posez des conditions à votre chef ?

AGNÈS. À la condition que je ne vous verrai plus avec cette ignoble jaquette. Imaginer ces deux harmonieuses épaules dans cette chrysalide, ce me serait insupportable…

LE SECRÉTAIRE GÉNÉRAL. J'ai un complet en tussor beige. Mais il est d'été et m'enrhume.

AGNÈS. C'est à prendre ou à laisser. J'adore le tussor beige.

LE SECRÉTAIRE GÉNÉRAL. À demain… Ma sœur et ma mère le détacheront cet après-midi. Je l'aurai.

Il part. La tête du Monsieur de Bellac reparaît.

AGNÈS. Alors ?

LE MONSIEUR DE BELLAC. Pas mal. Mais vous biaisez toujours.

AGNÈS. Pourtant mes mains étaient bien loin. J'ai du mal à les rattacher.

LE MONSIEUR DE BELLAC. Ne perdez pas de temps. Les magots montent l'escalier. Entraînez-vous encore…

AGNÈS. Sur le premier ?

LE MONSIEUR DE BELLAC. Sur tous !

SCÈNE SIXIÈME

Agnès. L'Huissier. Les membres du conseil. Le Monsieur de Bellac.

L'HUISSIER, *annonçant à travers la salle les personnages qui traversent.* Monsieur de Cracheton.

AGNÈS. Comme il est beau, celui-lá !

M. DE CRACHETON, *à demi-voix.* Charmante enfant.

Il entre dans la salle du conseil.

L'HUISSIER. Monsieur Lepédura...

M. LEPÉDURA, *s'approchant d'Agnès.* Salut, jolie personne...

AGNÈS. Ce que vous êtes beau !

MONSIEUR LEPÉDURA. Comment le savez-vous ?

AGNÈS. Par l'amie de votre femme, la baronne Chagrobis.[27] Elle vous trouve magnifique.

MONSIEUR LEPÉDURA. Ah ! Elle me trouve magnifique, la baronne Chagrobis ? Dites-lui le bonjour, en attendant que je le lui dise moi-même. Il est vrai qu'elle n'est pas gâtée, avec le baron. Elle habite toujours cité Volney ?[28]

AGNÈS. Au 28 ? Je lui dirai que vous êtes toujours aussi beau.

MONSIEUR LEPÉDURA. N'exagérez rien... *(À demi-voix.)* Elle est délicieuse !

Il entre dans la salle du conseil.

L'HUISSIER. Messieurs Rasemutte et Schulze.

AGNÈS. Ce qu'il est beau !

MONSIEUR RASEMUTTE. Peut-on savoir, Mademoiselle, auquel des deux votre phrase s'adresse ?

AGNÈS. Regardez-vous l'un l'autre. Vous le saurez.

Ils se regardent.

M. SCHULZE ET M. RASEMUTTE. Elle est charmante !

Ils entrent dans la salle du conseil. La tête du Monsieur de Bellac apparaît.

AGNÈS. Vous avez l'air triste. Cela ne vas pas ?

LE MONSIEUR DE BELLAC. Cela va trop bien. J'ai déchaîné le diable. J'aurais dû me méfier de votre prénom.[29] Mes lectures du XVIIIe [30] auraient dû me rappeler que c'est avec les naïves qu'on fait en un jour les monstres...

L'huissier annonce.

L'HUISSIER. Monsieur le Président ! ...

[27]**la baronne Chagrobis** *Chagrobis fait penser a Raminagrobis, un personnage de Rabelais (1494-1553). A nom a été repris par La Fontaine (1621-1695) qui l'a donné à un chat, un juge, qui a mangé les deux plaideurs dans la fable* Le Chat, le belette et le petit lapon.

[28]**cité Volney** *ici :* groupe d'immeubles connu sous le nom de Volney

[29]**J'aurais dû me méfier de votre prénom** *dans la pièce de Molière,* l'École des femmes, *le prénom d'Agnès personnifie une fausse ingénue qui cache sa ruse sous une apparence d'innocence. Agnès vient d'un mot grec qui signifie innocence, chasteté.*

[30]**mes lectures du XVIIIe [siècle]** *thème favori des romans de cette période dans lesquels les jeunes filles innocentes deviennent libertines*

Étude du texte

I. EXERCICES DE VOCABULAIRE

A. *Employez les expressions suivantes dans des phrases. Traduisez ensuite vos phrases en anglais.*

1. se tromper
2. avoir du goût
3. se fâcher
4. se mettre en garde
5. des pieds à la tête
6. être au point
7. se moquer de
8. avoir du mal à

B. *Expliquez en français.*

1. *Je vais faire en sorte qu'il vous reçoive.*
2. *Ce ne sont pas vos mains qui ont à parler, ni vos lèvres, ni votre joue, c'est votre cerveau.*
3. *Si Madame votre mère vous trouve hideux, cela la regarde.*
4. *Si vous y tenez tant que cela.*
5. *C'est à prendre ou à laisser.*

C. *Terminez les phrases suivantes d'une façon logique en vous basant sur le texte.*

1. Agnès juge les gens sur...
2. C'est avec les silhouettes que les Japonais ont fait....
3. Les seules statues qu'Agnès connaisse sont....
4. Le secrétaire général a réussi à retirer des songes des inventions aussi remarquables que...et....
5. Le secrétaire général veut renvoyer sa secrétaire parce qu'elle....
6. Les membres du conseil sont enchantés d'Agnès parce que....

II. QUESTIONNAIRE

Répondez en français aux questions suivantes.

1. Quels sont les premiers mots qu'Agnès adresse à l'huissier ? Comment réagit-il ?

2. Quelle explication Agnès donne-t-elle de sa façon de juger les gens et comment l'huissier l'interprète-t-il ?
3. De quoi l'huissier est-il le plus fier ?
4. D'après l'huissier, sur quels critères les filles de l'âge d'Agnès se basent-elles pour apprécier un homme ? Comment le sait-il ?
5. Pense-t-il qu'une belle silhouette soit rare ? Avec quoi les jeunes filles confondent-elles la silhouette ?
6. Quelle est la réaction d'Agnès quand l'huissier se met en colère ? Est-ce que cela le calme ?
7. Quelles sont les relations entre Agnès et l'huissier à la fin de la troisième scène ?
8. Relevez les éléments qui montrent que la recette infaillible produit un certain effet sur l'huissier malgré ses protestations.
9. Comment le Monsieur de Bellac juge-t-il la scène entre Agnès et l'huissier ?
10. Quels conseils le Monsieur de Bellac donne-t-il à Agnès ?
11. Pourquoi le Monsieur de Bellac conseille-t-il à Agnès de parler de l'Apollon de Bellac ? Peut-il décrire la statue ?
12. Comment le Monsieur de Bellac réagit-il quand Agnès lui dit qu'il est beau ?
13. Pourquoi le Monsieur de Bellac conseille-t-il à Agnès de s'exercer sur le lustre et non pas sur le téléphone ?
14. À quoi compare-t-elle le lustre ? Comment le lustre réagit-il à la flatterie ?
15. Pourquoi le secrétaire général demande-t-il à Agnès si elle a suivi ses cours et si elle le connaît ?
16. Comment Agnès explique-t-elle son étonnement à la vue du secrétaire général ?
17. Pourquoi le secrétaire général dit-il qu'il est spécialiste du rêve ? De quelle façon s'assure-t-il qu'il ne rêve pas ?
18. Selon le secrétaire général, qu'y a-t-il chez lui qui plaît à sa mère, à sa sœur, à sa nièce ?
19. Pourquoi Agnès compare-t-elle le secrétaire général à l'Apollon de Bellac et non pas à Galéas Sforza ? Voit-elle une ressemblance parfaite avec l'Apollon de Bellac ?
20. Le secrétaire général contribue-t-il à augmenter l'impression d'un monde à l'envers ?
21. Pourquoi le secrétaire général offre-t-il le poste de dactylographe à Agnès ? Ses qualifications justifient-elles cette offre ? Pourquoi veut-il renvoyer celle qui fait actuellement ce travail ?
22. Quelle condition Agnès pose-t-elle avant d'accepter ce poste ?
23. Pourquoi Agnès a-t-elle un grand succès avec tous les membres du conseil ?

III. STYLE

Étudiez le passage suivant.

Comme tu es beau, mon petit, mon grand lustre ! Plus beau quand tu es allumé ? Ne dis pas cela... Les autres lustres, oui. Les lampadaires, les becs de gaz, toi pas. Regarde, le soleil joue sur toi, tu es le lustre à soleil. La lampe pigeon a besoin d'être allumée, ou l'étoile. Toi pas. Voilà ce que je voulais dire. Tu es beau comme une constellation, comme une constellation le serait, si, au lieu d'être un faux lustre, pendu dans l'éternité, avec ses feux mal distants, elle était ce monument de merveilleux laiton, de splendide carton huilé, de bobèches en faux Baccarat des Vosges et des montagnes disposées à espace égal qui sont ton visage et ton corps.

Le lustre s'allume de lui-même.

Qu'est-ce qu'il y a de poétique dans ce passage ? Relevez les images qu'Agnès présente au lustre pour le convaincre de sa beauté.

IV. SUJETS DE CONVERSATION

1. Comparez la troisième scène à la quatrième. Pouvez-vous tracer un parallèle entre les deux ? Dans laquelle des deux scènes Agnès se montre-t-elle la plus adroite ? Voyez-vous une différence entre la réaction de l'huissier et celle du secrétaire général ?
2. Pensez-vous que la recette infaillible aurait autant de succès avec les femmes ? Pourquoi ou pourquoi pas ? Imaginez un dialogue entre un homme et une femme où celui-ci la flatte continuellement en lui disant qu'elle est belle.

V. UN PEU DE THÉÂTRE...

Jouez la troisième scène de la façon suivante :

Agnès : hésitante, douce au début ; doit s'affirmer de plus en plus, prendre un ton assuré à partir de *si vous voulez, laissez-moi tranquille...*

L'huissier : très assuré au début comme un homme qui parle à une folle, ou à une créature un peu dérangée, puis s'humanise petit à petit à partir de *vous ne me trouvez pas beau* et devient paternel et amical. À la dernière réplique, il change de ton pour réintégrer son personnage, car il a honte de s'être laissé toucher par les flatteries d'Agnès.

VI. COMPOSITION ÉCRITE

Que pensez-vous du conseil que le Monsieur de Bellac donne à Agnès au sujet de l'Apollon de Bellac ? Quels avantages y a-t-il de faire allusion à une statue imaginaire plutôt qu'à une statue qui existe vraiment ? Est-ce qu'Agnès a bien profité de ce conseil dans la cinquième scène ?

Remarques grammaticales

LA FORME FÉMININE DE L'ADJECTIF QUALIFICATIF

Notez les adjectifs qualificatifs contenus dans le texte et remarquez que :

a. Les adjectifs qui, au masculin, sont déjà terminés par un *e* muet ne changent pas au féminin :

laissez-moi ***tranquille***
la canine était ***double***
une ***jeune*** *personne*
des intentions ***remarquables***

b. Pour les adjectifs qui ajoutent un *e* muet à leur forme masculine, cette addition, dans certains cas, ne change pas la prononciation de l'adjectif :

la ***seule*** *chose*
jolie *personne*

Dans d'autres cas, cette addition provoque un changement de prononciation :

petite *fille*
elle est ***charmante***
ombres ***chinoises***

c. Quand l'adjectif double la consonne finale avant d'ajouter un *e* muet, ce changement, de la même façon, dans certains cas peut provoquer un changement de prononciation :

une silhouette ***pareille***
mais *une histoire* ***italienne***

d. Les adjectifs qui se terminent en *eux* changent le *x* en *se* au féminin :

harmonieuses *épaules*
elle est ***délicieuse***

e. Les adjectifs qui ont une seconde forme devant un nom masculin singulier commençant par une voyelle ou un *h* muet ont une forme féminine dérivée de cette seconde forme :

Quelle ***belle*** *silhouette* ***(beau, bel)***

C'est aussi le cas des adjectifs **nouveau (nouvel, nouvelle), fou (fol, folle), mou (mol, molle),** et **vieux (vieil, vieille).**

f. Les adjectifs qui se terminent en *ier* ajoutent un *accent grave* à l'*e* avant l'addition de l'*e* muet :

la ***première*** *fois*
une explication ***grossière***

C'est également le cas de certains adjectifs qui se terminent en *et* :

complet ***complète***

g. Certains adjectifs qui se terminent en *c* changent *c* en *che* au féminin :

Je [Agnès] *suis* ***franche***

Mais notez que

public devient ***publique***

Rappelez-vous aussi que les adjectifs qui se terminent en *f* changent le *f* en *ve* au féminin :

actif **active**

Et n'oubliez pas que

long	devient	***longue***
frais	"	***fraîche***
rêveur	"	***rêveuse***
jaloux	"	***jalouse***
créateur	"	***créatrice***
aigu	"	***aiguë***
favoir	"	***favorite***
faux	"	***fausse***

Exercice facultatif

Trouvez dans le texte des adjectifs au masculin et faites des phrases où ces adjectifs sont au féminin.

Exemple: *dans le texte* *cet* ***intéressant*** *entretien*
votre phrase La conversation entre Agnès et l'huissier était très **intéressante.**

DOUZIÈME CHAPITRE

L'Apollon de Bellac (suite)

SCÈNE SEPTIÈME

Agnès. Le Président. Mlle Chèvredent.

LE PRÉSIDENT. C'est vous, le phénomène ?

AGNÈS. Je suis Mademoiselle Agnès.

LE PRÉSIDENT. Qu'est-ce que vous leur faites, Mademoiselle Agnès ? Cette maison que je préside croupissait jusqu'à ce matin dans la tristesse, dans la paresse, et dans la crasse.[1] Vous l'avez effleurée, et je ne la connais plus. Mon huissier est devenu poli au point de saluer son ombre sur le mur. Mon secrétaire général entend assister au conseil en bras de chemise. Comme les taches de soleil au printemps, de toutes les poches de ces messieurs surgissent des miroirs où monsieur Lepédura contemple avec orgueil la pomme d'Adam de monsieur Lepédura, monsieur Rasemutte avec volupté la verrue de monsieur Rasemutte ; que leur avez-vous fait ? J'achète à votre prix votre recette. Elle est inestimable. Que leur avez-vous dit ?

AGNÈS. Comme vous êtes beau !

LE PRÉSIDENT. Comment ?

AGNÈS. Je leur ai dit, j'ai dit à chacun : Comme vous êtes beau !

LE PRÉSIDENT. Par des sourires, des minauderies, des promesses ?

AGNÈS. Non, à haute et intelligible voix... Comme vous êtes beau !

LE PRÉSIDENT. Merci pour eux. Ainsi les enfants remontent leur poupée mécanique. Mes fantoches sont remontés de frais[2] dans la joie de vivre. Écoutez ces applaudissements. C'est monsieur de Cracheton qui met aux voix l'achat pour le lavabo d'un miroir à trois faces. Mademoiselle Agnès, merci !

AGNÈS. De rien, je vous assure.

LE PRÉSIDENT. Et le président, Mademoiselle ? D'où vient que vous ne le dites pas du président ?

[1]**crasse** saleté

[2]**sont remontés de frais** *ici* : viennent d'être remontés

AGNÈS. Qu'il est beau ?

LE PRÉSIDENT. Parce qu'il ne vous paraît pas en mériter la peine ?

AGNÈS. Certes non !

LE PRÉSIDENT. Parce que c'est assez joué aujourd'hui avec la vanité des hommes ?

AGNÈS. Voyons, Monsieur le Président ! Vous le savez bien !

LE PRÉSIDENT. Non. Je l'ignore.

AGNÈS. Parce qu'il n'est pas besoin de vous le dire. Parce que vous êtes beau !

LE PRÉSIDENT. Répétez, je vous prie !

AGNÈS. Parce que vous êtes beau.

LE PRÉSIDENT. Réfléchissez bien, Mademoiselle... L'instant est grave. Vous êtes bien sûre que vous me trouvez beau ?

AGNÈS. Je ne vous vois pas beau. Vous êtes beau.

LE PRÉSIDENT. Vous seriez prête à le redire devant témoins ? Devant l'huissier ? Réfléchissez. J'ai à prendre aujourd'hui une série de décisions qui me mèneront aux pôles les plus contraires, selon que je suis beau ou laid.

AGNÈS. À le redire. À l'affirmer. Certainement.

LE PRÉSIDENT. Merci, mon Dieu. *(Il appelle.)* Mademoiselle Chèvredent !

Entre Mlle Chèvredent.

LE PRÉSIDENT. Chèvredent, depuis trois ans vous exercez les hautes fonctions de secrétaire particulière.[3] Depuis trois ans, il ne s'est point écoulé de matin et d'après-midi où la perspective de vous trouver dans mon bureau ne m'ait donné la nausée. Ce n'est point seulement que la maussaderie[4] pousse sur votre peau comme l'agaric[5] sur l'écorce,[6] infiniment plus douce au toucher d'ailleurs, du châtaignier. Parce que vous étiez laide, j'ai eu le faible de vous croire généreuse. Or vous reprenez deux francs dans la sébile de l'aveugle contre votre pièce de vingt sous.[7] Ne niez pas. C'est lui qui me l'a dit. Parce que vous avez une moustache, j'ai cru que vous aviez du cœur. Or ces aboiements déchirants de mon fox[8] endormi sur votre table, que vous m'expliquiez par ses rêves de chasse à la panthère, étaient provoqués en fait par vos pinçons. Mille jours j'ai supporté de vivre avec quelqu'un qui me déteste, me méprise, et me trouve laid. Car vous me trouvez laid, n'est-ce pas ?

MADEMOISELLE CHÈVREDENT. Oui. Un singe.

LE PRÉSIDENT. Parfait. Maintenant, écoutez. Les yeux de Mademoiselle paraissent à première vue mieux qualifiés que les vôtres pour voir. La paupière n'en est point rouge, la prunelle délavée, le cil chassieux. Le soleil l'habite, et l'eau des sources. Or comment suis-je réellement, Mademoiselle Agnès ?

AGNÈS. Beau ! Très beau !

MADEMOISELLE CHÈVREDENT. Quelle imposture !

LE PRÉSIDENT. Taisez-vous, Chèvredent. Jetez un dernier regard sur moi. Cette appréciation désintéressée de mon charme d'homme n'a pas modifié la vôtre ?

MADEMOISELLE CHÈVREDENT. Vous voulez rire !

LE PRÉSIDENT. J'en prends note. Voici donc le problème tel qu'il se pose : j'ai le choix de passer ma journée entre une personne affreuse qui me trouve laid et une personne ravissante qui me trouve beau. Tirez les conséquences. Choisissez pour moi...

MADEMOISELLE CHÈVREDENT. Cette folle me remplace ?

LE PRÉSIDENT. À l'instant. Si elle le désire.

MADEMOISELLE CHÈVREDENT. Quelle honte ! Je monte prévenir Mademoiselle.

LE PRÉSIDENT. Prévenez-la. Je l'attends de pied ferme.

[3]**secrétaire particulière** secrétaire qui travaille pour une seule personne
[4]**maussaderie** humeur désagréable
[5]**agaric** genre de champignon
[6]**écorce** partie extérieure qui recouvre le tronc d'un arbre
[7]**vingt sous** un franc
[8]**fox** fox-terrier

MADEMOISELLE CHÈVREDENT. Si vous tenez à vos potiches en cloisonné,[9] vous ferez mieux de me suivre.

LE PRÉSIDENT. J'ai fait le deuil[10] de mes potiches : vous venez de le voir.

Exit Mlle Chèvredent.

AGNÈS. Je regrette, Monsieur le président !

LE PRÉSIDENT. Félicitez-moi. Vous arrivez en archange au moment crucial de ma vie, car j'apportais à cette dame dont mademoiselle Chèvredent me menace une bague de fiançailles... C'est ce diamant... Est-ce qu'il vous plaît ?

AGNÈS. Comme il est beau !

LE PRÉSIDENT. Étonnant ! Je vous surveillais. Vous avez dit comme il est beau pour le diamant avec la même conviction que pour moi ! Est-ce qu'il serait terne, et plein de crapauds ?[11]

AGNÈS. Il est magnifique. Vous aussi.

On entend Thérèse qui vient.

LE PRÉSIDENT. Je dois l'être déjà un tout petit peu moins : voici Thérèse.

SCÈNE HUITIÈME

Agnès. Le Président. Thérèse. Le Monsieur de Bellac.

LE PRÉSIDENT. Que je vous présente ![12]

THÉRÈSE. Présentation inutile et sans le moindre avenir... Sortez, Mademoiselle !

LE PRÉSIDENT. Agnès remplace Chèvredent, et restera.

THÉRÈSE. Agnès ? En dix minutes, le prénom de Mademoiselle est déjà tout nu ?[13]

LE PRÉSIDENT. Tout nu et virginal. C'est le privilège de ce prénom.

THÉRÈSE. Et peut-on savoir pourquoi Agnès remplace Chèvredent ?

LE PRÉSIDENT. Parce qu'elle me trouve beau.

THÉRÈSE. Tu deviens fou ?

LE PRÉSIDENT. Non. Je deviens beau.

THÉRÈSE. Tu sais ce que tu étais ce matin ?

[9]**potiches en cloisonné** vases en porcelaine dans lesquels les différentes couleurs des dessins sont divisées par des cloisons

[10]**J'ai fait le deuil** *ici :* je me suis résigné à en être privé

[11]**crapauds** *ici : défauts dans un diamant ou toute autre pierre précieuse*

[12]**Que je vous présente !** Permettez-moi de vous présenter !

[13]*En France il n'est pas commun d'appeler une personne simplement par son prénom dès la première rencontre.*

LE PRÉSIDENT. Ce matin, j'étais un homme à jambes légèrement arquées, au teint blafard, à la dent molle. J'étais ce que tu me voyais.

THÉRÈSE. Je te vois encore.

LE PRÉSIDENT. Oui, mais Agnès me voit aussi. Je préfère son œil. Du moins j'espère que malgré ta présence elle continue à me voir aussi beau.

AGNÈS. Je dois dire que l'animation vous embellit encore !

THÉRÈSE. Quelle éhontée ![14]

LE PRÉSIDENT. Tu entends ! Je ne le lui ai pas fait dire. L'animation m'embellit encore, dit Agnès. Et l'on sent que si j'étais près d'Agnès endormi, ou rageur, ou transpirant, Agnès trouverait que l'inconscience, la hargne,[15] ou la sueur[16] m'embellissent encore. Vous souriez, Agnès ?

AGNÈS. Oui, c'est beau, un homme intelligent qui est brave.

THÉRÈSE. Cela le fait ressembler à s'y méprendre à Turenne[17] et à Bayard,[18] sans doute ?

AGNÈS. Oh, non ! Monsieur le président est plus classique : à l'Apollon de Bellac, tout simplement.

THÉRÈSE. Quelle femme ! C'est faux !

LE PRÉSIDENT. Quelle femme ! La vraie femme ! Entends-moi bien, Thérèse, pour la dernière fois. Les femmes sont en ce bas monde[19] pour nous dire ce qu'Agnès nous dit. On ne les a pas arrachées au fer de notre propre côte,[20] pour qu'elles achètent des bas sans tickets,[21] se lamentent sur la mauvaise foi des dissolvants pour ongles,[22] ou médisent de leurs sœurs les femmes. Elles sont sur terre pour dire aux hommes qu'ils sont beaux. Et celles qui doivent le plus dire aux hommes qu'ils sont beaux, ce sont les plus belles. Et ce sont celles-là d'ailleurs qui le disent. Cette jeune femme me dit que je suis beau. C'est qu'elle est belle. Tu me répètes que je suis laid. Je m'en suis toujours douté : tu es une horreur !

[14]**éhontée** impudente, cynique

[15]**hargne** *mauvaise humeur qui se manifeste par une attitude méchante, agressive et par des paroles dures*

[16]**sueur** transpiration

[17]**Turenne** *maréchal de France (1611-1679)*

[18]**Bayard** *illustre capitaine français (1473-1524). Sa bravoure lui valut le surnom de « Chevalier sans peur et sans reproche » .*

[19]**en ce bas monde** sur cette terre

[20]**on ne les a pas arrachées au fer de notre propre côte** *référence biblique : la côte d'Adam ; et médicale : les accouchements aux fers, c'est-à-dire les plus difficiles*

[21]**bas sans tickets** *Cette pièce a été écrite pendant la guerre quand tout était rationné et qu'il fallait avoir des tickets pour acheter même des bas.*

[22]**dissolvants pour ongles** *produits pour enlever le vernis à ongles*

Le Monsieur de Bellac sort de son réduit.

LE MONSIEUR DE BELLAC. Bravo ! Bravo !

THÉRÈSE. Quel est cet autre fou ?

LE MONSIEUR DE BELLAC. Bravo, président, et pardon si j'interviens. Mais quand ce débat touche au cœur même de la vie humaine, comment me retenir ! Depuis Adam et Ève, Samson et Dalila, Antoine et Cléopâtre, la question homme-femme reste entière et pendante entre les sexes. Si nous pouvons la régler une fois pour toutes aujourd'hui, ce sera tout bénéfice pour l'humanité !

THÉRÈSE. Et nous sommes sur la voie, d'après vous ? Et la solution ne peut pas être remise à demain ? Car je suis très pressée, Monsieur. On m'attend là-haut pour ma fourrure de fiançailles !

LE MONSIEUR DE BELLAC. Nous sommes sur la voie. Et le président vient de poser superbement le problème !

AGNÈS. Superbement !

THÉRÈSE. En homme superbe, voulez-vous dire sans doute, Mademoiselle ?

AGNÈS. Je ne l'ai pas dit, mais je peux le dire. Je dis ce que je pense !

THÉRÈSE. Quelle menteuse !

LE PRÉSIDENT. Je t'interdis d'insulter Agnès !

THÉRÈSE. C'est elle qui m'insulte.

LE PRÉSIDENT. On t'insulte quand on me trouve beau ! Tu viens de révéler le fond de ton âme !

LE MONSIEUR DE BELLAC. Agnès n'a pas menti avec le président. Et Cléopâtre a dit la vérité à César, et Dalila à Samson. Et la vérité c'est qu'ils sont tous beaux, les hommes, et toujours beaux, et c'est la femme qui le leur dit qui ne ment pas.

THÉRÈSE. Bref, c'est moi la menteuse !

LE MONSIEUR DE BELLAC. C'est vous l'aveugle. Car il suffit vraiment, pour les trouver beaux, de regarder les hommes dans leur souffle et leur exercice. Et chacun a sa beauté, ses beautés. Sa beauté de corps : ceux qui sont massifs tiennent bien à la terre. Ceux qui sont dégingandés[23] pendent bien du ciel. Sa beauté d'occasion : le bossu[24] sur le faîte de Notre-Dame est un chef-d'œuvre et ruisselle de beauté gothique. Il suffit de l'y amener. Sa beauté d'emploi enfin : le déménageur a sa beauté de déménageur. Le président de président. Le seul mécompte, c'est quand ils les échangent, quand le déménageur prend la beauté du président, le président, du déménageur.

AGNÈS. Mais ce n'est pas le cas.

[23]**dégingandés** *(fam.)* qui ont l'air disloqués dans leurs mouvements

[24]**bossu** *allusion à Quasimodo, héros du roman de Victor Hugo,* Notre-Dame de Paris

THÉRÈSE. Non. Il a plutôt celle du ramasseur de mégots.[25]

LE PRÉSIDENT. Thérèse, je sais aussi bien que toi à quoi m'en tenir[26] sur mes avantages physiques !

THÉRÈSE. Tu es laid !

LE PRÉSIDENT. Tais-toi.

THÉRÈSE. Tu es laid. Tout mon être te le crie. Cette femme, elle arrive juste[27] à forcer sa bouche à proférer son mensonge. Mais tout de moi : mon cœur, mes artères, mes bras, te crient la vérité ! Mes jambes !

LE PRÉSIDENT. La bouche d'Agnès vaut ton tibia...

LE MONSIEUR DE BELLAC. Elle vient d'avouer !

THÉRÈSE. Mais qu'est-ce qu'ils ont tous contre moi ! Qu'est-ce que je viens d'avouer !

LE MONSIEUR DE BELLAC. Votre faute ! Votre crime ! Comment voulez-vous que le président soit beau avec un entourage, dans un décor qui lui ressasse[28] qu'il est laid !

LE PRÉSIDENT. Un décor ! Bravo, je comprends !

THÉRÈSE. Tu comprends quoi ?

LE PRÉSIDENT. Cette gêne qui me prenait non seulement devant toi, mais devant tout ce qui est toi ou à toi, tes vêtements, tes objets. Ton jupon oublié sur un dos de fauteuil me raccourcissait de dix centimètres l'échine, comment aurais-je eu mes vraies dimensions ? Tes bas sur un guéridon, et je me sentais une jambe plus courte que l'autre. Ta lime à ongles sur la table, et il me manquait un doigt : ils me disaient que j'étais laid. Et ta pendule en onyx des Alpes me le répétait chaque seconde. Et ton Gaulois mourant[29] sur la cheminée ! Pourquoi avais-je froid, à regarder le feu ? C'est que ton Gaulois mourant me répétait dans son râle que j'étais laid. Il disparaîtra dès ce soir. Je ne tiendrai plus mes vérités et mon teint que de la flamme !

THÉRÈSE. Tu ne toucheras pas à mon Gaulois mourant.

LE PRÉSIDENT. Il sera ce soir à la fonte. Avec les autres conjurés. Avec ton page florentin, qui de ses cuisses gantées insultait les miennes, avec ta bayadère[30] à la grenouille qui de son ombilic tournait mon pauvre nombril en dérision. Jusqu'à tes chaises Directoire à dessus de crin qui disaient à mon derrière que je suis laid, et en le grattant. À l'Hôtel des Ventes ![31]

[25]**mégots** *(fam.) bouts de cigares ou de cigarettes quand on a fini de les fumer*
[26]**à quoi m'en tenir** *ici :* comment juger
[27]**elle arrive juste** elle réussit à peine
[28]**ressasse** répète sans cesse
[29]**Gaulois mourant** petite statue
[30]**page florentin, bayadère** petites statues
[31]**Hôtel des Ventes** *salle où des objets sont vendus à ceux qui offrent le plus haut prix*

THÉRÈSE. Tu ne vendras pas mes chaises Directoire !

LE PRÉSIDENT. Bien ? Je les donnerai. Comment est-ce, chez vous, Agnès ?

AGNÈS. Mes chaises ? Elles sont en velours.

LE PRÉSIDENT. Merci, velours. Et sur la table ?

AGNÈS. Sur la table, j'ai des fleurs. Aujourd'hui des roses.

LE PRÉSIDENT. Merci, roses ! Merci, anémones ! Merci, glycines et ricins sauvages ! Et sur la cheminée ?

AGNÈS. Un miroir.

LE PRÉSIDENT. Merci, miroirs. Merci, reflets. Merci à tout ce qui me renverra désormais mon image ou ma voix. Merci, bassins de Versailles ! Merci, écho !

THÉRÈSE. J'avais laissé Oscar.[32] Je retrouve Narcisse.[33]

LE MONSIEUR DE BELLAC. Le seul Narcisse coupable est celui qui trouve les autres laids. Voyons, Madame, comment le Président pouvait-il être inspiré pour ses dictées ou pour ses notes sous des yeux aussi peu indulgents !

LE PRÉSIDENT. C'est seul, sous les yeux de mon pauvre chien, que j'ai rédigé mes meilleures circulaires.

LE MONSIEUR DE BELLAC. Parce que l'œil du chien est fidèle et vous voit tel que vous êtes. Et un lion vous aurait inspiré des circulaires plus éloquentes encore, car le lion voit trois fois grandeur nature et à double relief.

THÉRÈSE. Ne continuez pas. Il va mettre des lions dans notre appartement.

LE PRÉSIDENT. Je n'y mettrai pas de lion. Mais le cheval du Gaulois mourant et la grenouille de la bayadère vont en sortir[34] par les fenêtres.

THÉRÈSE. Si tu les touches, c'est moi qui pars.

LE PRÉSIDENT. À ta guise !

THÉRÈSE. Mais enfin, quels sont ces bourreaux ! Je t'ai donné sans réserve ma vie et mes talents. Je partage un lit dont j'ai brodé la courtepointe[35] et égalisé la laine. Est-ce que tu glisses, dans ton lit ? Tu n'as jamais eu un rôti trop grillé, un café trop clair. Tu es, grâce à moi, un des rares hommes dont on puisse assurer que son mouchoir est du jour, que son orteil n'est pas nu dans son soulier, est-ce qu'il y est nu, ton orteil, et les mites, aux abords de l'hiver, cherchent en vain au-dessus de tes complets la tache d'huile ou de graisse qui leur permettrait d'atterrir...Quel est ce procès que vous faites à l'honneur des femmes et des ménages !

[32]**Oscar** *ici : prénom démodé d'un homme ordinaire*

[33]**Narcisse** *personnage de la mythologie grecque qui est tombé amoureux de sa propre image*

[34]**vont en sortir** vont sortir de l'appartement

[35]**courtepointe** couverture de lit

LE PRÉSIDENT. Un mot. Me dis-tu que je suis laid, parce que tu me trouves laid, ou parce que cela t'amuse et te venge de me le dire ?

THÉRÈSE. Parce que tu es laid.

LE PRÉSIDENT. Bon, continue...

THÉRÈSE. Et voici que survient cette femme. Du premier coup d'œil on devine le lot de l'homme qui vivra avec elle. Des pantoufles dont la semelle intérieure gondole.[36] La lecture au soir dans le lit avec un seul coupe-papier qu'on se dispute,[37] et une lampe de chevet qu'on allume de la porte. Des vêtements qui jamais ne seront sondés à leur point défaillant.[38] Des jours d'entérite sans bismuth, de froid sans bouillotte, de moustiques sans citronnelle...

LE PRÉSIDENT. Agnès, me dites-vous que je suis beau, parce que vous me trouvez beau, ou pour rire de moi ?

AGNÈS. Parce que vous êtes beau.

THÉRÈSE. Épousez-le, alors, si vous le trouvez si beau ! Vous savez qu'il est riche !

AGNÈS. Eût-il[39] des millions, cela ne m'empêchera pas de le trouver beau.

THÉRÈSE. Et toi, qu'attends-tu pour lui offrir ta main !

LE PRÉSIDENT. Je n'attends plus rien. Je la lui offre. Et je n'ai aucun remords. Jésus aussi a préféré Madeleine.[40]

THÉRÈSE. Prenez-la, car moi j'y renonce. Prenez-la, si vous aimez les ronflements la nuit.

AGNÈS. Vous ronflez ! Quelle chance. Dans mes insomnies j'ai si peur du silence.

THÉRÈSE. Si vous aimez les rotules proéminentes.

AGNÈS. Je n'aime pas en tout cas les jambes trop pareilles. Je n'aime pas les quilles.

THÉRÈSE. Et les poitrines de clochard.[41]

AGNÈS. Oh ! Madame ! Quel mensonge ! Je suis tout ce qu'il y a de plus difficile pour les poitrines.

THÉRÈSE. Il n'a pas la poitrine d'un clochard ?

AGNÈS. Non, Madame. D'un croisé.[42]

[36]**dont la semelle intérieure gondole** *dout la partie intérieure n'est pas plate*

[37]**avec un seul coupe-papier qu'on se dispute** *En France, les pages de certains livres neufs ne sont pas coupées. Il serait donc difficile pour deux personnes lisant deux livres différents de se servir du même coupe-papier pour séparer les pages des livres.*

[38]**sondés à leur point défaillant** examinés attentivement pour voir leurs points faibles

[39]**Eût-il** *imparfait du subjonctif du verbe* avoir

[40]**Madeleine** *Sainte Marie-Madeleine, pécheresse convertie par Jésus-Christ*

[41]**clochard** vagabond

[42]**croisé** *chevalier qui a participé aux Croisades*

THÉRÈSE. Et ce front, ce front de goitreux, c'est le front d'un Burgrave ?[43]

AGNÈS. Ah ! certes, non ! D'un Roi.

THÉRÈSE. C'en est trop.[44] Adieu. Je me réfugie dans le monde où la laideur existe.

LE PRÉSIDENT. Tu l'emportes avec toi. Tu l'as en pellicule sur l'âme et sur les yeux... *(Exit Thérèse.)* Et maintenant, Agnès, en gage d'un heureux avenir, acceptez ce diamant. Puisque vous voulez bien comparer ma beauté à la sienne, je saurai moi aussi m'éclairer et miroiter sous vos regards. Je vous demande une minute. Je vais annoncer nos fiançailles au conseil. Huissier, descendez et raflez tous les camélias du dix-huitième[45] pour toutes nos boutonnières et vous, Monsieur, à qui je dois tant aujourd'hui, j'espère que vous voudrez bien partager notre repas...Embrassez-moi, ma douce Agnès... Vous hésitez ?

AGNÈS. J'hésite aussi à regarder mon diamant.

LE PRÉSIDENT. À tout de suite, Agnès du plus heureux des hommes !

AGNÈS. Du plus beau...

Exit le Président.

Étude du texte

I. EXERCICES DE VOCABULAIRE

A. *Trouvez dans le texte le contraire des mots en italique.*

1. à voix *basse*
2. j'ai eu la *force* de vous croire *avare*
3. *admettez*
4. j'ai supporté de vivre avec quelqu'un qui *m'adore* et *m'estime* et me trouve *beau*
5. *Parlez,* Chèvredent !
6. oui, c'est *laid,* un homme *bête* qui est *lâche*
7. c'est moi qui *reste*
8. *au-dessous*

[43]**Burgrave** *seigneur allemand de l'époque féodale ; ici : dans San Sens familier d'une personne âgée, à idées arriénées*

[44]**c'en est trop** ça suffit ; c'est assez

[45]**dix-huitième** dix-huitième arrondissement *(quartier populaire de Paris)*

B. *Expliquez en français.*

1. je l'attends de pied ferme
2. du premier coup d'œil
3. un coupe-papier
4. une lampe de chevet

C. *Employez les expressions suivantes dans des phrases. Traduisez ensuite vos phrases en anglais.*

1. au point de
2. en fait
3. à première vue
4. une fois pour toutes
5. venir de

D. *Terminez les phrases suivantes d'une façon logique en vous basant sur le texte.*

1. L'huissier est devenu poli au point de....
2. Agnès ne dit pas au président qu'il est beau parce que....
3. Le président a eu le faible de penser que Mademoiselle Chèvredent était généreuse parce qu'elle....
4. Il lui dit qu'elle n'est pas généreuse parce qu'elle....
5. Le président ne veut pas que Mademoiselle Chèvredent reste comme secrétaire parce qu'elle....
6. Le Monsieur de Bellac dit à Thérèse qu'elle est aveugle parce qu'elle....
7. Le Monsieur de Bellac dit au président qu'il écrit ses merveilleuses circulaires quand il est seul avec son chien parce que....
8. Thérèse renonce à se marier avec le président parce que....

II. QUESTIONNAIRE

Répondez en français aux questions suivantes.

1. Selon le président, qu'est-ce qu'il y a de changé dans le bureau depuis l'arrivée d'Agnès ?
2. Qu'est-ce que le président demande à Agnès de lui donner ?
3. Comment Agnès montre-t-elle au président qu'elle le trouve beau ?
4. Qu'est-ce que le président reproche à Mademoiselle Chèvredent ? Comment la décrit-il ?
5. Quelle raison le président donne-t-il pour remplacer Mademoiselle Chèvredent par Agnès ?

6. Quel bijou le président a-t-il dans sa poche ? À qui est-il destiné ?
7. Quelle est l'attitude de Thérèse quand le président la présente à Agnès ?
8. Que veut dire Thérèse quand elle dit : « En dix minutes, le prénom de Mademoiselle est déjà tout nu » ?
9. Le président annonce à Thérèse qu'il va remplacer Mademoiselle Chèvredent par Agnès. Quelles raisons donne-t-il pour justifier cette décision ?
10. Quels exemples choisit le président pour ridiculiser les femmes différentes d'Agnès ?
11. Selon le président, quelle est la raison d'être des femmes sur cette terre ?
12. Le Monsieur de Bellac est-il sérieux lorsqu'il donne sa définition de la beauté des hommes ? Quels sont les éléments comiques de cette description ?
13. Selon le Monsieur de Bellac, peut-on échanger la beauté qu'on a contre la beauté de quelqu'un d'autre ?
14. Que reproche le président à Thérèse au sujet de ses vêtements et de ses meubles ?
15. Décrivez le décor chez Agnès. Qu'est-ce qu'il y a dans ce décor qui contribue à la beauté des visiteurs ?
16. D'après Thérèse, qu'a-t-elle donné au président ? Pourquoi le trouve-t-elle ingrat ?
17. Comment Thérèse décrit-elle l'existence de l'homme qui vivra avec Agnès ?
18. Quelle description du président Thérèse fait-elle avant de renoncer à se marier avec lui ?
19. Dans quel monde est-ce que Thérèse va se réfugier ? Est-ce que ce monde diffère de celui qu'Agnès offre au président ?
20. Qu'est-ce que le personnage de Thérèse symbolise dans cette pièce ?
21. Avez-vous l'impression qu'Agnès veut épouser le président ?

III. STYLE

1. Analysez le comique dans la scène avec Mademoiselle Chèvredent.
2. En quoi la façon de parler du Monsieur de Bellac est-elle différente de celle des autres personnages ?

IV. SUJETS DE CONVERSATION

1. Que veut dire le président quand il dit que lorsqu'une femme déclare à un homme qu'il est beau, c'est parce qu'elle est belle ? Et que lorsqu'une femme dit à un homme qu'il est laid, c'est parce qu'elle est laide ? Est-ce que ce que nous disons aux autres est vraiment ce que nous pensons de nous-mêmes ?

2. Développez l'idée du Monsieur de Bellac quand il dit : « Depuis Adam et Ève, Samson et Dalila, Antoine et Cléopâtre, la question homme-femme reste entière et pendante entre les sexes. » Que savez-vous de ces trois couples ?
3. Que pensez-vous des attitudes des trois femmes dans la septième et la huitième scènes ? Laquelle des trois a le plus de qualités et le plus de chances d'être heureuse dans la vie ?

V. UN PEU DE THÉÂTRE...

Jouez la huitième scène de la façon suivante :

1. Le président doit avoir deux intonations, deux voix, l'une pour Agnès, douce et admirative, et une pour Thérèse avec qui il se montre de plus en plus désagréable.
2. Thérèse doit perdre de plus en plus le contrôle d'elle-même et se laisser emporter par la colère. Colère et mépris de voir que le président est au-delà de toute raison et complètement sous le charme d'Agnès.
3. Agnès doit se montrer calme, douce et assurée pour mieux mettre Thérèse dans son tort.

VI. COMPOSITIONS ÉCRITES

1. Il y a une expression française « une jolie laide » pour décrire une femme qui compense son manque de beauté par un certain charme et d'autres qualités de ce genre. Quelle est votre définition du charme ? Laquelle, d'après vous, aurait plus de succès parmi les hommes : une jolie femme ou une femme qui a du charme ?
2. Le président dans ces deux scènes trouve des défauts énormes et chez Mademoiselle Chèvredent et chez Thérèse. Croyez-vous qu'il voyait ces défauts en elles même avant l'apparition d'Agnès mais qu'il ne s'en rendait pas compte ?

Remarques grammaticales

LES PRONOMS PERSONNELS

Rappelez-vous que les pronoms personnels peuvent être divisés en deux catégories : les pronoms personnels conjoints ou atones et les pronoms personnels disjoints ou toniques.

Formes conjointes ou atones

Ces formes dépendent de la personne et de la fonction que ces pronoms remplissent dans la phrase : sujet, complément d'objet direct ou complément d'objet indirect. Elles sont :

	Sujet	Complément d'objet direct	Complément d'objet indirect
lère pers. sing.	je	me	me
2ème pers. sing.	tu	te	te
3ème pers. sing.	il, elle	le, la, se	lui, se
1ère pers. pl.	nous	nous	nous
2ème pers. pl.	vous	vous	vous
3ème pers. pl.	ils, elles	les, se	leur, se

Remarquez qu'à la première et à la deuxième personnes du pluriel il n'y a qu'une seule forme, **nous** et **vous**, pour toutes ces fonctions, et qu'à la première et à la deuxième personnes du singulier les mêmes formes **me** et **te** peuvent remplir les fonctions de complément d'objet direct ou indirect.

Dans les cinq premiers exemples suivants les pronoms en caractères gras sont des compléments d'objet direct, dans les autres ils ont la fonction de complément d'objet indirect :

1. *Vous l'avez effleurée, et je ne* ***la*** *connais plus.*
2. *D'où vient que vous ne* ***le*** *dites pas au président ?*
3. *. . .quelqu'un qui* ***me*** *déteste,* ***me*** *méprise, et* ***me*** *trouve laid.*
4. *Cette folle* ***me*** *remplace ?—Si elle* ***le*** *désire.*
5. *Je* ***te*** *vois encore.*
6. *Qu'est-ce que vous* ***leur*** *faites ?*
7. *. . .que vous* ***m'****expliquiez par ses rêves de chasse . . .*
8. *Est-ce qu'il* ***vous*** *plaît ?*
9. *Les femmes sont en ce bas monde pour* ***nous*** *dire ce qu'Agnès* ***nous*** *dit.*
10. *Je vais* ***lui*** *ordonner d'acheter . . .*

Notez que **me, te, le, la** et **se** perdent l'*e* muet devant les mots commençant par une voyelle ou un *h* muet.

Et notez aussi que **se**, le pronom réfléchi de la troisième personne du singulier et du pluriel pour les deux genres, peut remplir les fonctions de complément d'objet direct ou indirect :

— *Voici le problème tel qu'il* ***se*** *pose (objet direct)*
— *Elles* ***se*** *gâchent la vie (objet indirect)*

Formes disjointes ou toniques

Ces pronoms sont **moi** ; **toi** ; **lui, elle** ou **soi** ; **nous** ; **vous** ; **eux** ou **elles**.

Remarquez que les pronoms **lui**, **elle**, **nous**, **vous** et **elles** peuvent être employés également comme pronoms conjoints. Les formes disjointes ou toniques sont employées :

1. Quand le verbe est omis :

   Il est magnifique. ***Vous*** *aussi (vous êtes magnifique).*
   Si je disparais, tu trouveras un humain médiocre comme ***toi*** *(comme tu es).*

2. Après **ce** suivi du verbe **être** :

   C'est ***vous****, le phénomène ?*
   C'est ***lui*** *qui me l'a dit.*
   Bref, c'est ***moi*** *la menteuse !*

3. Pour renforcer ou accentuer un autre pronom :

   Et ***toi****, qu'attends-tu pour lui offrir ta main !*
   Moi, *j'ai de pauvres yeux d'agate et d'éponge. (Scène IX)*
   Prenez-la, car ***moi****, j'y renonce.*

4. Après une préposition :

   Merci pour ***eux****.*
   Jetez un dernier regard sur ***moi****.*
   Mais qu'est-ce qu'ils ont tous contre ***moi*** *?*
   Comment est-ce chez ***vous****, Agnès ?*

5. Après la forme négative **ne...que** ou dans une comparaison après **que** :

   Thérèse, je sais aussi bien que ***toi*** *à quoi m'en tenir.*

6. Quand le pronom forme toute la phrase :

   Moi *? Rien. (Scène V)*

Et rappelez-vous que les pronoms disjoints sont également employés quand le sujet ou le complément est composé, comme par exemple :

Toi et le Président allez vous marier.
Elle et **lui** vont se marier.

Le pronom **soi** est employé le plus souvent pour représenter un objet indéterminé :

Chaque homme, même le plus laid, porte en soi une amorce et un secret.

ou comme dans

On est bien chez **soi**.

TREIZIÈME CHAPITRE

L'Apollon de Bellac (fin)

SCÈNE NEUVIÈME

Agnès. Le Monsieur de Bellac. Le Président. L'Huissier. Les membres du conseil.

LE MONSIEUR DE BELLAC. Une place, un mari, un diamant ! Je puis vous quitter, Agnès. Il ne vous manque plus rien.

AGNÈS. Si.

LE MONSIEUR DE BELLAC. Vous êtes insatiable...

AGNÈS. Regardez-moi. Je n'ai pas changé depuis ce matin ?

LE MONSIEUR DE BELLAC. Vous êtes un petit peu plus émue, un petit peu plus grasse, un petit peu plus tendre...

AGNÈS. C'est votre faute. À force de répéter votre mot, j'ai gagné une envie. Pourquoi m'avoir forcée à dire qu'ils sont beaux à tous ces gens si laids ? Je me sens à point pour dire qu'il est beau à quelqu'un de vraiment beau, j'ai besoin de cette récompense et de cette punition. Trouvez-le-moi.

LE MONSIEUR DE BELLAC. Le jour est beau. L'automne est beau.

AGNÈS. Ils sont si loin de moi. Et on ne touche pas le jour. Et on n'étreint pas l'automne. Je voudrais dire qu'elle est belle à la plus belle forme humaine.

LE MONSIEUR DE BELLAC. Et la caresser un tout petit peu ?

AGNÈS. Et la caresser.

LE MONSIEUR DE BELLAC. Vous avez l'Apollon de Bellac...

AGNÈS. Mais il n'existe pas !

LE MONSIEUR DE BELLAC. Vous en demandez trop. Qu'il existe ou non, il est la suprême beauté.

AGNÈS. Vous avez raison. Je ne vois bien que ce que je touche. Je n'ai pas d'imagination.

LE MONSIEUR DE BELLAC. Apprenez votre pensée à toucher. Supposez qu'il nous arrive ce qui arrive dans les pièces qui ont de la tradition, ce qui devrait arriver dans une vie qui se respecte...

AGNÈS. Que soudain vous soyez beau ?

LE MONSIEUR DE BELLAC. Merci. C'est presque cela... Que c'est le dieu de la beauté même qui vous ait visitée ce matin. Peut-être d'ailleurs est-ce vrai. C'est ce qui vous a vernie, et vous émeut, et vous oppresse... Et que soudain il se dévoile. Et que c'est moi. Et que je vous apparaisse dans ma vérité et mon soleil. Regardez-moi, Agnès. Regardez l'Apollon de Bellac.

AGNÈS. Je ferme les yeux pour vous voir, n'est-ce pas ?

LE MONSIEUR DE BELLAC. Vous comprenez tout. Hélas ! oui.

AGNÈS. Parlez. Comment êtes-vous ?

LE MONSIEUR DE BELLAC. Tutoyez-moi. Apollon exige le suprême respect.

AGNÈS. Comment es-tu ?

LE MONSIEUR DE BELLAC. Des détails, naturellement ? En voici : ma taille est une fois et demie la taille humaine. Ma tête est petite, et mesure le septième de mon corps. L'idée de l'équerre est venue aux géomètres de mes épaules, et l'idée de l'arc à Diane[1] de mes sourcils. Je suis nu, et l'idée des cuirasses est venue aux orfèvres de cette nudité...

AGNÈS. Avec des ailes à tes pieds ?

LE MONSIEUR DE BELLAC. Non. Celui qui a des ailes aux pieds, c'est l'Hermès de Saint-Yrieix.[2]

AGNÈS. Je n'arrive pas à te voir. Ni tes yeux. Ni tes pieds...

LE MONSIEUR DE BELLAC. Pour les yeux, tu y gagnes. Les yeux de la beauté sont implacables. Mes yeux sont d'or blanc et mes prunelles de graphite. L'idée de la mort est venue aux hommes des yeux de la beauté. Mais les pieds de la beauté sont ravissants. Ils sont ce qui ne marche pas, ce qui ne touche pas terre, ce qui n'est jamais maculé. Jamais prisonnier. Les doigts en sont annelés et fuselés. Le second avance extraordinairement sur l'orteil, et, de la cambrure, l'idée est venue aux poètes de l'orbe[3] et de la dignité. Tu me vois, maintenant ?

AGNÈS. Mal. Moi, j'ai de pauvres yeux d'agate et d'éponge. Tu leur fais jouer un jeu cruel. Ils ne sont pas faits pour voir la beauté suprême. Elle leur fait plutôt mal.

LE MONSIEUR DE BELLAC. Ton cœur en tout cas en profite.

AGNÈS. J'en doute. Ne compte pas trop sur moi, beauté suprême. Tu sais, j'ai une petite vie. Ma journée est médiocre, et chaque fois que je gagne ma chambre, j'ai cinq étages à monter dans la pénombre et le graillon.[4] À mon travail ou mon repos toujours il y

[1]**Diane** *Déesse grecque souvent représentée dans les statues comme une chasseresse avec un arc et des flèches.*

[2]**L'Hermès de Saint-Yrieix** *Comme pour l'Apollon de Bellac, Giraudoux a inventé cette statue d'Hermès, dieu grec qui servait de messager des dieux et qui est souvent représenté avec des ailes aux pieds. Saint-Yrieix est une petite ville qui se trouve près de Bellac.*

[3]**orbe** *ici :* globe, sphère

[4]**graillon** *ici :* odeur de mauvaise cuisine

a cette préface de cinq étages et ce que j'y suis seule ! Parfois heureusement un chat attend à une porte. Je le caresse. Une bouteille de lait est renversée. Je la redresse. Si cela sent le gaz, j'alerte le concierge. Il y a entre le second et le troisième un tournant où les marches sont inclinées par le tassement et par l'âge. À ce tournant, l'espoir vous abandonne. À ce tournant, mon pauvre équilibre balance, et je souffle de cette peine que les plus fortunés ont à la poupe des vaisseaux.[5] Voilà ma vie ! Elle est d'ombre et de chair compressée, un peu meurtrie. Voilà ma conscience : c'est une cage d'escalier. Alors, que j'hésite[6] à t'imaginer tel que tu es, c'est pour ma défense. Ne m'en veuille pas . . .

LE MONSIEUR DE BELLAC. Tu vas être désormais une des heureuses du monde, Agnès.

AGNÈS. Oui. Dans la cage d'escalier d'ici, les paillassons sont neufs et ont des initiales. Les vasistas[7] sont de vitraux de fleurs ou d'oiseaux où le ventre de l'ibis s'ouvre pour l'aération. Et aucune marche ne flanche.[8] Et le bâtiment ne se dérobe jamais sous vos pieds dans le roulis du soir et de la ville. Mais y monter avec toi serait plus dur encore. Alors, ne me rends pas la tâche trop dure. Va-t'en pour toujours ! Ah ! si tu étais seulement un bel homme, bien dense en chair et en âme, ce que je te prendrais dans mes bras ! Ce que je te serrerais ! Je te vois en ce moment à peu près tel que tu dois être, distendu de beauté, avec tes hanches minces d'où l'idée est venue aux femmes d'avoir des garçons, tes frisons au haut des joues d'où leur est venue l'idée des filles, et ce halo autour de toi, d'où leur est venue l'idée des pleurs, mais tu es trop brillant et trop grand pour mon escalier. Celui que je ne peux pas serrer contre moi dans mon escalier n'est pas pour moi. J'y regarderai mon diamant. Un diamant va même dans un ascenseur. Va-t'en, Apollon ! Disparais quand j'ouvrirai les yeux.

LE MONSIEUR DE BELLAC. Si je disparais, tu retrouveras un humain médiocre comme toi, des peaux autour des yeux, des peaux autour du corps.

AGNÈS. C'est mon lot. Je le préfère. Laisse-moi t'embrasser. Et disparais.

Ils s'embrassent.

[5]**poupe des vaisseaux** arrière des bateaux
[6]**que j'hésite** si j'hésite
[7]**vasistas** *petite partie mobile d'une porte ou d'une fenêtre*
[8]**flanche** *ici : cède sous le poids d'une personne*

LE MONSIEUR DE BELLAC. Voilà. Apollon est parti, et je pars...

AGNÈS. Comme vous êtes beau !

LE MONSIEUR DE BELLAC. Chère Agnès.

AGNÈS. Comme c'est beau la vie dans un homme, quand on vient de voir la beauté dans un chromo[9]... Et vous me laissez, et vous croyez que je vais épouser le président ?

LE MONSIEUR DE BELLAC. Il est bon. Il est riche. Adieu.

AGNÈS. Vous allez l'être aussi. Je vais lui ordonner d'acheter à son prix l'invention du légume unique. Restez !

LE MONSIEUR DE BELLAC. Elle n'est pas encore au point. Son pépin est invisible, sa tige monte à la hauteur du sapin, et il a goût d'alun.[10] Je reviendrai dès qu'il sera parfait.

Il disparaît au moment où le Président entre, camélia à la boutonnière.

AGNÈS. Vous le jurez.

LE MONSIEUR DE BELLAC. Le matin même. Nous le sèmerons ensemble, je vous le jure !

AGNÈS. J'achète le jardin.

LE PRÉSIDENT. Agnès, bonne nouvelle ! Le conseil, délirant à la nouvelle que la question de la lutte des sexes est enfin résolue, décrète de changer le tapis rayé de l'escalier contre une moquette de Roubaix,[11] en similicarrelage à bordure de dessins persans. C'est son cadeau de fiançailles. Comment ! Vous êtes seule ! Notre ami n'est pas là ?

AGNÈS. À l'instant il s'en va.

LE PRÉSIDENT. Appelez-le. Il déjeune avec nous... Vous savez son nom ?

AGNÈS. Son prénom seulement... Apollon.

LE PRÉSIDENT, *à la porte.* Apollon ! Apollon ! *(Les membres du conseil et l'huissier arrivent tous fleuris de camélias.)* Appelez avec moi ! Il faut qu'il remonte !

L'HUISSIER, *dans l'escalier,* MM. RASEMUTTE, ET SCHULZE *aux fenêtres,* M. DE CRACHETON *dans une porte.* Apollon ! Apollon !

M. LEPÉDURA, *qui entre, à Agnès.* Apollon est ici ?

AGNÈS. Non... Il est passé ! ...

Le rideau tombe.

[9]**chromo** *lithographie en couleurs*

[10]**alun** *sulfate d'alumine et de potasse au goût très amer*

[11]**moquette de Roubaix** *tapis en laine, spécialité de Roubaix, ville du nord de la France*

Étude du texte

I. EXERCICES DE VOCABULAIRE

A. *Expliquez en français.*

1. il ne vous manque plus rien
2. vous êtes insatiable
3. je n'arrive pas à te voir
4. ne m'en veuille pas
5. tu vas être désormais une des plus heureuses du monde
6. je te vois en ce moment à peu près tel que tu dois être

B. *Montrez par des exemples précis que vous comprenez la différence entre :*

1. le matin même
2. le même matin

C. *Terminez les phrases suivantes d'une façon logique en vous basant sur le texte.*

1. Agnès n'apprécie pas que le jour et l'automne soient beaux parce que....
2. Agnès ne voit pas bien ce qu'elle touche parce que....
3. Le Monsieur de Bellac dit que les pieds de la beauté sont ravissants parce que....
4. Agnès dit qu'elle a une petite vie parce que....
5. Quand Agnès pense parler à l'Apollon de Bellac, elle lui dit de s'en aller parce que....
6. Une des répliques d'Agnès qui indique qu'elle commence à s'éloigner du monde fantaisiste, irréel du Monsieur de Bellac est....
7. Le Monsieur de Bellac dit à Agnès d'épouser le président parce que....
8. Agnès dit au Monsieur de Bellac qu'il va être riche parce que....
9. Le Monsieur de Bellac dit qu'il reviendra dès qu'il....
10. Le président dit à Agnès que le Conseil est enchanté parce que....

II. QUESTIONNAIRE

Répondez en français aux questions suivantes.

1. Est-ce qu'Agnès est contente d'avoir trouvé une place, un mari et un diamant ?

2. Agnès dit : « j'ai besoin de cette récompense et de cette punition. » De quoi parle-t-elle ? Qu'est-ce qu'elle veut dire ?
3. Pourquoi la réponse du Monsieur de Bellac ne la satisfait-elle pas ?
4. Pourquoi ne peut-elle pas caresser l'Apollon de Bellac ?
5. Pourquoi Agnès ferme-t-elle les yeux pour voir ce dieu ?
6. Comment le Monsieur de Bellac décrit-il l'Apollon de Bellac ?
7. Est-ce qu'Agnès peut voir l'Apollon de Bellac tel qu'il est décrit ?
8. Comment Agnès décrit-elle sa petite vie quotidienne ?
9. Pourquoi Agnès dit-elle que c'est pour sa défense qu'elle hésite à imaginer l'Apollon de Bellac tel qu'il est ?
10. Agnès compare sa vie à « une cage d'escalier » . Elle dit que sa nouvelle vie sera comme une cage plus opulente. Pourquoi ne veut-elle pas qu'Apollon partage cette cage ?
11. Pensez-vous qu'Agnès soit amoureuse du Monsieur de Bellac ?
12. Pourquoi Agnès dit-elle à l'Apollon de Bellac de partir et au Monsieur de Bellac de rester ?
13. Qu'est-ce qu'Agnès va faire pour assurer l'avenir du Monsieur de Bellac ?
14. Quand le Monsieur de Bellac promet-il de revenir ?
15. Quelle bonne nouvelle le président apporte-t-il ?
16. Quel est le double sens contenu dans la dernière réplique de la pièce quand Agnès dit : « Non...il est passé... » ?

III. STYLE

1. Qu'est-ce qui rend la description du retour d'Agnès chez elle si pathétique ? Comment révèle-t-elle un autre aspect de sa personnalité ?
2. Quelle signification Giraudoux a-t-il voulu apporter au fait qu'Agnès vouvoie le Monsieur de Bellac lorsqu'elle s'adresse à lui en tant qu'homme et le tutoie quand elle voit en lui l'Apollon de Bellac ?

IV. SUJETS DE CONVERSATION

1. Le mot Agnès veut dire naïve, innocente, chaste. Pensez-vous que Giraudoux ait bien nommé son héroïne ?

2. Sexisme

   A. Considérez les personnages de cette pièce. Malgré leur diversité, voyez-vous une certaine similitude entre le rôle des femmes (Agnès, Chèvredent, Thérèse) d'une part et celui des hommes (le Monsieur de Bellac, l'huissier, le secrétaire général et le président) d'autre part ? Voyez-vous dans cette pièce un certain sexisme ?

   B. Relations entre mari et femme. Giraudoux décrit Thérèse comme une femme d'intérieur modèle qui s'occupe d'une façon parfaite de son futur mari mais qui, d'autre part, n'hésite pas à le critiquer et à souligner ses défauts, et Agnès comme une femme qui ne sait rien faire mais qui trouvera toujours que son mari est parfait. Laquelle des deux, d'après vous, fera une meilleure épouse ? Croyez-vous qu'un homme doive chercher dans sa femme d'autres qualités ?

C. Pensez-vous que cette pièce soit une satire contre les hommes et qu'elle souligne leur crédulité en face de la flatterie féminine ?

3. Flatterie

A. Croyez-vous que la flatterie soit une « recette infaillible » ou que, tout au moins, il soit impossible dans notre société d'avoir de bonnes relations avec d'autres personnes sans recourir à la flatterie au moins de temps en temps ?

B. Pensez-vous que la même flatterie « Que vous êtes beau ! » puisse réussir avec tout le monde ou que, pour arriver à ses fins, un flatteur ne doive pas être un psychologue en même temps, c'est-à-dire savoir comment varier la flatterie selon la personne qu'il veut flatter ?

V. COMPOSITIONS ÉCRITES

1. Quelle impression vous a laissée cette pièce ? Est-ce simplement une comédie légère ou une satire sur les relations entre hommes et femmes ?

2. Faites le portrait d'un des personnages suivants :

Le Monsieur de Bellac	Agnès
L'huissier	Mademoiselle Chèvredent
Le président	Thérèse

3. Pourquoi, d'après vous, Giraudoux a-t-il appelé cette pièce *l'Apollon de Bellac* ? Est-ce que cette statue imaginaire est vraiment le personnage principal de la pièce ?

Remarques grammaticales

POSITION DES PRONOMS PERSONNELS DANS UNE PHRASE

Rappelez-vous que le pronom sujet est placé avant le verbe sauf quand il y a inversion du sujet à la forme interrogative :

*Comment êtes-***vous** *?*

et que les pronoms atones, complément direct ou indirect, se placent également avant le verbe, même quand il y a inversion :

Me *dis-***tu** *que je suis laid... ?*

Dans les phrases affirmatives à l'impératif cependant tous les pronoms suivent le verbe :

*Taisez-***vous***, Chèvredent !*
*Prévenez-***la** *!*
*Tais-***toi** *!*
*Prenez-***les***, alors.*
*Embrassez-***moi***, ma douce Agnès.*

Notez que dans ces cas les pronoms conjoints **me** et **te** sont remplacés par les pronoms disjoints **moi** et **toi** et que ce remplacement n'a lieu qu'à l'impératif affirmatif. Comparez ces exemples aux mêmes phrases mais à l'impératif négatif (où les pronoms précèdent le verbe) :

Ne **te** tais pas !
Ne **m**'embrassez pas !

Quand il y a plus d'un pronom atone complément, leur position est la suivante : **dans toute phrase autre qu'impérative affirmative**, les pronoms compléments d'objet direct **le, la, les** se placent *avant* les pronoms **lui** et **leur** mais *après* tous les autres pronoms ; **dans les phrases impératives affirmatives** ces pronoms, **le, la, les**, se placent immediatement après le verbe mais *avant* tous les autres pronoms. **Dans tous les cas**, les pronoms-adverbes **y** et **en** (voir Remarques grammaticales du premier chapitre, page 10) se placent immédiatement après tous les autres pronoms conjoints (c'est-à-dire *le plus loin* du verbe dans les phrases impératives affirmatives, *le plus près* du verbe dans tous les autres cas).

Exemples :

Je ne **le lui** *ai pas fait dire.*
...parce que ça t'amuse et te venge de **me le** *dire ?*
Cela le fait ressembler à **s'y** *méprendre à Turenne...*
Il suffit de **l'y** *emmener...*
*Va-***t'en** *pour toujours.*

Notez que dans les deux premiers exemples le pronom complément d'objet direct **le** est placé avant **lui** mais après **me**, que dans les deux exemples suivants **en** suit **t'** et que **t'** (**te**) remplace **toi** dans cette phrase affirmative à l'impératif.

Rappelez-vous aussi que dans les phrases affirmatives à l'impératif le pronom complément d'objet direct précède toujours le complément indirect :

Donne-**le-moi**.
Donne-**le-lui**.

Finalement, n'oubliez pas qu'à la deuxième personne du singulier de l'impératif, le verbe **aller** et tous les autres verbes en **-er** s'écrivent avec un **s**, pour permettre la liaison, quand ils sont suivis par les pronoms-adverbes **y** ou **en** :

Va**s**-y
Achète**s**-en

Les deux tableaux suivants donnent la position des pronoms atones que nous venons de revoir :

Cas général					**Après impératif affirmatif**			
me te se nous vous	le la les	lui leur	y	en	le la les	moi (m') toi (t') lui leur nous vous	y	en

QUATORZIÈME CHAPITRE

Mémoires d'une jeune fille rangée (extrait)

SIMONE DE BEAUVOIR (1908-   )

Simone de Beauvoir est née à Paris en 1908. Au terme de brillantes études de philosophie, elle rencontre Jean-Paul Sartre qui devient le compagnon de sa vie. Ils avaient en commun une intelligence exceptionnelle, une attitude anti-conformiste de rébellion contre les mœurs traditionnelles de leurs familles bourgeoises. Professeur de philosophie au lycée à Marseille, à Rouen, puis à Paris jusqu'en 1943, Simone de Beauvoir considère son métier comme un obstacle à son émancipation complète et à la réalisation de sa carrière littéraire.*

Simone de Beauvoir fait partie intégrante de la vie intellectuelle parisienne après la deuxième guerre mondiale. Elle joue un rôle de premier plan dans la dissémination de l'existentialisme.†

Simone de Beauvoir est probablement l'une des femmes-écrivains les plus connues de France, particulièrement depuis la publication du **Deuxième sexe** *(1949), ouvrage féministe où elle analyse de façon magistrale la condition féminine et les mythes qui s'y attachent. Elle est aussi connue pour ses romans* **L'Invitée** *(1943),* **Le Sang des autres** *(1946),* **Tous les hommes sont mortels** *(1947),* **Les Mandarins** *(1954), pour ses* **Mémoires d'une jeune fille rangée**** *(1958), ouvrage autobiographique,* **La Force de l'âge** *(1960),* **La Force des choses** *(1963), et* **Tout compte fait** *(1972), où se mélangent une chronique de la vie intellectuelle française et ses souvenirs personnels.*

Ce passage est tiré des **Mémoires d'une jeune fille rangée.** *C'est le récit d'un incident qui a eu lieu lorsque Simone de Beauvoir avait treize ou quatorze ans.*

* **Jean-Paul Sartre** voir note 2, page 70
† **l'existentialisme** voir note 2, page 70
** **rangée** sérieuse

Mon Père, Ma Mère et Moi

Ma véritable rivale, c'était ma mère. Je rêvais d'avoir avec mon père des rapports personnels ; mais même dans les rares occasions où nous nous trouvions tous les deux seuls, nous nous parlions comme si elle avait été là. En cas de conflit, si j'avais recouru à mon père, il m'aurait répondu : « Fais ce que ta mère te dit ! » Il ne m'arriva qu'une fois de chercher sa complicité. Il nous avait emmenées aux courses d'Auteuil,[1] la pelouse était noire de monde, il faisait chaud, rien ne se passait, et je m'ennuyais ; enfin on donna le départ : les

[1]**courses d'Auteuil** *courses de chevaux qui ont lieu sur le champ de courses d'Auteuil à Paris*

gens se ruèrent[2] vers les barrières, et leurs dos me cachèrent la piste. Mon père avait loué pour nous des pliants et je voulus monter sur le mien. « Non » , dit maman, qui détestait la foule et que la bousculade avait énervée. J'insistai. « Non et non » , répéta-t-elle. Comme elle s'affairait avec ma sœur, je me tournai vers mon père et je lançai avec emportement : « Maman est ridicule ! Pourquoi est-ce que je ne peux pas monter sur ce pliant ? » Il haussa les épaules d'un air gêné, sans prendre parti.

Du moins ce geste ambigu me permettait-il de supposer qu'à part soi[3] mon père trouvait parfois ma mère trop impérieuse ; je me persuadai qu'une silencieuse alliance existait entre lui et moi. Je perdis cette illusion. Pendant un déjeuner, on parla d'un grand cousin dissipé qui considérait sa mère comme une idiote : de l'aveu de mon père elle l'était en effet. Il déclara cependant avec véhémence : « Un enfant qui juge sa mère est un imbécile. » Je devins écarlate et je quittai la table en prétextant un malaise : je jugeais ma mère. Mon père m'avait porté un double coup, en affirmant leur solidarité et en me traitant indirectement d'imbécile. Ce qui m'affolait encore davantage, c'est que je jugeais cette phrase même qu'il venait de prononcer : puisque la sottise de ma tante sautait aux yeux,[4] pourquoi son fils ne l'eût-il pas reconnue[5] ? Ce n'est pas mal de se dire la vérité, et d'ailleurs, bien souvent, on ne le fait pas exprès ; en ce moment, par exemple, je ne pouvais pas m'empêcher de penser ce que je pensais : étais-je en faute ? En un sens non, et pourtant les paroles de mon père mordaient sur moi[6] si bien que je me sentais à la fois irréprochable et monstrueuse. Par la suite, et peut-être en partie à cause de cet incident, je n'accordai plus à mon père une infaillibilité absolue. Pourtant mes parents conservèrent le pouvoir de faire de moi une coupable ; j'acceptais leurs verdicts tout en me voyant avec d'autres yeux que les leurs. La vérité de mon être leur appartenait encore autant qu'à moi : mais paradoxalement, ma vérité en eux pouvait n'être qu'un leurre,[7] elle pouvait être fausse. Il n'y avait qu'un moyen de prévenir cette étrange confusion : il fallait leur dissimuler les trompeuses apparences. J'avais l'habitude de surveiller mon langage : je redoublai de prudence. Je franchis un pas de plus. Puisque je n'avouais pas tout, pourquoi ne pas oser des actes inavouables ? J'appris la clandestinité.

[2]**se ruèrent** se précipitèrent
[3]**à part soi** *ici:* dans son esprit
[4]**sautait aux yeux** était incontestable, évidente
[5]**ne l'eût-il pas reconnue** *plus-que-parfait du subjonctif du verbe* reconnaître
[6]**mordaient sur moi** avaient un tel effet sur moi
[7]**leurre** illusion, duperie

Étude du texte

I. EXERCICES DE VOCABULAIRE

A. *Choisissez parmi les mots suivants ceux qui complètent le mieux les phrases ci-dessous.*

1. infaillibilité 2. se ruer 3. verdicts 4. imbécile 5. coupable 6. louer 7. rivale 8. idiote

1. Simone de Beauvoir considérait sa mère comme une....
2. Pendant la course, les gens...vers les barrières.
3. Le père de la jeune fille...des pliants.
4. Le cousin de Simone considérait sa mère comme une....
5. Un enfant qui juge sa mère est un....
6. La jeune fille ne peut plus accorder à son père une...absolue.
7. Simone a continué à accepter les...de ses parents.
8. Les parents de Simone avaient le pouvoir de faire d'elle une....

B. *Trouvez dans le texte les synonymes des mots suivants.*

1. irriter
2. autoritaire
3. se précipiter
4. idiote
5. bêtise
6. rouge
7. total
8. bizarre

C. *Trouvez dans le texte les mots de la même famille que les mots suivants.*

1. l'ennui
2. la location
3. bousculer
4. avouer
5. le jugement
6. le reproche
7. tromper
8. la surveillance

II. QUESTIONNAIRE

Répondez en français aux questions suivantes.

1. De quoi la jeune Simone rêvait-elle ?
2. Comment se parlaient le père et la fille lorsqu'ils se retrouvaient seuls ensemble ?

3. Dans quelle circonstance a-t-elle cherché la complicité de son père ?
4. Que voulait faire la jeune Simone ?
5. Quelle a été la réaction de sa mère ? Quelle a été la réaction de Simone ? Quelle a été la réaction de son père ?
6. Comment Simone a-t-elle d'abord interprété la réaction de son père ?
7. Quel incident a détruit ses illusions ?
8. Pourquoi Simone a-t-elle quitté la table ?
9. Pourquoi se sentait-elle à la fois irréprochable et monstrueuse ?
10. Quel a été le résultat de cet incident ?
11. Pourquoi la jeune fille se sentait-elle en pleine confusion ?
12. Comment son comportement dans sa famille a-t-il changé ?

III. STYLE

Comment Simone de Beauvoir transforme-t-elle un petit incident en un drame qui semble avoir eu sur elle une profonde influence ?

IV. SUJETS DE CONVERSATION

1. D'après ce passage, quelle idée vous faites-vous :
   a. de Simone ?
   b. de son père ?
2. À quel âge un enfant commence-t-il à juger ses parents ?
3. Les relations entre mère et fille et père et fille varient-elles avec les étapes différentes de l'enfance et de l'adolescence ?
4. Lorsqu'il y a un désaccord entre parents sur une question concernant les enfants, comment ce désaccord doit-il être réglé :
   a. par une discussion en présence des enfants ?
   b. par un compromis entre les parents ?
   c. en laissant la décision à un des parents ?

V. COMPOSITIONS ÉCRITES

1. L'attitude de Simone, ses réactions vous semblent-elles normales ?
2. Décrivez un incident similaire de votre enfance ou de votre adolescence.
3. Simone de Beauvoir est considérée comme une des femmes-écrivains les plus célèbres de France et comme une féministe militante. Y a-t-il une femme américaine qui corresponde à cette description ?

Remarques grammaticales

LA PLACE DE L'ADJECTIF QUALIFICATIF

En français, contrairement à l'anglais, l'adjectif qualificatif se place en général après le nom qu'il accompagne. Mais ce n'est pas une règle fixe et il y a de nombreuses exceptions.

Sont placés avant le nom :

1. Un nombre d'adjectifs brefs et d'usage courant comme, par exemple, **bon, gentil, gros, haut, jeune, joli, long, mauvais, nouveau, petit** et **vieux.**

Notez, cependant, que d'autres adjectifs tout aussi brefs et courants, tels que **heureux, laid, poli,** ainsi que tous les adjectifs de couleur (**blanc, jaune, noir, rouge, vert,** etc.) *suivent* le nom.

2. Les adjectifs quand ils qualifient un nom propre :

l'**incroyable** Monsieur Badin
le **malheureux** Walter Schnaffs
l'**innocente** Agnès

3. Les adjectifs quand le nom qu'ils qualifient est précédé par un adjectif possessif :

mon **fidèle** ami
sa **magnifique** maison

Cependant, pour raison de consonance, on dira

mon livre **favori**

En dehors de ces trois cas une grande liberté est donnée aux auteurs de faire cette inversion entre le nom et l'adjectif pour renforcer le sens de la phrase ou, simplement pour raison de style :

*Ma **véritable** rivale, c'était ma mère.*
*...mais même dans les **rares** occasions...*
*...qu'une **silencieuse** alliance existait entre lui et moi.*
*Mon père m'avait porté un **double** coup.*
*Il n'y avait qu'un moyen de prévenir cette **étrange** confusion.*

Et rappelez-vous que certains adjectifs ont un sens différent suivant qu'ils précèdent ou suivent le nom qu'ils qualifient :

*...je jugeais cette phrase **même** qu'il venait de prononcer...*

Dans ce cas, lorsque **même** suit le nom, il marque plus expressément la personne ou la chose dont on parle. Quand il précède le nom il exprime l'identité, la similarité ou la parité :

Il a prononcé la **même** phrase.

Voici quelques autres exemples d'adjectifs dont le sens varie suivant leur position :

ancien une **ancienne** maison : une maison dans laquelle celui dont on parle a habité.
une maison **ancienne :** une maison qui existe depuis longtemps

brave un **brave** homme : un homme bon et généreux
un homme **brave :** un homme courageux

certain une **certaine** chose : une chose qui n'est pas précisée
une chose **certaine :** une chose absolument sûre

dernier la **dernière** semaine : la semaine qui vient après toutes les autres
la semaine **dernière :** la semaine qui précède immédiatement cette semaine

grand un **grand** homme : un homme qui excelle par son talent ou ses exploits
un homme **grand :** un homme qui est de taille élevée

seul une **seule** femme : une femme unique, à l'exclusion de toute autre
une femme **seule :** une femme qui est sans compagnie

Exercice facultatif

Faites cinq phrases dans lesquelles l'adjectif précède le nom et cinq phrases dans lesquelles il suit le nom. Traduisez vos phrases en anglais.

QUINZIÈME CHAPITRE

Le Chant des Partisans (Chant de la Libération)

Paroles de
MAURICE DRUON et JOSEPH KESSEL;
musique de ANNA MARLY

Le 8 novembre 1942 les Alliés débarquèrent en Afrique du Nord et trois jours après la France toute entière fut occupée par les Allemands. Ces événements précipitèrent la transformation de la Résistance en France en une véritable force combattante. C'est exactement à ce moment-là que les Français, en écoutant le programme « Les Français parlent aux Français », entendirent pour la première fois* Le Chant des Partisans. *Ce chant, un appel au combat, se répandit très vite à travers toute la France et devint l'hymne et le symbole de la Résistance.*

« Le Chant des Partisans » fait partie du **Folklore de la Résistance Française,** *un recueil de vingt chansons, toutes composées par Anna Marly. Elle a également écrit les paroles de dix-huit de ces chansons. « Le Chant des Partisans » et « La Complainte du Partisan » sont les seules dont les paroles ne soit pas les siennes.*

Les chansons de ce recueil ainsi qu'un grand nombre d'autres de ses chansons, certaines en anglais et d'autres en russe, ont déjà paru ou sont sur le point de paraître en disques ou en albums.

Anna Marly, en plus, a publié un recueil de poésie. Elle est en train d'écrire son autobiographie intitulée **Anna Marly Troubadour.**

**« Les Français parlent aux Français » , un programme quotidien des Forces Françaises Libres du Général de Gaulle, était retransmis par la radiodiffusion anglaise, the British Broadcasting Corporation (la B.B.C.). Quoiqu'interdit dans la France occupée il était écouté religieusement par un très grand nombre de Français.*

Nous voulons la remercier ici de nous avoir aidés à obtenir le droit de publier « Le Chant des Partisans » et d'avoir bien voulu écrire spécialement pour nous l'introduction qui suit.

Introduction par Anna Marly

Un jour de Noël, quand j'étais encore une petite fille, je reçus en cadeau une guitare. Ce fut pour moi la découverte d'un monde merveilleux. Assise sur mon lit je laissais errer mes doigts sur les cordes et avec ces sons divins venaient les paroles. Ainsi naissaient mes chansons. D'abord elles étaient naïves, des chansons de jeune fille, au rythme qui faisait rire ou rêver. Le monde était si calme alors, si paisible...

Puis vint la guerre...la guerre ! Nous ne savions pas ce que c'était, nous ne pouvions l'imaginer. Elle vint avec toute son horreur.

La France fut partiellement envahie puis, après l'Armistice, en grande partie occupée. Nous étions prisonniers dans notre propre pays.

Il fallait réagir au nom de la liberté et de la justice. J'avais pu quitter Paris au moment de la débâcle, en juin 1940, traverser la frontière espagnole, puis celle du Portugal et arriver, enfin, à Londres vers la fin de 1941 ! Là, je devins le soldat à la guitare. Notre refuge et seul espoir était le Général de Gaulle. Il avait organisé son Quartier Général à Londres, appelant au combat toutes les forces de bonne volonté, hissant le fanion de la France Libre. Alors au cœur de la France occupée un miracle se produisit : de tous les coins s'élevèrent des voix pleines d'indignation. Mais comment lutter quand vos mains sont enchaînées ? Le héros est celui qui surmonte l'impossible et le moment créa des héros. Ils surgirent l'un après l'autre, prêts au sacrifice. L'un des premiers fut Henry Frenay, fondateur du mouvement « Combat ». Puis ce furent Jean Moulin et tant d'autres, souvent anonymes. Combien d'entr'eux sont morts soit en combattant soit dans les camps de concentration ? Aujourd'hui à Paris, au hasard des rues, on voit sur les murs une plaque commémorative avec un bouquet de fleurs, simple hommage à ceux qui ont payé de leur vie en luttant pour la libération de Paris, en août 1944.

À Londres, avec les Forces Françaises Libres, mes chansons se formaient à l'image du drame que nous vivions. Elles étaient faites de cris, de larmes, de détresse, d'indignation, de courage voulu et de messages d'espoir. Pour mieux servir, je m'engageai au Théâtre des Armées. Je donnais un ou deux concerts quotidiens et j'écrivais en même temps ce qui allait devenir **Le Folklore de la Résistance Française**. Ces chansons faisaient souvent partie des programmes « Les Français parlent aux Français » que la B.B.C. émettait pour la France. Je les chantais aussi souvent devant un petit groupe d'amis. Quand l'écrivain connu Joseph Kessel entendit l'une d'elles il fut enthousiasmé par sa mélodie nostalgique et lancinante au point de s'écrier « Voilà ce qu'il faut pour la France ! » Avec son neveu Maurice Druon qui, depuis, est devenu un écrivain célèbre lui aussi, ils écrivirent les paroles de ce qui devint « Le Chant des Partisans » puis, après la guerre, « Le Chant de la Libération ».

Cette chanson a résonné pour les Résistants comme un cri de ralliement, un pacte. Encore aujourd'hui elle demeure le symbole sonore de toute volonté humaine, de tous ceux qui veulent vivre dans la dignité et la LIBERTÉ.

Le Chant des Partisans

Lisez cette chanson à haute voix comme si c'était un poème.

1.

Ami, entends-tu
Le vol noir des corbeaux
Sur nos plaines ?

Ami, entends-tu
Les cris sourds du pays
Qu'on enchaîne ?

Ohé ! partisans
Ouvriers et paysans
C'est l'alarme !

Ce soir l'ennemi
Connaîtra le prix du sang
et des larmes.

2.

Montez de la mine,
Descendez des collines,
Camarades,

Sortez de la paille,
Les fusils, la mitraille,
Les grenades...

Ohé ! les tueurs,
À la balle ou au couteau
Tuez vite !

Ohé ! saboteur,
Attention à ton fardeau...
Dynamite !

3.

C'est nous qui brisons
Les barreaux des prisons
Pour nos frères,

La haine à nos trousses[1]
Et la faim qui nous pousse,
La misère...

Il y a des pays
Où les gens au creux du lit
Font des rêves ;

Ici, nous, vois-tu,
Nous on marche et nous on tue,
Nous on crève.[2]

4.

Ici, chacun sait
Ce qu'il veut, ce qu'il fait
Quand il passe...

Ami, si tu tombes
Un ami sort de l'ombre
À ta place.

Demain, du sang noir
Séchera au grand soleil
Sur les routes.

Sifflez compagnons,
Dans la nuit la liberté
Nous écoute.

Pour finir : reprise sifflée ou à bouche fermée

[1]**à nos trousses** *ici :* à notre poursuite
[2]**Nous on crève** *(fam.)* nous on meurt

LE CHANT DES PARTISANS

(*CHANT DE LA LIBÉRATION*)

Paroles de
Maurice DRUON
& Joseph KESSEL

Musique de
Anna MARLY

R. 2406 B.

2. Montez de la mine,
Descendez des collines,
Camarades,

Sortez de la paille,
Les fusils, la mitraille,
Les grenades...

Ohé! les tueurs,
A la balle ou au couteau
Tuez vite!

Ohé! saboteur,
Attention à ton fardeau...
Dynamite!

3. C'est nous qui brisons
Les barreaux des prisons
Pour nos frères,

La haine à nos trousses
Et la faim qui nous pousse,
La misère...

Il y a des pays
Où les gens au creux du lit
Font des rêves;

Ici, nous, vois-tu,
Nous on marche et nous on tue,
Nous on crève.

4. Ici, chacun sait
Ce qu'il veut, ce qu'il fait
Quand il passe...

Ami, si tu tombes
Un ami sort de l'ombre
A ta place.

Demain, du sang noir
Sèchera au grand soleil
Sur les routes.

Sifflez compagnons,
Dans la nuit la liberté
Nous écoute.

Pour finir: reprise sifflée ou à bouche fermée

Imprimé par E. M. P. I. Noisy-le-Sec (Seine)

Étude du texte

I. EXERCICES DE VOCABULAIRE

A. *Trouvez dans le texte les substantifs ou adjectifs qui correspondent aux verbes suivants.*

1. voler
2. noircir
3. crier
4. alarmer
5. fusiller
6. tuer
7. emprisonner
8. affamer
9. rêver
10. placer
11. saigner
12. libérer

B. *Trouvez dans le texte des mots de la même famille que les mots suivants.*

1. le paysan
2. la chaîne
3. le mineur
4. la descente
5. la camaraderie
6. la sortie
7. la vitesse
8. le sabotage
9. misérable
10. la volonté
11. le passage
12. sec

II. QUESTIONNAIRE

1. Comment expliquez-vous que ce chant s'adresse d'abord à un ami, au singulier, et immédiatement ensuite, aux partisans, aux ouvriers et aux paysans ?
2. Analysez les vers suivants :

   Ami, entends-tu
   *Le vol **noir** des corbeaux*
   *Sur **nos** plaines ?*

   Ami, entends-tu
   *Les cris **sourds** du pays*
   *Qu'on **enchaîne ?***

   Quelle image vous donnent-ils ? Qui sont ces corbeaux, quels sont ces bruits ? Expliquez, en particulier, les mots en caractères gras.
3. De quel sang, de quelles larmes s'agit-il ? Quel est leur prix ?
4. Notez le **montez** (de la mine) et le **descendez** (des collines). Est-ce que l'ensemble de ces deux verbes donne une certaine force à l'appel ? Laquelle ?

5. Pourquoi les fusils, la mitraille et les grenades étaient-elles dans la paille ?
6. Quel est l'appel fait dans la deuxième strophe ? À qui est-il adressé ? Quel est son message ?
7. Pourquoi les barreaux des prisons doivent-ils être brisés ?
8. Quelle image est suggérée par les mots **haine, faim,** et **misère** ?
9. Comment les conditions dans les « autres » pays sont-elles comparées à celles de la France occupée ?
10. Pensez-vous que la troisième strophe donne une image suffisante de la situation dans un pays envahi par l'ennemi ? Donnez des exemples précis.
11. Est-ce que les six premiers vers de la dernière strophe montrent la fermeté de la résolution de chaque résistant et son consentement total au sacrifice de sa vie ?
12. Relisez le chant en entier. Pensez-vous que chaque strophe complète ou explique la précédente ? Est-ce que les deux derniers vers :

    Dans la nuit la liberté
    Nous écoute.

    justifient cet appel au combat ?

III. STYLE

Analysez le choix des mots, leur force et leurs juxtapositions.

IV. SUJETS DE CONVERSATION

1. Ce chant appelle ouvertement les habitants à tuer les envahisseurs par tous les moyens possibles et à mourir, s'il le faut. Croyez-vous qu'un tel appel soit justifié même quand il s'agit de libérer son pays ? Connaissez-vous d'autres chants patriotiques qui transmettent un message analogue ?
2. Écoutez ce chant, paroles et musique, et dites si vous comprenez pourquoi il est devenu très vite le cri de ralliement de la Résistance et, depuis, « Le Chant de la Libération. » *

V. COMPOSITION ÉCRITE

Racontez un événement à votre choix de la seconde guerre mondiale (Pearl Harbor, le débarquement allié en Normandie, la bombe atomique sur Hiroshima, les camps de concentration, l'alliance avec l'U.R.S.S., la fin de la guerre, etc.).

**Il serait préférable que* Le Chant des Partisans *soit chanté en chœur plutôt que par une seule personne.*

SEIZIÈME CHAPITRE

Ce qu'est un homme dans la vie

GEORGES PERROS (1923-1978)

Georges Perros a toujours fui toute forme de publicité. En apparence, il semble avoir mené « une vie ordinaire » . Il est né à Paris en 1923 mais il a passé la plus grande partie de sa vie dans une région isolée et pittoresque de la Bretagne, le Finistère. Lecteur pendant des années pour une maison d'édition, il a vécu en compagnie de sa femme, de ses trois enfants, de ses deux chats et de son chien. Son œuvre littéraire a été composée entre 1960 et 1978. Elle comporte surtout des essais littéraires et des recueils de poèmes. Ses **Poèmes bleus** *remportèrent le prix Marie Jacob en 1963 et* **Papiers collés II** *le prix Valéry Larbaud en 1973. L'année de sa mort il reçut le prix de Bretagne pour l'ensemble de son œuvre.*

Ce qu'est un homme dans la vie *est un extrait du poème* ***Qu'est-ce qu'ils seront mes enfants*** *qui fait partie d'un recueil de poèmes intitulé* **Une Vie ordinaire** *publié en 1967.*

Ce qu'est un homme dans la vie

Ce qu'est un homme dans la vie
m'importe peu C'est son envie
d'être autre chose qui m'excite
Autre chose que seul errant
aux caprices d'une aventure
dont il pense tenir les rênes
C'est le quant-à-soi[1] qui me rend
plus seul encore Je fais serment

[1]**quant-à-soi** *réserve affectée*

de m'en tenir là mais à qui
Rentre en toi-même Georges et cesse
de te plaindre écrivant cela
qui te fait passer en douceur
le temps l'horreur de tes humeurs
le temps l'angoisse de tes jours
de tes nuits ce temps bel ennui
qui te donne permission
de la traiter à la légère[2]
alors que sans lui mon garçon
ta langue serait moins facile
Se résigner crier pourquoi
la résignation est stupide
et la révolte pareille à
l'aboiement d'un chien fou C'est
Shakespeare par Cléopâtre[3]
qui nous le dit avec raison

[2]**traiter à la légère** traiter comme si c'était peu important
[3]**Antony and Cleopatra**, acte IV, scène II : *Patience is sottish, and impatience does Become a dog that's mad*

Et pourquoi d'être indifférent
ce rêve ? Sois intelligent
ce n'est rien moins que difficile
mais quoi nous faisons tous semblant[4]
de l'être à la mesure aimable
Ainsi les enfants dans le sable
tracent-ils des signes qui sont
autant de certitudes signes
que prend en écharpe le vent[5]
Ne vous étonnez pas s'il tonne
S'il pleut à vous fendre le front[6]
Ne vous étonnez de rien C'est
Le plus sublime étonnement

Étude du texte

Avant d'étudier ce poème, lisez-le plusieurs fois à haute voix. Remarquez que la seule ponctuation est un point d'interrogation au vers vingt-sept. Quel effet ce manque de ponctuation produit-il ? Essayez de mettre la ponctuation appropriée pour voir si elle rend le poème plus facile à comprendre.

I. EXERCICES DE VOCABULAIRE

A. *Expliquez les expressions suivantes en français et utilisez-les dans des phrases. Traduisez ensuite vos phrases en anglais.*

1. faire serment
2. s'en tenir à
3. tenir les rênes
4. se plaindre

B. *Trouvez dans le texte les substantifs qui correspondent aux verbes suivants.*

1. envier
2. ennuyer
3. permettre

[4]**faisons tous semblant** avons tous l'air
[5]**que prend en écharpe le vent** que le vent arrache comme une écharpe
[6]**pleut à vous fendre le front** pleut à torrents

4. révolter
5. aboyer
6. raisonner
7. rêver
8. vivre

C. *Trouvez dans le texte des mots de la même famille que les mots suivants.*

1. la plainte
2. doux
3. le langage
4. le cri
5. la pluie
6. étonner

II. QUESTIONNAIRE

Répondez en français aux questions suivantes.

1. Est-ce que le poète s'intéresse à ce que l'homme *est* dans la vie ?
2. Qu'est-ce qui excite le poète ? Êtes-vous d'accord avec lui ?
3. Qu'est-ce qui lui donne un sentiment de solitude ?
4. Étudiez les vers dix à vingt-trois. À l'aide de quelles images le poète traduit-il son propre désespoir ?
5. À qui le poète s'adresse-t-il ?
6. Le poète trouve que la résignation est stupide. Qu'en pensez-vous ?
7. Que pense-t-il de la révolte ? Qu'en pensez-vous ?
8. Selon le poète, quel est le plus sublime étonnement ?

III. STYLE

1. Est-ce que le ton est familier ou cérémonieux ? Justifiez votre réponse.
2. Est-ce que la langue est prosaïque ou poétique ? Justifiez votre réponse.
3. Il y a beaucoup d'enjambements dans ce poème. Quel est leur effet ?

IV. EXPLIQUEZ LES VERS SUIVANTS.

Ainsi les enfants dans le sable
tracent-ils des signes qui sont
autant de certitudes signes
que prend en écharpe le vent

V. SUJETS DE CONVERSATION

Développez un des sujets suivants selon vos propres idées :

1. Qu'est-ce qu'un homme dans la vie ?
2. Dans ce poème s'agit-il d'une « vie ordinaire » qui cherche son sens ?

VI. COMPOSITIONS ÉCRITES

1. Dans ce poème on trouve à la fois méditation sur l'existence et pensées sur l'activité poétique. Séparez les deux. Que dit-il sur l'inspiration poétique ? Qu'est-ce qui lui donne son inspiration ?
2. *Ce qu'est un homme dans la vie* est un poème très pessimiste (optimiste).
3. Pascal, un grand philosophe du XVIIème siècle, a écrit dans ses **Pensées :**

   a. « L'homme n'est qu'un roseau, le plus faible de la nature ; mais c'est un roseau pensant. »
   b. « ...En un mot, l'homme connaît qu'il est misérable : il est donc misérable puisqu'il l'est ; mais il est bien grand, puisqu'il le connaît. »
   c. « Car enfin, qu'est-ce que l'homme dans la nature ? Un néant à l'égard de l'infini, un tout à l'égard du néant, un milieu entre rien et tout. »

   Développez une de ces citations de Pascal.

Remarques grammaticales

I. L'IMPÉRATIF DES VERBES **ÊTRE, AVOIR, SAVOIR** ET **VOULOIR**

Sois intelligent...

Saviez-vous que le verbe **être** emprunte sa forme de l'impératif présent à son subjonctif présent ? C'est un des quatre verbes qui n'empruntent pas cette forme à l'indicatif présent, les trois autres étant **avoir, savoir**, et **vouloir.**

II. LE PRONOM IMPERSONNEL **IL**

...il tonne
S'il pleut...

Rappelez-vous qu'en plus d'introduire une phrase par

Il y a...
Il faut...
Il est nécessaire...
Il vaut mieux...
Il s'agit de...
etc.

le pronom personnel **il** est employé également comme pronom impersonnel dans les phrases indiquant le temps :

Il neige
Il fait mauvais temps
Il fait chaud

ou l'heure :

Il est dix heures du matin
Il est tard

Exercice facultatif

Faites des phrases commençant par :

Il y a...
Il faut...
Il vaut mieux...
Il s'agit de...
Il fait...
Il est...

DIX-SEPTIÈME CHAPITRE

Lettre de Marie-Antoinette à sa belle-sœur

MARIE-ANTOINETTE (1755-1793)

Marie-Antoinette-Josèphe-Jeanne de Lorraine, archiduchesse d'Autriche naquit à Vienne en 1755. Elle était la plus jeune fille de l'empereur d'Allemagne François Ier et de Marie-Thérèse. En 1770 elle épousa le futur Louis XVI et devint reine de France en mai 1774. Pour ses proches elle était une jeune femme séduisante, très dévouée à son mari et à ses enfants. Dans le pays, par contre, elle s'était rendue très vite impopulaire à cause de sa prodigalité et aussi parce que ses idées anti-révolutionnaires, comme, par exemple, sa position contre toutes réformes, avaient une grande influence sur le roi.

Après l'exécution de Louis XVI, en janvier 1793, elle fut enfermée au Temple le dix-huit août de la même année. Pendant sa captivité et son procès devant le tribunal révolutionnaire, elle maintint une conduite digne et fière. Elle fut guillotinée le seize octobre 1793.

Son fils fut proclamé roi de France par les émigrés sous le nom de Louis XVII. Il mourut en prison en 1795, à l'âge de dix ans.

Cette lettre, écrite par Marie-Antoinette le jour même de sa mort, est adressée à la sœur de Louis XVI.*

* Nous avons corrigé les quelques fautes d'orthographe contenues dans cette lettre, fautes très excusables considérant où et quand cette lettre a été écrite. Nous avons également modernisé l'orthographe de certains mots.

FIN TRAGIQUE DE MARIE-ANTOINETTE D'AUTRICHE, REINE DE FRANCE, EXÉCUTÉE LE 16 OCTOBRE 1793
D'après une gravure du temps.

Lettre de Marie-Antoinette a sa belle-sœur

À MADAME ÉLISABETH[1]

Ce 16 octobre à 4 h 1/2 du matin (1793)

C'est à vous, ma sœur, que j'écris pour la dernière fois. Je viens d'être condamnée non pas à une mort honteuse, elle ne l'est que pour les criminels, mais à aller rejoindre votre frère. Comme lui innocente, j'espère montrer la même fermeté que lui dans les derniers moments. Je suis calme comme on l'est quand la conscience ne reproche rien ; j'ai un profond regret d'abandonner mes pauvres

[1]**Madame Élisabeth** *sœur de Louis XVI. Elle fut guillotinée en 1794. Cette lettre fut interceptée par la police et ne parvint jamais à sa destination.*

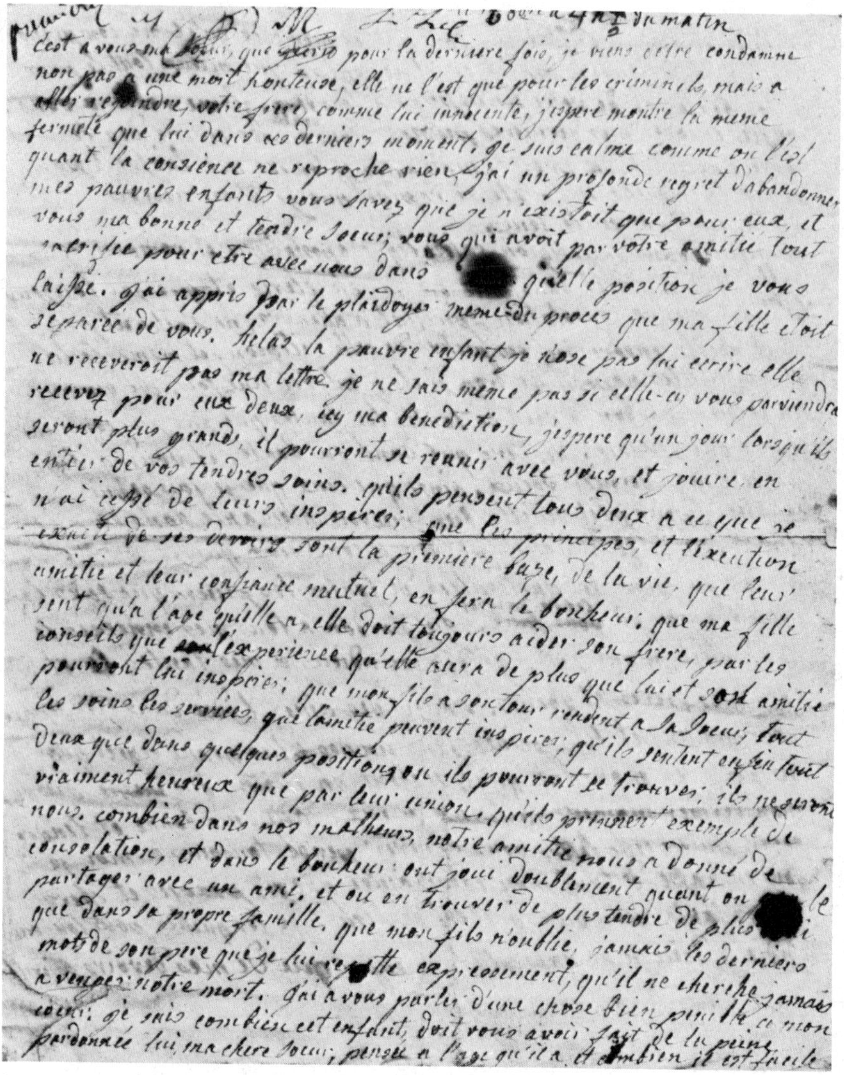
Ce 16 8bre a 4h ½ du matin

C'est a vous ma sœur, que j'ecris pour la derniere fois, je viens d'etre condamnée non pas a une mort honteuse, elle ne l'est que pour les criminels, mais a aller rejoindre votre frere, comme lui innocente, j'espere montrer la meme fermeté que lui dans ces derniers moment. je suis calme comme on l'est quant la consience ne reproche rien, j'ai un profonde regret d'abandonner mes pauvres enfants vous savez que je n'existoit que pour eux, et vous ma bonne et tendre sœur; vous qui avoit par votre amitié tout sacrifiée pour etre avec nous dans quelle position je vous laisse. j'ai appris par le plaidoyer meme du procès que ma fille etoit separée de vous. helas la pauvre enfant je n'ose pas lui ecrire elle ne receveroit pas ma lettre. je ne sais meme pas si celle-ci vous parviendra recevez pour eux deux, icy ma benediction, j'espere qu'un jour lorsqu'ils seront plus grands, il pourront se reunir avec vous, et jouir en entier de vos tendres soins. qu'ils pensent tous deux a ce que je n'ai cessé de leurs inspirer; que les principes, et l'execution exacte de ses devoirs sont la premiere base, de la vie. que leur amitie et leur confiance mutuel, en fera le bonheur. que ma fille sent qu'a l'age qu'elle a, elle doit toujours aider son frere, par les conseils que l'experience qu'elle aura de plus que lui et son amitie pourront lui inspirer; que mon fils a son tour rendent a sa sœur, tout les soins les services, que l'amitie peuvent inspirer; qu'ils sentent enfin tout deux que dans quelques positions ou ils pourront se trouver; ils ne seront vraiment heureux que par leur union, qu'ils prennent exemple de nous. combien dans nos malheurs, notre amitie nous a donné de consolation, et dans le bonheur ont joui doublement quant on le partager avec un ami, et ou en trouver de plus tendre de plus uni que dans sa propre famille. que mon fils n'oublie jamais les derniers mots de son pere que je lui repette expressement, qu'il ne cherche jamais a venger notre mort. j'ai a vous parler d'une chose bien penible a mon cœur: je sais combien cet enfant, doit vous avoir fait de la peine pardonnée lui, ma chere sœur; pensée a l'age qu'il a, et combien il est facile

Photocopie de la première page de la lettre de Marie-Antoinette à Madame Élisabeth.

enfants, vous savez que je n'existais que pour eux et vous ma bonne et tendre sœur. Vous qui avez par votre amitié tout sacrifié pour être avec nous, dans quelle position je vous laisse ! J'ai appris par le plaidoyer même du procès que ma fille était séparée de vous. Hélas ! la pauvre enfant. Je n'ose pas lui écrire, elle ne recevrait pas ma lettre ; je ne sais même pas si celle-ci vous parviendra ; recevez pour eux deux ici ma bénédiction, j'espère qu'un jour lorsqu'ils seront

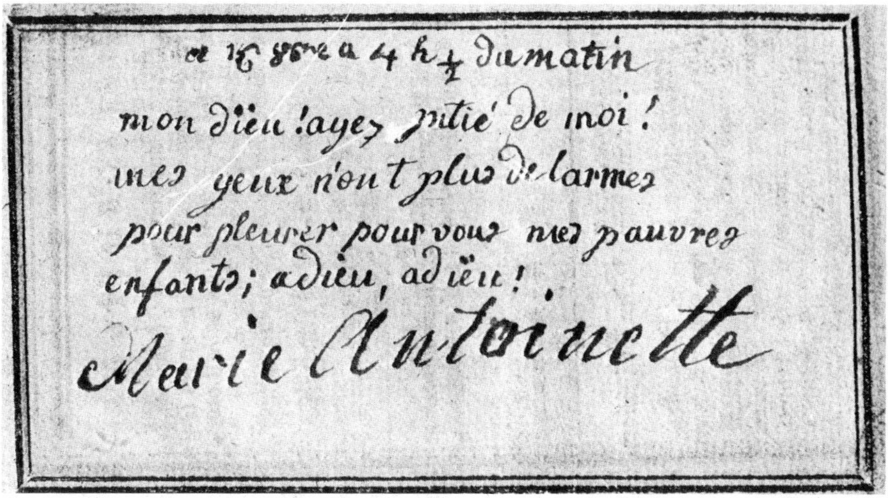

ce 16 8bre a 4 h ½ du matin
mon dieu! ayez pitié de moi!
mes yeux n'ont plus de larmes
pour pleurer pour vous mes pauvres
enfants; adieu, adieu!
Marie Antoinette

Photocopie de la note que Marie-Antoinette a écrite à ses enfants en même temps que la lettre.

plus grands, ils pourront se réunir avec vous et jouir en entier de vos tendres soins ; qu'ils pensent tous les deux à ce que je n'ai cessé de leur inspirer, que les principes et l'exécution exacte de ses devoirs sont la première base de la vie, que leur amitié et leur confiance mutuelles en feront le bonheur. Que ma fille sente qu'à l'âge qu'elle a elle doit toujours aider son frère, par les conseils que l'expérience qu'elle aura de plus que lui, et son amitié pourront lui inspirer ; que mon fils à son tour rende à sa sœur tous les soins, les services que l'amitié peuvent inspirer ; qu'ils sentent enfin tous deux que dans quelques positions où ils pourront se trouver, ils ne seront vraiment heureux que par leur union ; qu'ils prennent exemple de nous ; combien dans nos malheurs, notre amitié nous a donné de consolation, et dans le bonheur, on jouit doublement quand on peut le partager avec un ami, et où en trouver de plus tendre, de plus cher que dans sa propre famille. Que mon fils n'oublie jamais les derniers mots de son père que je lui répète expressément : qu'il ne cherche jamais à venger notre mort. J'ai à vous parler d'une chose bien pénible à mon cœur, je sais combien cet enfant doit vous avoir fait de la peine ; pardonnez-lui, ma chère sœur, pensez à l'âge qu'il a et combien il est facile de faire dire à un enfant ce qu'on veut, et même ce qu'il ne comprend pas. Un jour viendra, j'espère, où il ne sentira que mieux tout le prix de vos bontés et de votre tendresse pour tous deux. Il me reste à vous confier encore mes dernières pensées, j'aurais voulu les écrire dès le commencement du procès ; mais outre qu'on ne me laissait pas écrire, la marche a été si rapide que je n'en aurais réellement pas eu le temps.

Je meurs dans la Religion catholique, apostolique et romaine, dans celle de mes pères, dans celle où j'ai été élevée, et que j'ai toujours professée. N'ayant aucune consolation spirituelle à attendre, ne sachant même pas s'il existe encore ici des prêtres de cette religion, et même le lieu où je suis les exposerait trop s'ils y entraient une fois. Je demande sincèrement pardon à Dieu de toutes les fautes que j'ai pu commettre depuis que j'existe, j'espère que dans sa bonté, il voudra bien recevoir mes derniers vœux, ainsi que ceux que je fais depuis longtemps pour qu'il veuille bien recevoir mon âme dans sa miséricorde et sa bonté. Je demande pardon à tous ceux que je connais et à vous ma sœur en particulier, de toutes les peines que sans le vouloir j'aurais pu leur causer. Je pardonne à tous mes ennemis le mal qu'ils m'ont fait. Je dis ici adieu à mes tantes et à tous mes frères et sœurs. J'avais des amis, l'idée d'en être séparée pour jamais et leurs peines sont un des plus grands regrets que j'emporte en mourant ; qu'ils sachent du moins que jusqu'à mon dernier moment j'ai pensé à eux.

Adieu, ma bonne et tendre sœur ; puisse cette lettre vous arriver. Pensez toujours à moi, je vous embrasse de tout mon cœur, ainsi que ces pauvres et chers enfants ; mon Dieu, qu'il est déchirant de les quitter pour toujours ! Adieu, adieu, je ne vais plus m'occuper que de mes devoirs spirituels, comme je ne suis pas libre de mes actions, on m'amènera peut-être un prêtre mais je proteste ici que je ne lui dirai pas un mot et que je le traiterai comme un être absolument étranger.[2]

Étude du texte

I. EXERCICES DE VOCABULAIRE

A. *Trouvez dans le texte les contraires des mots suivants.*

1. acquitter
2. la faiblesse
3. coupable
4. la malédiction

[2]*Marie-Antoinette ne voulait pas voir de prêtre craignant que ce ne soit un prêtre assermenté, c'est-à-dire ayant prêté serment à la constitution de 1790.*

B. *Trouvez dans le texte les mots de la même famille que les mots suivants.*

1. plaider
2. soigner
3. vengeance
4. bon

II. QUESTIONNAIRE

Répondez en français aux questions suivantes.

1. Dans quelles circonstances Marie-Antoinette a-t-elle écrit cette lettre ?
2. Pourquoi n'a-t-elle pas écrit à sa fille ?
3. Quelles directives a-t-elle laissées à ses enfants ?
4. Pourquoi n'a-t-elle pas écrit plus tôt ?
5. À quelle religion appartenait-elle ?
6. Quelles ont été ses dernières prières ?
7. À qui a-t-elle demandé pardon ?
8. À qui a-t-elle pardonné ?
9. Quel était son grand regret ?
10. Pourquoi ne voulait-elle pas voir de prêtre ?

III. DISCUTEZ LE PASSAGE SUIVANT :

C'est à vous, ma sœur, que j'écris pour la dernière fois. Je viens d'être condamnée non pas à une mort honteuse, elle ne l'est que pour les criminels, mais à aller rejoindre votre frère. Comme lui innocente, j'espère montrer la même fermeté que lui dans les derniers moments.

IV. SUJETS DE CONVERSATION

1. D'après cette lettre, quelle idée vous faites-vous de Marie-Antoinette ?
2. D'après vous, Marie-Antoinette était-elle consciente qu'un jour sa dernière lettre serait lue par un grand nombre de personnes et que pour cette raison elle a voulu se montrer sous son meilleur jour ?

V. COMPOSITIONS ÉCRITES

1. Quel est votre personnage historique favori ? Expliquez les raisons de votre choix.
2. Pensez-vous que la vie de Marie-Antoinette se prête à une adaptation à la télévision ? Si oui, quel public regarderait ce programme et quelle actrice verriez-vous dans le rôle principal ?

Remarques grammaticales

I. L'ADVERBE DE NÉGATION **NE**

Rappelez-vous que pour former la négation **ne** est le plus souvent accompagné par un nom (**pas, point, goutte**), un pronom (**rien, personne**), un adjectif (**aucun, nul**), ou un adverbe (**plus, jamais, nullement**) :

*je **n**'ose **pas** lui écrire*
*je **ne** sais même **pas** si elle vous parviendra*
*...la conscience **ne** me reproche **rien***
*...**n**'ayant **aucune** consolation spirituelle à attendre*
*que mon fils **n**'oublie **jamais***

N'oubliez pas aussi que suivi de **que, ne** a le sens de **seulement** :

je **n'**existes **que** pour eux

Notez aussi les cas où **ne** est employé seul :
1. dans certaines phrases avec les verbes **cesser, oser, pouvoir** et **savoir** :

*je **n**'ai **cessé** de leur inspirer*

2. après **il y a, voici, voilà** ..., quand ils sont suivis par une mention de temps, et que **que** est suivi par un verbe au temps composé :

il y a longtemps **que** je **ne** l'ai vu
Voilà plus de huit jours **que** tu **n**'y es allé

3. dans certaines locutions verbales :

il **n**'importe
qu'à cela **ne** tienne
il **ne** dit mot

Notez enfin que **ne** peut être omis dans la négation :
1. dans le langage populaire :

*C'est **pas** lui.*
*J'ai bu **qu**'un verre de coco.*

2. dans certaines phrases elliptiques :

Pas de danger qu'ils nous voient.

II. LA TROISIÈME PERSONNE DE L'IMPÉRATIF

Notez que l'impératif à la troisième personne (singulier ou pluriel) est formé par le subjonctif présent précédé de **que**.

Dans la lettre à sa belle-sœur, Marie-Antoinette a écrit :

***qu'ils pensent** tous deux à ce que je n'ai cessé de leur inspirer*
***qu'ils prennent** exemple de nous*
***que** mon fils n'**oublie** jamais les derniers mots de son père*
***Qu'il** ne **cherche** jamais à venger notre mort.*

Si Marie-Antoinette avait adressé cette lettre à ses enfants, elle aurait dit :

Pensez tous deux à ce que je n'ai cessé de vous inspirer
Prenez exemple de nous

À son fils elle aurait écrit :

*N'***oublie** *jamais* les derniers mots de ton père
Ne **cherche** *jamais* à venger notre mort

Exercices facultatifs

1. Faites des phrases où **ne**
   a. est utilisé avec un nom, pronom, adjectif ou adverbe pour former la négation
   b. est employé tout seul
   c. accompagne **que** dans le sens de **seulement**
2. Faites des phrases où le subjonctif est employé comme impératif à la troisième personne.

DIX-HUITIÈME CHAPITRE

Un Épisode sous la Terreur

HONORÉ DE BALZAC (1799-1850)

Né dans une famille bourgeoise de Tours, Honoré de Balzac fit ses premières études chez les Frères. * *De 1818 à 1821, il étudia le droit à Paris mais dès l'âge de vingt ans décida d'être écrivain. Ses premières œuvres ne remportèrent aucun succès ; découragé, il se lança alors dans les affaires. Mais ayant fait faillite, il se remit à écrire, s'imposa de douze à quinze heures de travail par jour et connut enfin la gloire littéraire. Il publia quatre-vingt-dix romans, des pièces de théâtre, des contes, des lettres en une vingtaine d'années. Il voulut retracer dans ses romans les scènes diverses de la vie rurale, militaire, provinciale, parisienne et politique du début du XIXème siècle, une série d'ouvrages qu'il appellera* **La Comédie humaine** *(1842-1850), tableau de la société française de son temps.*

Il y a un triple intérêt dans l'immense œuvre de Balzac : un intérêt documentaire, un intérêt psychologique, un intérêt dramatique et littéraire. Bien que certaines de ses œuvres se rattachent au genre historique (par exemple Un Épisode sous la Terreur, *1831), en général Balzac décrit l'évolution des fortunes, l'ambition, les mœurs, l'amour de l'argent, etc.*

Écrivain né du romantisme, Balzac est considéré comme le père du roman moderne. La verve pittoresque, la fécondité de l'imagination, la puissance de l'observation et le sentiment de la réalité firent de lui un modèle pour les écrivains qui le suivirent.

Parmi ses œuvres les plus connues on peut citer **Eugénie Grandet** *(1833),* **La Recherche de l'absolu** *(1834),* **Le Père Goriot** *(1835),* **Le Lys dans la vallée** *(1836),* **Le Cousin Pons** *(1846) et* **La Cousine Bette** *(1847).*

Dans Un Épisode sous la Terreur, *Balzac décrit d'une façon véridique et émouvante un petit incident de la Révolution française.*

* **chez les Frères** dans une école catholique

Un Épisode sous la Terreur

Le 22 janvier 1793,[1] vers huit heures du soir, une vieille dame descendait, à Paris, l'éminence[2] rapide qui finit devant l'église Saint-Laurent, dans le faubourg Saint-Martin.[3] Il avait tant neigé pendant toute la journée, que les pas s'entendaient à peine. Les rues étaient désertes. La crainte assez naturelle qu'inspirait le silence

[1]*Louis XVI fut guillotiné le 21 janvier 1793, la veille du jour où commence cette histoire. Le régime révolutionnaire qu'on appelle la Terreur dura jusqu'au 27 juillet 1794.*

[2]**éminence** *ici : élévation du terrain*

[3]**Faubourg Saint-Martin** *quartier de Paris*

s'augmentait de toute la terreur qui faisait alors gémir la France : aussi la vieille dame n'avait-elle encore rencontré personne ; sa vue, affaiblie depuis longtemps, ne lui permettait pas d'ailleurs d'apercevoir dans le lointain, à la lueur des lanternes, quelques passants clairsemés[4] comme des ombres dans l'immense voie de ce faubourg. Elle allait courageusement seule à travers cette solitude, comme si son âge était un talisman qui dût[5] la préserver de tout malheur. Quand elle eut dépassé la rue des Morts, elle crut distinguer le pas lourd et ferme d'un homme qui marchait derrière elle. Elle s'imagina qu'elle n'entendait pas ce bruit pour la première fois ; elle s'effraya d'avoir été suivie, et tenta d'aller plus vite encore afin d'atteindre une boutique assez bien éclairée, espérant pouvoir vérifier à la lumière les soupçons dont elle était saisie. Aussitôt qu'elle se trouva dans le rayon de lueur horizontale qui partait de cette boutique, elle retourna

[4]**clairsemés** *ici* : rares
[5]**dût** *imparfait du subjonctif du verbe* devoir

brusquement la tête et entrevit une forme humaine dans le brouillard ; cette indistincte vision lui suffit, elle chancela[6] un moment sous le poids de la terreur dont elle fut accablée, car elle ne douta plus alors qu'elle n'eût été escortée[7] par l'étranger depuis le premier pas qu'elle avait fait hors de chez elle, et le désir d'échapper à un espion lui prêta des forces. Incapable de raisonner, elle doubla le pas, comme si elle pouvait se soustraire à un homme nécessairement plus agile qu'elle. Après avoir couru pendant quelques minutes, elle parvint à la boutique d'un pâtissier, y entra et tomba, plutôt qu'elle ne s'assit,[8] sur une chaise placée devant le comptoir. Au moment où elle fit crier le loquet de la porte, une jeune femme occupée à broder leva les yeux, reconnut, à travers les carreaux du vitrage,[9] la mante[10] de forme antique et de soie violette dans laquelle la vieille dame était enveloppée, et s'empressa d'ouvrir un tiroir comme pour y prendre une chose qu'elle devait lui remettre. Non seulement le geste et la physionomie de la jeune femme exprimèrent le désir de se débarrasser promptement de l'inconnue, comme si c'eût été une de ces personnes qu'on ne voit pas avec plaisir, mais encore elle laissa échapper une expression d'impatience en trouvant le tiroir vide ; puis, sans regarder la dame, elle sortit précipitamment du comptoir, alla vers l'arrière-boutique, et appela son mari, qui parut tout à coup.

— Où donc as-tu mis. . . ? lui demanda-t-elle d'un air de mystère en lui désignant la vieille dame par un coup d'œil et sans achever sa phrase.

Quoique le pâtissier ne pût[11] voir que l'immense bonnet de soie noire environné de nœuds de rubans violets qui servait de coiffure à l'inconnue, il disparut après avoir jeté à sa femme un regard qui semblait dire : « Crois-tu que je vais laisser cela dans ton comptoir ? . . . » Étonnée du silence et de l'immobilité de la vieille dame, la marchande revint auprès d'elle ; et, en la voyant, elle se sentit saisie d'un mouvement de compassion et peut-être aussi de curiosité. Quoique le teint de cette femme fût[12] naturellement livide comme celui d'une personne vouée à des austérités secrètes, il était facile de reconnaître qu'une émotion récente y répandait une pâleur extraordinaire. Sa coiffure était disposée de manière à cacher ses cheveux, sans doute blanchis par l'âge, car la propreté du collet de sa robe

[6]**chancela** tomba presque

[7]**qu'elle n'eût été escortée** *La phrase n'est pas négative ;* **ne** *explétif après le verbe* douter ; *le verbe est au plus-que-parfait du subjonctif.*

[8]**plutôt qu'elle ne s'assit** *La phrase n'est pas négative ;* **ne** *explétif.*

[9]**vitrage** *ici :* fenêtre

[10]**mante** longue cape

[11]**pût** *imparfait du subjonctif du verbe* pouvoir

[12]**fût** *imparfait du subjonctif du verbe* être

annonçait qu'elle ne portait pas de poudre.[13] Ce manque d'ornement faisait contracter à sa figure une sorte de sévérité religieuse. Ses traits étaient graves et fiers. Autrefois, les manières et les habitudes des gens de qualité étaient si différentes de celles des gens appartenant aux autres classes, qu'on devinait facilement une personne noble. Aussi la jeune femme était-elle persuadée que l'inconnue était une *ci-devant*,[14] et qu'elle avait appartenu à la cour.

— Madame ... ? lui dit-elle involontairement et avec respect, en oubliant que ce titre était proscrit.[15]

La vieille dame ne répondit pas. Elle tenait ses yeux fixés sur le vitrage de la boutique, comme si un objet effrayant y eût été dessiné.[16]

— Qu'as-tu, citoyenne ? demanda le maître du logis, qui reparut aussitôt.

Le citoyen pâtissier tira la dame de sa rêverie en lui tendant une petite boîte de carton couverte en papier bleu.

— Rien, rien, mes amis, répondit-elle d'une voix douce.

Elle leva les yeux sur le pâtissier comme pour lui jeter un regard de remerciement ; mais, en lui voyant un bonnet rouge[17] sur la tête, elle laissa échapper un cri :

— Ah ! vous m'avez trahie !...

La jeune femme et son mari répondirent par un geste d'horreur qui fit rougir l'inconnue, soit de les avoir soupçonnés, soit de plaisir.

— Excusez-moi, dit-elle alors avec une douceur enfantine.

Puis, tirant un louis d'or[18] de sa poche, elle le présenta au pâtissier :

— Voici le prix convenu, ajouta-t-elle.

Il y a une indigence que les indigents savent deviner. Le pâtissier et sa femme se regardèrent et se montrèrent la vieille femme en se communiquant une même pensée. Ce louis d'or devait être le dernier. Les mains de la dame tremblaient en offrant cette pièce, qu'elle contemplait avec douleur et sans avarice, mais elle semblait connaître toute l'étendue du sacrifice. Le jeûne[19] et la misère étaient gravés sur cette figure en traits aussi lisibles que ceux de la peur et des habitudes ascétiques. Il y avait dans ses vêtements des vestiges

[13]*Avant la révolution, la mode était de poudrer cheveux et perruques.*

[14]**ci-devant** *nom donné pendant la Révolution aux personnes attachées à l'ancien régime soit par leur position soit par leur titre.*

[15]*Le 22 septembre 1792, les titres « Monsieur » et « Madame » ont été interdits et remplacés par « citoyen » et « citoyenne ».*

[16]*plus-que-parfait du subjonctif*

[17]**bonnet rouge** *coiffure des révolutionnaires, symbole de la liberté et de l'esprit républicain*

[18]**louis d'or** *ancienne monnaie d'or dont la fabrication commença sous Louis XIII*

[19]**jeûne** *ici :* manque de nourriture

de magnificence : c'était de la soie usée, une mante propre, quoique passée,[20] des dentelles soigneusement raccommodées ; enfin les haillons[21] de l'opulence ! Les marchands, placés entre la pitié et l'intérêt, commencèrent par soulager leur conscience en paroles :

— Mais, citoyenne, tu parais bien faible ...

— Madame aurait-elle besoin de prendre quelque chose ? dit la femme en coupant la parole à son mari.

— Nous avons de bien bon bouillon, ajouta le pâtissier.

— Il fait si froid ! madame aura peut-être été saisie en marchant ? Mais vous pouvez vous reposer ici et vous chauffer un peu.

— Nous ne sommes pas aussi noirs que le diable ! s'écria le pâtissier.

Gagnée par l'accent de bienveillance qui animait les paroles des charitables boutiquiers, la dame avoua qu'elle avait été suivie par un étranger et qu'elle avait peur de revenir seule chez elle.

— Ce n'est que cela ? reprit l'homme au bonnet rouge. Attends-moi, citoyenne.

Il donna le louis d'or à sa femme ; puis, mû[22] par cette espèce de reconnaissance qui se glisse dans l'âme d'un marchand quand il reçoit un prix exorbitant d'une marchandise de médiocre valeur, il alla mettre son uniforme de garde national, prit son chapeau, passa son briquet[23] et reparut sous les armes ; mais sa femme avait eu le temps de réfléchir. Comme dans bien d'autres cœurs, la réflexion ferma la main ouverte de la bienfaisance. Inquiète et craignant de voir son mari dans quelque mauvaise affaire, la femme du pâtissier essaya de le tirer par le pan de son habit pour l'arrêter ; mais, obéissant à un sentiment de charité, le brave homme offrit sur-le-champ[24] à la vieille dame de l'escorter.

— Il paraît que l'homme dont a peur la citoyenne est encore à rôder devant la boutique, dit vivement la jeune femme.

— Je le crains, fit naïvement la dame.

— Si c'était un espion ? ... si c'était une conspiration ? ... N'y va pas, et reprends-lui la boîte ...

Ces paroles, soufflées à l'oreille du pâtissier par sa femme, glacèrent le courage impromptu dont il était possédé.

— Eh ? je m'en vais lui dire deux mots, et vous en débarrasser lestement ! s'écria le pâtissier en ouvrant la porte et sortant avec précipitation.

[20]**passée** *ici :* usagée
[21]**haillons** vêtements en mauvais état
[22]**mû** *participe passé du verbe* mouvoir
[23]**briquet** *ici :* sabre court et recourbé
[24]**sur-le-champ** immédiatement

La vieille dame, passive comme un enfant et presque hébétée, se rassit sur sa chaise. L'honnête marchand ne tarda pas à reparaître : son visage, assez rouge de son naturel et enluminé d'ailleurs par le feu du four, était subitement devenu blême ; une si grande frayeur l'agitait, que ses jambes tremblaient et que ses yeux ressemblaient à ceux d'un homme ivre.

— Veux-tu nous faire couper le cou, misérable aristocrate ?... s'écria-t-il avec fureur. Songe à nous montrer les talons, ne reparais jamais ici, et ne compte pas sur moi pour te fournir des éléments de conspiration !

En achevant ces mots, le pâtissier essaya de reprendre à la vieille dame la petite boîte qu'elle avait mise dans une de ses poches. À peine les mains hardies du pâtissier touchèrent-elles ses vêtements, que l'inconnue, préférant se livrer aux dangers de la route sans autre défenseur que Dieu, plutôt que de perdre ce qu'elle venait d'acheter, retrouva l'agilité de sa jeunesse : elle s'élança vers la porte, l'ouvrit brusquement et disparut aux yeux de la femme et du mari, stupéfaits et tremblants. Aussitôt que l'inconnue se trouva dehors, elle se mit à marcher avec vitesse ; mais ses forces la trahirent bientôt, car elle entendit l'espion par lequel elle était impitoyablement suivie faisant crier la neige qu'il pressait de son pas pesant : elle fut obligée de s'arrêter, il s'arrêta ; elle n'osait ni lui parler ni le regarder, soit par suite de la peur dont elle était saisie, soit par manque d'intelligence. Elle continua son chemin en allant lentement ; l'homme ralentit alors son pas de manière à rester à une distance qui lui permettait de veiller sur elle. Il semblait être l'ombre même de cette vieille femme. Neuf heures sonnaient quand le couple silencieux repassa devant l'église Saint-Laurent. Il est dans la nature de toutes les âmes, même la plus infirme, qu'un sentiment de calme succède à une agitation violente, car, si les sentiments sont infinis, nos organes sont bornés. Aussi l'inconnue, n'éprouvant aucun mal de son prétendu persécuteur, voulut-elle voir en lui un ami secret empressé de la protéger ; elle réunit toutes les circonstances qui avaient accompagné les apparitions de l'étranger comme pour trouver des motifs plausibles à cette consolante opinion, et il lui plut alors de reconnaître en lui plutôt de bonnes que de mauvaises intentions. Oubliant l'effroi que cet homme venait d'inspirer au pâtissier, elle avança donc d'un pas ferme dans les régions supérieures du faubourg Saint-Martin. Après une demi-heure de marche, elle parvint à une maison située auprès de l'embranchement formé par la rue principale du faubourg et par celle qui mène à la barrière de Pantin.[25] Ce lieu est encore aujourd'hui un des plus déserts de tout Paris. La bise, passant sur les buttes Chaumont et de Belleville,[26] sifflait à travers les maisons, ou

[25]**Pantin** *petite ville située à la sortie de Paris*

[26]**Buttes Chaumont, Belleville** *quartiers pauvres de Paris*

plutôt les chaumières, semées dans ce vallon presque inhabité où les clôtures se composent de murailles faites avec de la terre et des os. Cet endroit désolé semblait être l'asile naturel de la misère et du désespoir. L'homme qui s'acharnait à la poursuite de la pauvre créature assez hardie pour traverser nuitamment[27] ces rues silencieuses parut frappé du spectacle qui s'offrait à ses regards. Il resta pensif, debout et dans une attitude d'hésitation, faiblement éclairé par un réverbère[28] dont la lueur indécise perçait à peine le brouillard. La peur donna des yeux à la vieille femme, qui crut apercevoir quelque chose de sinistre dans les traits de l'étranger ; elle sentit ses terreurs se réveiller, et profita de l'espèce d'incertitude qui arrêtait cet homme pour se glisser, dans l'ombre, vers la porte de la maison solitaire ; elle fit jouer un ressort, et disparut avec une rapidité fantasmagorique.[29] L'inconnu, immobile, contemplait cette maison, qui présentait en quelque sorte le type des misérables habitations de ce faubourg. Cette chancelante bicoque bâtie en moellons était revêtue d'une couche de plâtre jauni, si fortement lézardée, qu'on craignait de la voir tomber au moindre effort du vent. Le toit, de tuiles brunes et couvert de mousse, s'affaissait en plusieurs endroits de manière à faire croire qu'il allait céder sous le poids de la neige. Chaque étage avait trois fenêtres dont les châssis, pourris par l'humidité et disjoints par l'action du soleil, annonçaient que le froid devait pénétrer dans les chambres. Cette maison isolée ressemblait à une vieille tour que le temps oubliait de détruire. Une faible lumière éclairait les croisées[30] qui coupaient irrégulièrement la mansarde par laquelle ce pauvre édifice était terminé, tandis que le reste de la maison se trouvait dans une obscurité complète.

Étude du texte

I. EXERCICES DE VOCABULAIRE

A. *Expliquez les expressions suivantes et utilisez-les dans des phrases. Traduisez ensuite vos phrases en anglais.*

1. être accablé de terreur
2. se débarrasser de

[27]**nuitamment** pendant la nuit
[28]**réverbère** lampe qui éclaire la rue
[29]**fantasmagorique** surnaturelle
[30]**croisées** fenêtres

3. tirer quelqu'un de sa rêverie
4. montrer les talons
5. se servir de
6. veiller sur une personne

B. *Trouvez dans le texte un synonyme des mots en italique.*

1. Les rues étaient *vides.*
2. Elle *essaya* d'aller plus vite.
3. La jeune femme *se dépêcha* d'ouvrir la porte.
4. La vieille dame avoua qu'elle *avait peur* de rentrer seule chez elle.
5. Le brave homme offrit *immédiatement* à la vieille dame de l'accompagner.
6. Son visage était devenu *très pâle.*
7. La vieille dame croyait apercevoir quelque chose de sinistre dans *la physionomie* de l'individu.
8. Le reste du bâtiment se trouvait dans une obscurité *totale.*

C. *Terminez les phrases suivantes de façon logique en vous basant sur le texte.*

1. Les rues de Paris étaient désertes parce que...
2. La vieille dame avait peur parce que...
3. La pâtissière pensait que la vieille dame était une aristocrate à cause de...
4. Le couple a offert du bouillon à la vieille dame parce que...
5. Le pâtissier alla mettre son uniforme de garde national pour...
6. Lorsque le pâtissier essaya de reprendre la boîte bleue à la vieille dame, elle...

II. QUESTIONNAIRE

Répondez en français aux questions suivantes.

1. Pourquoi le premier paragraphe commence-t-il par une date ? Quelle est son importance ?
2. Où se passe l'action de ce conte ? Pendant quelle période de la Révolution ?
3. Pourquoi Balzac a-t-il pris la peine d'indiquer l'heure et le temps ? Pourquoi le fait qu'il a beaucoup neigé est-il important ?
4. Pourquoi la vieille dame était-elle si effrayée ? Qu'est-ce qui a confirmé sa crainte d'être suivie ?
5. Où est-elle entrée ?
6. À quelle classe sociale appartenait-elle ?
7. Qu'est-ce que le pâtissier a donné à la vieille dame ?

8. Pourquoi le « citoyen » pâtissier a-t-il appelé la vieille dame « citoyenne » et l'a tutoyée alors que la jeune femme l'a appelée « Madame » et lui a dit « vous » ?
9. Pourquoi la vieille dame a-t-elle dit au pâtissier « vous m'avez trahie » ?
10. Qu'est-ce que la vieille dame a donné au pâtissier en échange de la boîte ? Qu'est-ce que ce « prix convenu » représentait pour elle ?
11. Qu'est-ce que la vieille dame a avoué au pâtissier et à sa femme ?
12. Quelle a été la réaction du pâtissier et de sa femme ?
13. Qu'est-ce que le pâtissier a dit à la vieille femme avant de sortir ?
14. Quels changements se sont-ils produits dans son attitude en rentrant ? Croyez-vous qu'il ait reconnu l'homme dans la rue ?
15. Qu'est-ce qu'il a dit à la vieille dame ? Qu'est-ce qu'il a essayé de faire ?
16. Qu'a fait la vieille dame ?
17. Est-ce que l'inconnu a continué à la suivre ?
18. Décrivez le quartier où la vieille dame est retournée.

III. STYLE

Quelle atmosphère l'auteur a-t-il essayé de créer ? Pensez-vous qu'il y ait réussi ? Relevez dans le texte les mots et images qui contribuent à établir ce climat.

IV. COMMENTEZ LES RÉFLEXIONS SUIVANTES.

1. *Comme dans bien d'autres cœurs, la réflexion ferma la main ouverte de la bienfaisance.*
2. *Il est dans la nature de toutes les âmes, même la plus infirme, qu'un sentiment de calme succède à une agitation violente, car, si les sentiments sont infinis, nos organes sont bornés.*
3. *Cet endroit désolé semblait être l'asile naturel de la misère et du désespoir.*

V. SUJETS DE CONVERSATION

1. Décrivez à l'aide d'éléments pris dans le texte le Paris de la Terreur. De nos jours existe-t-il encore des pays où il règne une atmosphère semblable ?
2. Les sentiments du pâtissier et de sa femme envers la vieille dame ont changé plusieurs fois au cours de la visite. Montrez les différentes étapes de ces changements et expliquez les raisons qui les ont provoquées.

VI. COMPOSITION ÉCRITE

Dans cette première partie, Balzac a-t-il réussi à éveiller et maintenir votre curiosité ? Justifiez votre réponse par des exemples précis.

Remarques grammaticales

LES VERBES PRONOMINAUX

Remarquez que ce passage est riche en verbes pronominaux. Certains sont des verbes pronominaux réfléchis qui expriment une action exercée par le sujet lui-même ; parmi eux on peut distinguer ceux où le pronom réfléchi est le complément d'objet direct du verbe :

la crainte s'augmentait
elle s'effraya
elle s'assit

et ceux où il est l'objet indirect :

elle s'imagina qu'elle n'entendait pas ce bruit

D'autres sont des verbes pronominaux réciproques qui expriment une action mutuelle. Parmi eux, également, le pronom réfléchi peut être soit un complément d'objet direct :

le pâtissier et sa femme se regardèrent (regardèrent l'un l'autre)

soit un complément indirect :

le pâtissier et sa femme se montrèrent la vieille dame (montrèrent la vieille dame l'un à l'autre)
...en se communiquant (communiquant l'un à l'autre)

Vous trouverez aussi dans ce passage des verbes essentiellement pronominaux, c'est-à-dire ceux qui ne s'emploient qu'à la forme pronominale :

elle s'empressa (s'empresser)
s'écria la pâtissière (s'écrier)
je m'en vais (s'en aller)

Vous y trouverez également des verbes pronominaux employés au sens passif :

des pas s'entendaient (on entendait des pas)

Exercice facultatif

Faites des phrases à votre choix en employant les verbes suivants et traduisez ces phrases en anglais.

entendre, s'entendre
augmenter, s'augmenter
rencontrer, se rencontrer
effrayer, s'effrayer
trouver, se trouver
retourner, se retourner
lever, se lever
sentir, se sentir
regarder, se regarder
montrer, se montrer
mettre, se mettre
arrêter, s'arrêter
offrir, s'offrir
réveiller, se réveiller

DIX-NEUVIÈME CHAPITRE

Un Épisode sous la Terreur (suite)

La vieille femme ne monta pas sans peine l'escalier rude et grossier, le long duquel on s'appuyait sur une corde en guise de rampe ; elle frappa mystérieusement à la porte du logement qui se trouvait dans la mansarde, et s'assit avec précipitation sur une chaise que lui présenta un vieillard.

— Cachez-vous ! cachez-vous ! lui dit-elle. Quoique nous ne sortions que bien rarement, nos démarches sont connues, nos pas sont épiés[1]...

— Qu'y a-t-il donc de nouveau ? demanda une autre vieille femme assise auprès du feu.

— L'homme qui rôde autour de la maison depuis hier m'a suivie ce soir...

À ces mots, les trois habitants de ce taudis[2] se regardèrent en laissant paraître sur leurs visages les signes d'une terreur profonde. Le vieillard fut le moins agité des trois, peut-être parce qu'il était le plus en danger. Sous le poids d'un grand malheur ou sous le joug[3] de la persécution, un homme courageux commence, pour ainsi dire, par faire le sacrifice de lui-même ; il ne considère ses jours que comme autant de victoires remportées sur le sort. Les regards des deux femmes, attachés sur ce vieillard, laissaient facilement deviner qu'il était l'unique objet de leur vive sollicitude.

— Pourquoi désespérer de Dieu, mes sœurs ? dit-il d'une voix sourde mais onctueuse ; nous chantions ses louanges au milieu des cris que poussaient les assassins et les mourants au couvent des Carmes.[4] S'il a voulu que je fusse sauvé[5] de cette boucherie, c'est sans doute pour me réserver à une destinée que je dois accepter sans

[1]**épiés** espionnés
[2]**taudis** logement misérable
[3]**joug** contrainte
[4]**couvent des Carmes** *couvent de Paris où les révolutionnaires massacrèrent des religieux en septembre 1792. Le régime sous la Terreur était violemment anti-clérical et a persécuté prêtres et religieuses*
[5]*plus-que-parfait du subjonctif*

murmure. Dieu protège les siens, il peut en disposer à son gré.[6] C'est de vous, et non de moi, qu'il faut s'occuper.

— Non, dit l'une des deux vieilles femmes ; qu'est-ce que notre vie, en comparaison de celle d'un prêtre ?

— Une fois que je me suis vue hors de l'abbaye de Chelles,[7] je me suis considérée comme morte, dit celle des deux religieuses qui n'était pas sortie.

— Voici, reprit celle qui arrivait en tendant la petite boîte au prêtre, voici les hosties . . . Mais, s'écria-t-elle, j'entends monter les degrés ![8]

Tous trois alors se mirent à écouter . . . Le bruit cessa.

— Ne vous effrayez pas, dit le prêtre, si quelqu'un essaye de parvenir jusqu'à vous. Une personne sur la fidélité de laquelle nous pouvons compter a dû prendre toutes ses mesures pour passer la frontière, et viendra chercher les lettres que j'ai écrites au duc de Langeais et au marquis de Beauséant,[9] afin qu'ils puissent aviser aux moyens de vous arracher à cet affreux pays, à la mort ou à la misère qui vous y attendent.

— Vous ne nous suivrez donc pas ? s'écrièrent doucement les deux religieuses en manifestant une sorte de désespoir.

— Ma place est là où il y a des victimes, dit le prêtre avec simplicité.

Elles se turent et regardèrent leur hôte avec une sainte admiration.

— Sœur Marthe, dit-il en s'adressant à la religieuse qui était allée chercher les hosties, cet envoyé devra répondre *Fiat voluntas,*[10] au mot *Hosanna.*[11]

— Il y a quelqu'un dans l'escalier ! s'écria l'autre religieuse en ouvrant une cachette pratiquée sous le toit.

Cette fois, il fut facile d'entendre, au milieu du plus profond silence, les pas d'un homme qui faisaient retentir les marches couvertes de callosités produites par de la boue durcie. Le prêtre se coula péniblement dans une espèce d'armoire, et la religieuse jeta quelques hardes[12] sur lui.

— Vous pouvez fermer, sœur Agathe, dit-il d'une voix étouffée.

À peine le prêtre était-il caché, que trois coups frappés à la porte firent tressaillir les deux saintes filles, qui se consultèrent des yeux

[6]**à son gré** selon sa volonté

[7]**abbaye de Chelles** *monastère qui se trouvait aux environs de Paris*

[8]**degrés** *ici :* marches de l'escalier

[9]**duc de Langeais, marquis de Beauséant** *aristocrates français qui araient émigré à l'étranger à cause de la Révolution*

[10]**Fiat voluntas** *paroles latines signifiant « que ta volonté soit faite »*

[11]**Hosanna** alléluia

[12]**hardes** vêtements usagés

sans oser prononcer une seule parole. Elles paraissaient avoir toutes deux une soixantaine d'années. Séparées du monde depuis quarante ans, elles étaient comme des plantes habituées à l'air d'une serre, et qui meurent si on les en sort. Accoutumées à la vie du couvent, elles n'en pouvaient plus concevoir d'autre. Un matin, leurs grilles ayant été brisées, elles avaient frémi de se trouver libres. On peut aisément se figurer l'espèce d'imbécillité factice que les événements de la Révolution avaient produite dans leurs âmes innocentes. Incapables d'accorder leurs idées claustrales avec les difficultés de la vie, et ne comprenant même pas leur situation, elles ressemblaient à des enfants dont on avait pris soin jusqu'alors, et qui, abandonnés par leur providence maternelle, priaient au lieu de crier. Aussi, devant le danger qu'elles prévoyaient en ce moment, demeurèrent-elles muettes et passives, ne connaissant d'autre défense que la résignation chrétienne. L'homme qui demandait à entrer interpréta ce silence à sa manière, il ouvrit la porte et se montra tout à coup. Les deux religieuses frémirent en reconnaissant le personnage qui, depuis quelque temps, rôdait autour de leur maison et prenait des informations sur leur compte ; elles restèrent immobiles en le contemplant avec une curiosité inquiète, à la manière des enfants sauvages, qui examinent silencieusement les étrangers. Cet homme était de haute taille et gros ; mais rien, dans sa démarche, dans son air ni dans sa physionomie, n'indiquait un méchant homme. Il imita l'immobilité des religieuses, et promena lentement ses regards sur la chambre où il se trouvait.

Deux nattes de paille, posées sur des planches, servaient de lit aux deux religieuses. Une seule table était au milieu de la chambre, et il y avait dessus un chandelier[13] de cuivre, quelques assiettes, trois couteaux et un pain rond. Le feu de la cheminée était modeste. Quelques morceaux de bois, entassés dans un coin, attestaient d'ailleurs la pauvreté des deux recluses. Les murs, enduits d'une couche de peinture très ancienne, prouvaient le mauvais état de la toiture, où des taches semblables à des filets bruns indiquaient les infiltrations des eaux pluviales. Une relique, sans doute sauvée du pillage de l'abbaye de Chelles, ornait le manteau de la cheminée. Trois chaises, deux coffres et une mauvaise commode[14] complétaient l'ameublement de cette pièce. Une porte pratiquée auprès de la cheminée faisait conjecturer qu'il existait une seconde chambre.

L'inventaire de cette cellule fut bientôt fait par l'individu qui s'était introduit sous de si terribles auspices au sein de[15] ce ménage.

[13]**chandelier** ustensile pour mettre les bougies
[14]**commode** meuble avec des tiroirs
[15]**au sein de** à l'intérieur de

Un sentiment de commisération se peignit sur sa figure, et il jeta un regard de bienveillance sur les deux filles, au moins aussi embarrassé qu'elles. L'étrange silence dans lequel ils demeurèrent tous trois dura peu, car l'étranger finit par deviner la faiblesse morale et l'inexpérience des deux pauvres créatures, et il leur dit alors d'une voix qu'il essaya d'adoucir :

— Je ne viens point ici en ennemi, citoyennes...

Il s'arrêta et se reprit pour dire :

— Mes sœurs, s'il vous arrivait quelque malheur, croyez que je n'y aurais pas contribué... J'ai une grâce[16] à réclamer de vous.

Elles gardèrent toujours le silence.

— Si je vous importunais, si... je vous gênais, parlez librement, ... je me retirerais ; mais sachez que je vous suis tout dévoué ; que, s'il est quelque bon office[17] que je puisse vous rendre, vous pouvez m'employer sans crainte, et que moi seul, peut-être, suis au-dessus de la loi, puisqu'il n'y a plus de roi...

Il y avait un tel accent de vérité dans ces paroles, que la sœur Agathe, celle des deux religieuses qui appartenait à la maison de Langeais,[18] et dont les manières semblaient annoncer qu'elle avait autrefois connu l'éclat des fêtes et respiré l'air de la cour, s'empressa d'indiquer une des chaises comme pour prier leur hôte de s'asseoir. L'inconnu manifesta une sorte de joie mêlée de tristesse en comprenant ce geste, et attendit pour prendre place que les deux respectables filles fussent assises.[19]

— Vous avez donné asile, reprit-il, à un vénérable prêtre non assermenté, qui a miraculeusement échappé aux massacres des Carmes...

— *Hosanna !* ... dit la sœur Agathe en interrompant l'étranger et le regardant avec une inquiète curiosité.

— Il ne se nomme pas ainsi, je crois, répondit-il.

— Mais, monsieur, dit vivement la sœur Marthe, nous n'avons pas de prêtre ici, et ...

— Il faudrait alors avoir plus de soin et de prévoyance, répliqua doucement l'étranger en avançant le bras vers la table et y prenant un bréviaire.[20] Je ne pense pas que vous sachiez le latin, et ...

Il ne continua pas, car l'émotion extraordinaire qui se peignit sur les figures des deux pauvres religieuses lui fit craindre d'être allé trop loin, elles étaient tremblantes et leurs yeux s'emplirent de larmes.

[16]**grâce** *faveur*
[17]**office** *ici : service*
[18]**maison de Langeais** famille de Langeais
[19]*imparfait du subjonctif*
[20]**bréviaire** livre de prières que les prêtres doivent lire

— Rassurez-vous, leur dit-il d'une voix franche ; je sais le nom de votre hôte et les vôtres, et, depuis trois jours, je suis instruit de votre détresse et de votre dévouement pour le vénérable abbé de ...

— Chut ! fit naïvement sœur Agathe en mettant un doigt sur ses lèvres.

— Vous voyez, mes sœurs, que, si j'avais conçu l'horrible dessein de vous trahir, j'aurais déjà pu l'accomplir plus d'une fois ...

En entendant ces paroles, le prêtre se dégagea de sa prison et reparut au milieu de la chambre.

— Je ne saurais croire, monsieur, dit-il à l'inconnu, que vous soyez un de nos persécuteurs, et je me fie à vous. Que voulez-vous de moi ?

La sainte confiance du prêtre, la noblesse répandue dans tous ses traits, auraient désarmé des assassins. Le mystérieux personnage qui était venu animer cette scène de misère et de résignation contempla pendant un moment le groupe formé par ces trois êtres ; puis il prit un ton de confidence et s'adressa au prêtre en ces termes :

— Mon père, je venais vous supplier de célébrer une messe mortuaire pour le repos de l'âme ... d'un ..., d'une personne sacrée et dont le corps ne reposera jamais dans la terre sainte[21]...

Le prêtre frissonna involontairement. Les deux religieuses, ne comprenant pas encore de qui l'inconnu voulait parler, restèrent le cou tendu, le visage tourné vers les deux interlocuteurs, et dans une attitude de curiosité. L'ecclésiastique examina l'étranger : une anxiété non équivoque était peinte sur sa figure et ses regards exprimaient d'ardentes supplications.

— Eh bien, répondit le prêtre, ce soir, à minuit, revenez, et je serai prêt à célébrer le seul service funèbre que nous puissions offrir en expiation du crime dont vous parlez ...

L'inconnu tressaillit, mais une satisfaction tout à la fois douce et grave parut triompher d'une douleur secrète. Après avoir respectueusement salué le prêtre et les deux saintes filles, il disparut en témoignant une sorte de reconnaissance muette, qui fut comprise par ces trois âmes généreuses. Environ deux heures après cette scène, l'inconnu revint, frappa discrètement à la porte du grenier, et fut introduit par mademoiselle de Beauséant, qui le conduisit dans la seconde chambre de ce modeste réduit, où tout avait été préparé pour la cérémonie. Entre deux tuyaux de la cheminée, les deux religieuses avaient apporté la vieille commode, dont les contours antiques étaient ensevelis sous un magnifique devant d'autel en moire verte. Un grand crucifix d'ébène et d'ivoire attaché sur le mur jaune en faisait ressortir la nudité et attirait nécessairement les

[21]**terre sainte** *ici :* terrain consacré selon les rites catholiques

regards. Quatre petits cierges[22] fluets, que les sœurs avaient réussi à fixer sur cet autel improvisé en les scellant dans de la cire à cacheter, jetaient une lueur pâle et mal réfléchie par le mur. Cette faible lumière éclairait à peine le reste de la chambre ; mais, en ne donnant son éclat qu'aux choses saintes, elle ressemblait à un rayon tombé du ciel sur cet autel sans ornement. Le carreau était humide. Le toit, qui, des deux côtés, s'abaissait rapidement, comme dans les greniers, avait quelques lézardes par lesquelles passait un vent glacial. Rien n'était moins pompeux, et cependant rien peut-être ne fut plus solennel que cette cérémonie lugubre. Un profond silence, qui aurait permis d'entendre le plus léger cri proféré sur la route d'Allemagne, répandait une sorte de majesté sombre sur cette scène nocturne. Enfin, la grandeur de l'action contrastait si fortement avec la pauvreté des choses, qu'il en résultait un sentiment d'effroi religieux. De chaque côté de l'autel, les deux vieilles recluses, agenouillées sur la tuile du plancher sans s'inquiéter de son humidité mortelle, priaient de concert avec le prêtre, qui, revêtu de ses habits pontificaux, disposait un calice d'or orné de pierres précieuses, vase sacré sauvé

[22]**cierges** bougies d'église

sans doute du pillage de l'abbaye de Chelles. Auprès de ce ciboire,[23] monument d'une royale magnificence, l'eau et le vin destiné au saint sacrifice étaient contenus dans deux verres à peine dignes du dernier cabaret.[24] Faute de missel, le prêtre avait posé son bréviaire sur un coin de l'autel. Une assiette commune était préparée pour le lavement de mains innocentes et pures de sang. Tout était immense, mais petit ; pauvre, mais noble ; profane et saint tout à la fois. L'inconnu vint pieusement s'agenouiller entre les deux religieuses. Mais, tout à coup, en apercevant un crêpe au calice et au crucifix, car, n'ayant rien pour annoncer la destination de cette messe funèbre, le prêtre avait mis Dieu lui-même en deuil, il fut assailli d'un souvenir si puissant, que des gouttes de sueur se formèrent sur son large front. Les quatre silencieux acteurs de cette scène se regardèrent alors mystérieusement ; puis leurs âmes, agissant à l'envi les unes sur les autres, se communiquèrent ainsi leurs sentiments et se confondirent dans une commisération religieuse : il semblait que leur pensée eût évoqué[25] le martyr dont les restes avaient été dévorés par de la chaux vive, et que son ombre fût devant eux dans toute sa royale majesté. Ils célébraient un *obit*[26] sans le corps du défunt. Sous ces tuiles et ces lattes disjointes, quatre chrétiens allaient intercéder auprès de Dieu pour un roi de France, et faire son convoi sans cercueil. C'était le plus pur de tous les dévouements, un acte étonnant de fidélité accompli sans arrière-pensée. Ce fut sans doute, aux yeux de Dieu, comme le verre d'eau[27] qui balance les plus grandes vertus. Toute la monarchie était là, dans les prières d'un prêtre et de deux pauvres filles ; mais peut-être aussi la Révolution était-elle représentée par cet homme dont la figure trahissait trop de remords pour ne pas croire qu'il accomplissait les vœux d'un immense repentir.

[23]**ciboire** vase contenant les hosties consacrées
[24]**cabaret** petit café (*à l'époque de Balzac*)
[25]*plus-que-parfait du subjonctif*
[26]**obit** service des morts
[27]**verre d'eau** *référence à un passage de l'Évangile selon saint-Mathieu (X,42)*

Étude du texte

I. EXERCICES DE VOCABULAIRE

A. *Expliquez les expressions ou mots suivants et utilisez-les dans des phrases. Traduisez ensuite vos phrases en anglais.*

1. en guise de
2. arrière-pensée
3. respirer l'air de la cour
4. se fier à
5. à l'envie

B. *Trouvez dans le texte les verbes de la même famille que les substantifs suivants et utilisez-les dans des phrases.*

1. désespoir
2. chanson
3. protection
4. connaissance
5. examen
6. tas
7. ornement
8. peinture
9. douceur
10. trahison

C. *Choisissez parmi les définitions suivantes celle qui s'applique le mieux aux mots ci-dessous.*

1. taudis 2. désespoir 3. démarche 4. se retirer 5. assassin 6. service funèbre 7. remords

1. façon de marcher
2. personne responsable d'un ou de plusieurs meurtres
3. regret d'avoir fait une mauvaise action
4. perte de tout espoir
5. service célébré pour le repos de l'âme d'un mort
6. s'en aller
7. habitation pauvre et sans confort

II. QUESTIONNAIRE

Répondez en français aux questions suivantes.

1. Qu'a dit la vieille dame en entrant ? À qui s'est-elle adressée ?
2. Qui habitait le taudis ? Quelle a été l'attitude des deux femmes en face du danger ?
3. Que leur a dit le vieillard ? Pourquoi les a-t-il appelées « mes sœurs » ?
4. Que contenait la petite boîte ?
5. Qui doit venir chercher les lettres que le prêtre a écrites ? À qui sont-elles adressées ? Pourquoi ?
6. Quelle était l'importance du mot « Hosanna » ?
7. Qu'a fait le prêtre lorsqu'il a entendu les pas d'un homme dans l'escalier ?
8. Quelle a été la réaction des deux femmes lorsqu'elles ont entendu frapper à la porte ? Expliquez les raisons de leur attitude.
9. Est-ce que les deux religieuses ont reconnu l'étranger ? Décrivez son apparence.
10. Décrivez la chambre dans laquelle l'inconnu est entré.
11. Quel effet l'examen de la chambre a-t-il produit sur l'inconnu ? Qu'a-t-il dit aux deux vieilles femmes ?
12. Pourquoi la sœur Agathe a-t-elle invité l'inconnu à s'asseoir ?
13. Pourquoi la sœur Agathe a-t-elle regardé l'étranger avec une curiosité inquiète en disant « Hosanna » ? Est-ce que la réponse de celui-ci était ce qu'elle attendait ?
14. Pourquoi le prêtre est-il sorti de sa cachette ? Qu'a-t-il dit à l'inconnu ?
15. Quel était le but de la visite de l'inconnu ? Est-ce que le prêtre a compris de quoi il s'agissait ? L'a-t-il montré par sa réponse ?
16. Décrivez de quelle façon la seconde chambre a été transformée pour la cérémonie.
17. Décrivez l'atmosphère qui régnait dans le taudis à la fin de cette deuxième partie.
18. Avez-vous compris pour qui le service devait être célébré ?

III. STYLE

Relevez dans ce texte les éléments qui contribuent à créer une atmosphère spéciale dans la pauvre chambre juste avant le service religieux.

IV. COMMENTEZ LE PASSAGE SUIVANT.

Sous le poids d'un grand malheur ou sous le joug de la persécution, un homme courageux commence, pour ainsi dire, par faire le sacrifice de lui-même ; il ne considère ses jours que comme autant de victoires remportées sur le sort.

V. SUJETS DE CONVERSATION

1. Balzac compare les deux vieilles femmes à des enfants. Trouvez-vous que cette comparaison soit justifiée ?
2. Comment Balzac réussit-il à faire de l'inconnu un personnage à la fois rassurant et inquiétant ?

VI. COMPOSITION ÉCRITE

Faites le portrait du prêtre.

Remarques grammaticales

L'ADVERBE

Rappelez-vous que l'adverbe est un mot invariable qui modifie le sens d'un verbe, d'un adjectif, d'un autre adverbe ou même d'une entière proposition, d'une façon similaire à celle d'un adjectif, mot variable qui modifie le sens d'un nom.

On peut distinguer quatre groupes principaux d'adverbes :

les adverbes de manière

1. *je me suis considérée* ***comme*** *morte*
2. *il ne se nomme pas* ***ainsi,*** *je crois, répondit-il...*
3. *une lueur pâle et* ***mal*** *réfléchie*

les adverbes de quantité

4. *son visage* ***assez*** *rouge de son naturel...*
5. *lui fit craindre d'être allé* ***trop*** *loin...*
6. *la grandeur de l'action contrastait* ***si*** *fortement avec la pauvreté des choses...*

les adverbes de temps

7. *elles gardèrent* ***toujours*** *le silence...*
8. *elle avait* ***autrefois*** *connu l'éclat des fêtes...*
9. *les quatre silencieux acteurs de cette scène se regardèrent* ***alors*** *en silence...*

les adverbes de lieu

10. *tout le monde était* ***là****...*
11. *Je ne viens pas* ***ici*** *en ennemi, citoyens...*
12. *il y avait* ***dessus*** *un chandelier de cuivre...*

Remarquez que dans les exemples 1, 3 et 4, les adverbes **comme, mal** et **assez** modifient respectivement les adjectifs **morte, réfléchie** et **rouge,** que dans les exemples 5 et 6 les adverbes **trop** et **si** modifient respectivement les adverbes **loin** et **fortement,** et que dans tous les autres exemples, les adverbes modifient les verbes.

En plus des adverbes que nous venons de citer en exemple, rappelez-vous qu'il existe un nombre considérable d'adverbes en **ment** formés pour la plupart par l'addition du suffixe **ment** à la forme féminine de l'adjectif :

le prêtre se coula ***péniblement*** *dans une espèce d'armoire...* ***(pénible)***
mais, monsieur, dit ***vivement*** *la sœur Marthe...* ***(vif, vive)***
chut ! fit ***naïvement*** *sœur Agathe* ***(naïf, naïve)***

Exercices facultatifs

1. Trouvez dans le texte des adverbes qui ne se terminent pas en **ment** et indiquez à quel groupe ils appartiennent : manière, quantité, temps, lieu.
2. Trouvez dans le texte des adverbes se terminant en **ment** et indiquez de quels adjectifs ils sont dérivés.

VINGTIÈME CHAPITRE

Un Épisode sous la Terreur (fin)

Au lieu de prononcer les paroles latines : *Introïbo ad altare Dei,*[1] etc., le prêtre, par une inspiration divine, regarda les trois assistants qui figuraient la France chrétienne, et leur dit, pour effacer les misères de ce taudis :

— Nous allons entrer dans le sanctuaire de Dieu !

À ces paroles, jetées avec une onction pénétrante, une sainte frayeur saisit l'assistant et les deux religieuses. Sous les voûtes de Saint-Pierre de Rome,[2] Dieu ne se serait pas montré plus majestueux qu'il ne le fut alors dans cet asile de l'indigence aux yeux de ces chrétiens : tant il est vrai qu'entre l'homme et lui, tout intermédiaire semble inutile et qu'il ne tire sa grandeur que de lui-même. La ferveur de l'inconnu était vraie. Aussi le sentiment qui unissait les prières de ces quatre serviteurs de Dieu et du roi fut-il unanime. Les paroles saintes retentissaient comme une musique céleste au milieu du silence. Il y eut un moment où les pleurs gagnèrent l'inconnu, ce fut au *Pater noster*.[3] Le prêtre y ajouta cette prière latine, qui fut sans doute comprise par l'étranger :

— *Et remitte scelus regicidis sicut Ludovicus eis remisit semetipse !* (Et pardonnez aux régicides[4] comme Louis XVI leur a pardonné lui-même ![5])

Les deux religieuses virent deux grosses larmes traçant un chemin humide le long des joues mâles de l'inconnu et tombant sur le plancher. L'office des Morts fut récité. Le *Domine salvum fac regem,*[6]

[1]**Introïbo ad altare Dei** *paroles latines qui se trouvent au commencement de la messe et signifient :* « Je m'approcherai de l'autel de Dieu »

[2]**Saint-Pierre de Rome** *grande basilique pontificale qui se trouve à Rome*

[3]**Pater Noster** *premiers mots de la prière latine qui commence en français : « Notre Père qui êtes aux cieux . . . »*

[4]**régicides** assassins d'un roi

[5]*Au moment de mourir, disent les historiens, le roi Louis XVI a, comme le Christ, prié pour ses assassins.*

[6]**Domine salvum fac regem** *paroles latines signifiant : « Que Dieu sauve le roi ! »*

chanté à voix basse, attendrit ces fidèles royalistes, qui pensèrent que l'enfant roi,[7] pour lequel ils suppliaient en ce moment le Très-Haut, était captif entre les mains de ses ennemis. L'inconnu frissonna en songeant qu'il pouvait encore se commettre un nouveau crime auquel il serait sans doute forcé de participer. Quand le service funèbre fut terminé, le prêtre fit un signe aux deux religieuses, qui se retirèrent. Aussitôt qu'il se trouva seul avec l'inconnu, il alla vers lui d'un air doux et triste, puis il lui dit d'une voix paternelle :

— Mon fils, si vous avez trempé vos mains dans le sang du roi martyr, confiez-vous à moi. Il n'est pas de faute qui, aux yeux de Dieu, ne soit effacée par un repentir aussi touchant et aussi sincère que le vôtre paraît l'être.

Aux premiers mots prononcés par l'ecclésiastique, l'étranger laissa échapper un mouvement de terreur involontaire ; mais il reprit une contenance calme, et regarda avec assurance le prêtre étonné :

— Mon père, lui dit-il d'une voix visiblement altérée, nul n'est plus innocent que moi du sang versé...

— Je dois vous croire, dit le prêtre.

Il fit une pause pendant laquelle il examina derechef[8] son pénitent ; puis, persistant à le prendre pour un de ces peureux conventionnels[9] qui livrèrent une tête inviolable et sacrée afin de conserver la leur, il reprit d'une voix grave :

— Songez, mon fils, qu'il ne suffit pas, pour être absous de ce grand crime, de n'y avoir pas coopéré. Ceux qui, pouvant défendre le roi, ont laissé leur épée dans le fourreau, auront un compte bien lourd à rendre devant le Roi des cieux... Oh ! oui, ajouta le vieux prêtre en agitant la tête de droite à gauche par un mouvement expressif, oui, bien lourd !...car, en restant oisifs,[10] ils sont devenus les complices involontaires de cet épouvantable forfait[11]...

— Vous croyez, demanda l'inconnu stupéfait, qu'une participation indirecte sera punie ?...Le soldat qui a été commandé pour former la haie[12] est-il donc coupable ?...

Le prêtre demeura indécis. Heureux de l'embarras dans lequel il mettait ce puritain de la royauté en le plaçant entre le dogme de l'obéissance passive, qui doit, selon les partisans de la monarchie, dominer les codes militaires, et le dogme tout aussi important qui consacre le respect dû à la personne des rois, l'étranger s'empressa de

[7]**enfant roi** *Louis XVII (1785-1795) fils de Louis XVI et de Marie-Antoinette, emprisonné par les révolutionnaires et proclamé roi de France par les émigrés après l'exécution de son père*

[8]**derechef** de nouveau

[9]**conventionnels** *membres de la Convention nationale, assemblée révolutionnaire, responsable de la condamnation à mort de Louis XVI*

[10]**en restant oisifs** *ici :* en ne faisant rien, en restant passifs

[11]**forfait** crime

voir dans l'hésitation du prêtre une solution favorable à des doutes par lesquels il paraissait tourmenté. Puis, pour ne pas laisser le vénérable janséniste[13] réfléchir plus longtemps, il lui dit :

— Je rougirais de vous offrir un salaire quelconque du service funéraire que vous venez de célébrer pour le repos de l'âme du roi et pour l'acquit de ma conscience. On ne peut payer une chose inestimable que par une offrande qui soit aussi hors de prix. Daignez donc accepter, monsieur, le don que je vous fais d'une sainte relique... Un jour viendra peut-être où vous en comprendrez la valeur.

En achevant ces mots, l'étranger présentait à l'ecclésiastique une petite boîte extrêmement légère ; le prêtre la prit involontairement, pour ainsi dire, car la solemnité des paroles de cet homme, le ton qu'il y mit, le respect avec lequel il tenait cette boîte, l'avaient plongé dans une profonde surprise. Ils rentrèrent alors dans la pièce où les deux religieuses les attendaient.

— Vous êtes, leur dit l'inconnu, dans une maison dont le propriétaire, Mucius Scaevola,[14] ce plâtrier qui habite le premier étage, est célèbre dans la section par son patriotisme ; mais il est secrètement attaché aux Bourbons.[15] Jadis il était piqueur[16] de monseigneur le prince de Conti,[17] et il lui doit sa fortune. En ne sortant pas de chez lui, vous êtes plus en sureté ici qu'en aucun lieu de la France. Restez-y. Des âmes pieuses veilleront à vos besoins, et vous pourrez attendre sans danger des temps moins mauvais. Dans un an, au 21 janvier... (en prononçant ces derniers mots, il ne put dissimuler un mouvement involontaire), si vous adoptez ce triste lieu pour asile, je reviendrai célébrer avec vous la messe expiatoire...

Il n'acheva pas. Il salua les muets habitants du grenier, jeta un dernier regard sur les symptômes qui déposaient de leur indigence, et il disparut.

Pour les deux innocentes religieuses, une semblable aventure avait tout l'intérêt d'un roman ; aussi, dès que le vénérable abbé les instruisit du mystérieux présent si solennellement fait par cet homme, la boîte fut-elle placée par elles sur la table, et les trois

[12]**former la haie** *ici : faire partie d'un détachement de soldats responsable de maintenir l'ordre pendant une exécution*

[13]**janséniste** *membre d'un mouvement religieux à l'intérieur de l'église catholique connu pour son excessive rigueur*

[14]**Mucius Scaevola** *jeune Romain qui a fait le sacrifice de son bras droit pour sa patrie. Le plâtrier a adopté ce nom pour prouver son patriotisme. Pendant la Révolution les noms grecs et romains étaient très à la mode.*

[15]**Bourbons** *famille royale de France*

[16]**piqueur** *valet qui s'occupait des chevaux et des chiens de chasse*

[17]**Prince de Conti** *membre de la famille royale*

figures, inquiètes, faiblement éclairées par la chandelle, trahirent-elles une indescriptible curiosité. Mademoiselle de Langeais ouvrit la boîte, y trouva un mouchoir de batiste très fine, souillé de sueur ; et, en le dépliant, ils y reconnurent des taches.

— C'est du sang !... dit le prêtre.

— Il est marqué de la couronne royale ! s'écria l'autre sœur.

Les deux sœurs laissèrent tomber la précieuse relique avec horreur. Pour ces deux âmes naïves, le mystère dont s'enveloppait l'étranger devint inexplicable ; et, quant au prêtre, dès ce jour il ne tenta même pas de se l'expliquer.

Les trois prisonniers ne tardèrent pas à s'apercevoir, malgré la Terreur, qu'une main puissante était étendue sur eux. D'abord, ils reçurent du bois et des provisions ; puis les deux religieuses devinèrent qu'une femme était associée à leur protecteur, quand on leur envoya du linge et des vêtements qui pouvaient leur permettre de sortir sans être remarquées par les modes aristocratiques des habits qu'elles avaient été forcées de conserver ; enfin, Mucius Scaevola leur donna deux cartes civiques.[18] Souvent, des avis nécessaires à la sûreté du prêtre lui parvinrent par des voies détournées ; et il reconnut une telle opportunité dans ces conseils, qu'ils ne pouvaient être donnés que par une personne initiée aux secrets de l'État. Malgré la famine qui pesa sur Paris, les proscrits trouvèrent à la porte de leur taudis des rations de pain blanc qui y étaient régulièrement apportées par des mains invisibles ; néanmoins, ils crurent reconnaître dans Mucius Scaevola le mystérieux agent de cette bienfaisance, toujours aussi ingénieuse qu'intelligente. Les nobles habitants du grenier ne pouvaient pas douter que leur protecteur ne fût le personnage qui était venu faire célébrer la messe expiatoire dans la nuit du 22 janvier 1793 ; aussi devint-il l'objet d'un culte tout particulier pour ces trois êtres, qui n'espéraient qu'en lui et ne vivaient que par lui. Ils avaient ajouté pour lui des prières spéciales dans leurs prières ; soir et matin, ces âmes pieuses formaient des vœux pour son bonheur, pour sa prospérité, pour son salut, et suppliaient Dieu d'éloigner de lui toutes embûches, de le délivrer de ses ennemis et de lui accorder une vie longue et paisible. Leur reconnaissance, étant, pour ainsi dire, renouvelée tous les jours, s'allia nécessairement à un sentiment de curiosité qui devint plus vif de jour en jour. Les circonstances qui avaient accompagné l'apparition de l'étranger étaient l'objet de leurs conversations, ils formaient mille conjectures sur lui, et c'était un bienfait d'un nouveau genre que la distraction dont il était le sujet pour eux. Ils se promettaient bien de ne pas laisser échapper l'étranger à leur amitié

[18]**cartes civiques** *cartes servant à identifier les « vrais patriotes »*

le soir où il reviendrait, selon sa promesse, célébrer le triste anniversaire de la mort de Louis XVI. Cette nuit si impatiemment attendue arriva enfin. À minuit, le bruit des pas pesants de l'inconnu retentit dans le vieil escalier de bois ; la chambre avait été parée pour le recevoir, l'autel était dressé. Cette fois, les sœurs ouvrirent la porte d'avance, et toutes deux s'empressèrent d'éclairer l'escalier. Mademoiselle de Langeais descendit même quelques marches pour voir plus tôt son bienfaiteur.

— Venez, lui dit-elle d'une voix émue et affectueuse, venez,.... on vous attend.

L'homme leva la tête, jeta un regard sombre sur la religieuse et ne répondit pas ; elle sentit comme un vêtement de glace tombant sur elle, et garda le silence ; à son aspect, la reconnaissance et la curiosité expirèrent dans tous les cœurs. Il était peut-être moins froid, moins taciturne, moins terrible qu'il ne le parut à ces âmes, que l'exaltation de leurs sentiments disposait aux épanchements de l'amitié. Les trois pauvres prisonniers, qui comprirent que cet homme voulait rester un étranger pour eux, se résignèrent. Le prêtre crut remarquer sur les lèvres de l'inconnu un sourire promptement réprimé au moment où il s'aperçut des apprêts qui avaient été faits pour le recevoir ; il entendit la messe et pria ; mais il disparut, après avoir répondu par quelques mots de politesse négative à l'invitation que lui fit mademoiselle de Langeais de partager la petite collation[19] préparée.

Après le 9 thermidor,[20] les religieuses et l'abbé de Marolles purent aller dans Paris, sans y courir le moindre danger. La première sortie du vieux prêtre fut pour un magasin de parfumerie, à l'enseigne de la Reine des Fleurs, tenu par les citoyen et citoyenne Ragon, anciens parfumeurs de la cour, restés fidèles à la famille royale, et dont se servaient les Vendéens[21] pour correspondre avec les princes et le comité royaliste de Paris. L'abbé, mis comme le voulait cette époque, se trouvait sur le pas de la porte de cette boutique, située entre Saint-Roche et la rue des Frondeurs, quand une foule, qui remplissait la rue Saint-Honoré, l'empêcha de sortir.

— Qu'est-ce ? dit-il à madame Ragon.

— Ce n'est rien, répondit-elle, c'est la charrette[22] et le bourreau[23] qui vont à la place Louis XV.[24] Ah ! nous l'avons vu bien souvent

[19]**collation** repas léger

[20]**9 thermidor** *le 9 thermidor de l'an II du calendrier révolutionnaire (le 27 juillet 1794), date qui marqua la fin du régime de la Terreur*

[21]**Vendéens** *Royalistes qui se sont soulevés en 1793 contre les armées républicaines. Cette rébellion a commencé en Vendée, région située à l'ouest de la France.*

[22]**charrette** *voiture à cheval dans laquelle on emmenait les condamnés à la guillotine*

[23]**bourreau** *celui qui est chargé par les autorités d'exécuter les condamnés*

[24]**Place Louis XV** *place où se trouvait la guillotine et qui s'appelle aujourd'hui Place de la Concorde*

l'année dernière ; mais, aujourd'hui, quatre jours après l'anniversaire du 21 janvier, on peut regarder cet affreux cortège sans chagrin.

— Pourquoi ? dit l'abbé ; ce n'est pas chrétien, ce que vous dites.

— Eh ! c'est l'exécution des complices de Robespierre[25] : ils se sont défendus tant qu'ils ont pu, mais ils vont à leur tour là où ils ont envoyé tant d'innocents.

La foule passa comme un flot.[26] Au-dessus des têtes, l'abbé de Marolles, cédant à un mouvement de curiosité, vit, debout sur la charrette, celui qui, trois jours auparavant, écoutait sa messe.

— Qui est-ce, dit-il, celui qui... ?

— C'est le bourreau, répondit M. Ragon en nommant l'exécuteur des hautes œuvres par son nom monarchique.

— Mon ami, mon ami, cria madame Ragon, M. l'abbé se meurt !

Et la vieille dame prit un flacon de vinaigre pour faire revenir le vieux prêtre évanoui.

— Il m'a sans doute donné, dit-il, le mouchoir avec lequel le roi s'est essuyé le front en allant au martyre... Pauvre homme !... Le couteau d'acier a eu du cœur quand toute la France en manquait !...

Les parfumeurs crurent que le malheureux prêtre avait le délire.

Étude du texte

I. EXERCICES DE VOCABULAIRE

A. *Complétez les phrases ci-dessous à l'aide du verbe qui vous semble le plus approprié.*

1. manquer (de) 2. suivre 3. se retirer 4. se fier (à) 5. s'occuper (de) 6. disposer (de)

1. L'homme qui rôde autour de la maison m'...hier soir.
2. Dieu protège les siens, il peut en...à son gré.
3. C'est de vous non de moi qu'il faut....
4. Si je vous gênais, si je vous importunais, parlez librement. Je....
5. « Je ne saurais croire » dit le prêtre à l'inconnu, « que vous soyez l'un de nos persécuteurs et je...à vous. »
6. Le couteau d'acier a eu du cœur quand toute la France en....

[25]**Robespierre** *membre dirigeant du mouvement révolutionnaire pendant le régime de la Terreur*
[26]**flot** *ici :* une grande quantité de personnes

II. QUESTIONNAIRE

Répondez en français aux questions suivantes.

1. Quel était l'état d'esprit de l'inconnu pendant le service funèbre ?
2. À qui pensaient les assistants pendant le service ?
3. De quoi le prêtre et l'inconnu ont-ils parlé après le service ?
4. Qu'est-ce que l'inconnu a donné au prêtre ? À ce point de l'histoire le prêtre savait-il ce que la boîte contenait ?
5. Quels conseils l'inconnu a-t-il donnés aux trois fugitifs ?
6. À quelle date l'inconnu a-t-il promis de revenir dans le taudis ? Pourquoi ?
7. Que contenait la boîte ? Son contenu a-t-il révélé aux deux sœurs et au prêtre l'identité de l'inconnu ?
8. Après la visite de l'inconnu quels changements se sont produits dans la vie des trois personnages ? Les deux religieuses les ont-elles attribués à un seul personnage ? Si oui, auquel ?
9. Décrivez l'évolution des sentiments des deux religieuses envers l'inconnu.
10. L'inconnu est-il revenu à la date promise ?
11. Quand l'inconnu est revenu, comment s'est-il comporté ?
12. Quelle a été la réaction des trois fugitifs devant l'attitude de l'inconnu ?
13. Qu'a fait l'inconnu après la messe ?
14. Où est allé le prêtre après le 9 thermidor ?
15. Qui étaient le citoyen et la citoyenne Ragon ?
16. Pourquoi y avait-il une foule dans la rue ?
17. Pourquoi le prêtre s'est-il évanoui ?

III. STYLE

L'inconnu, immobile, contemplait cette maison, qui présentait en quelque sorte le type des misérables habitations de ce faubourg. Cette chancelante bicoque bâtie en moellons était revêtue d'une couche de plâtre jauni, si fortement lézardée, qu'on craignait de la voir tomber au moindre effort du vent. Le toit, de tuiles brunes et couvert de mousse, s'affaissait en plusieurs endroits de manière à faire croire qu'il allait céder sous le poids de la neige. Chaque étage avait trois fenêtres dont les châssis, pourris par l'humidité et disjoints par l'action du soleil, annonçaient que le froid devait pénétrer dans les chambres. Cette maison isolée ressemblait à une vieille tour que le temps oubliait de détruire. Une faible lumière éclairait les croisées qui coupaient irrégulièrement la mansarde par laquelle ce pauvre édifice était terminé, tandis que le reste de la maison se trouvait dans une obscurité complète.

Étudiez le passage ci-dessus (vois page 167). Par quels choix de mots et de phrases Balzac a-t-il dépeint la misère et la pauvreté de cette maison ?

IV. SUJETS DE CONVERSATION

Ce conte de Balzac présente à l'esprit les questions suivantes :

1. Le bourreau de Louis XVI est-il coupable d'un crime ? Mérite-t-il la peine de mort pour avoir fait son métier en suivant l'ordre donné par ses supérieurs ? Notez que Balzac rend la réponse à cette question encore plus difficile en montrant les remords du bourreau, remords si profonds qu'ils ont touché le prêtre lui-même.
2. Croyez-vous que le prêtre ait raison lorsqu'il dit à l'inconnu :

> *Songez, mon fils, qu'il ne suffit pas, pour être absous de ce grand crime, de n'y avoir pas coopéré. Ceux qui, pouvant défendre le roi, ont laissé leur épée dans le fourreau, auront un compte bien lourd à rendre devant le Roi des cieux . . . car, en restant oisifs, ils sont devenus les complices involontaires de cet épouvantable forfait . . .*

Là encore, Balzac, pour contrebalancer la force de cette déclaration, ajoute que le prêtre demeura indécis quand l'inconnu lui demanda :

> *Vous croyez qu'une participation indirecte sera punie ? Un soldat qui a été commandé pour former la haie est-il donc coupable ?*

Ces questions continuent à être posées de nos jours :

a. Approuvez-vous ou, tout au moins, comprenez-vous les gens qui, comme le pâtissier et sa femme, coupent tout contact avec ceux qui sont placés sur une « liste noire » ?
b. Pensez-vous qu'on doive passivement accepter toutes les lois, même celles qu'en votre âme et conscience vous considérez comme injustes, ou qu'on doive essayer de les changer ?
c. Dans votre vie personnelle, vous est-il arrivé d'avoir un conflit entre votre conscience et la loi (ou un ordre que vous avez reçu) et, si oui, comment avez-vous résolu ce conflit ?

V. COMPOSITIONS ECRITES

1. Comment cet épisode aurait-il été raconté :
   a. par la vieille dame ?
   b. par le prêtre ?
   c. par l'inconnu ?
2. Pourrait-on tirer une pièce de théâtre de ce conte ? Justifiez votre réponse par des exemples précis.

VOCABULAIRE

français-anglais

The following vocabulary lists the words and expressions that appear in this book, with the exception of a few simple words such as articles, some personal pronouns, etc. Whenever the meaning of the word(s) in a text is different from its general meaning, all meanings are given; the word, expression, or even occasional sentences are translated or otherwise explained. Various words or expressions are indicated as familiar or figurative which dictionaries, besides using these two terms, more accurately indicate as "popular," "slang," "argot," etc. Expressions are given, in general, with both components; for example, *tout à coup* would be listed under both *tout* and *coup*.

Feminine forms of adjectives are in parentheses following the main entry; where the feminine is formed by only adding a final *e*, this is shown by *(e)*.

Abbreviations

adj. adjective
adv. adverb
art. article
conj. conjunction
cul. culinary
f. feminine
fam. familiar
fig. figurative
gram. grammar
inf. infinitive
int. interrogative
interj. interjection
inv. invariable
lit. literary
m. masculine
mil. military
mus. music
n. noun
p.p. past participle
pej. pejorative
pl. plural
poet. poetry
prep. preposition
pron. pronoun
sing. singular
subj. subjunctive
v. verb
zool. zoology

à to, into, at, in, on, with, for, by, upon, after, from
abaisser to lower; **s'** — to slope down, sink, subside, humble oneself, stoop
abandonner to abandon, forsake, desert
abbaye *f.* monastery
abbé *m.* abbot, priest
abeille *f.* bee
aboiement *m.* barking
abonder to abound, be plentiful
abord *m.* landing, approach; **d'** — at first; **tout d'** — from the very first, first of all
aboyer to bark, yelp, snarl
abri *m.* shelter; **à l'** — **de** safe from
abruti(e) stupefied, bewildered
absolu *n.m.* absolute; *adj.* — **(e)** absolute
absorber to absorb, occupy, take up; **s'** — to become absorbed, engrossed in
absoudre to absolve; **pour être absou** to be absolved
absurde absurd, foolish, silly
académicien *m.* member of the *Académie française*, official body of forty distinguished writers, artists, scientists
accabler to overwhelm, crush
accentuer to accentuate, stress, lay emphasis upon
accepter to accept
accompagner to accompany
accomplir to accomplish
accord *m.* agreement, consent; **d'** — agreed ! quite so! **être d'** — **avec** to agree with, concur with; **se mettre d'** — to come to an agreement
accorder to grant
accouchement *m.* childbirth, delivery
accoucher to give birth
accourir to rush, hurry, hasten
accoutumé(e) used to
accrocher to catch, hook, hitch, hang; **s'** — **à** to cling to, hang on
acharné(e) fierce, intense, desperate
acharnement *m.* fury, tenacity, desperation
acharner to set on, excite; **s'** — to persist in, set upon, be implacable
achat *m.* purchase, buying
acheter to buy
achever to end, finish, complete; destroy, finish off
acier *m.* steel
acquit *m.* receipt, discharge; **pour l'acquit de consience** for the sake of (my) conscience
acquitter to acquit, settle, discharge
acrobate *m. f.* acrobat
acteur *m.* actor, player, performer
actif (active) active
action *f.* action, act
activité *f.* activity
actrice *f.* actress, player, performer
actuellement now, at the present time
Adam Adam; **pomme d'** — Adam's apple
adapter to adapt
adepte *m.f.* follower
adieu *m.* farewell
adjectif *m.* adjective
admettre to admit, acknowledge
admirateur *m.* admirer
admiratif (admirative) admiring
admirer to admire
adorer to adore, love, worship
adoucir to soften
adresser to address, direct; **s'** — **à** to speak to, address oneself to
adroit(e) skillful, dexterous, adroit, clever, shrewd
aérateur *m.* ventilator
aération *f.* ventilation, airing
affaiblir to grow feeble, weaken, dim; **s'** — to weaken, die out *(sounds)*
affaire *f.* affair, matter, business; **avoir** — **à** to have to deal with; **qui enleva cette** — *(mil.)* who brilliantly executed this action
s'affairer to bustle about, fuss
affaisser to cause to sink, weigh down; **s'** — to sink down
affamer to starve, famish
affecté(e) affected, assumed, feigned, exaggerated
affection *f.* affection, love, fondness
affectueux (affectueuse) affectionate
affirmer to affirm, assert; **s'** — to assert one's authority; assert itself
affoler to throw in a panic, or turmoil, terrify; **s'** — **de** to become infatuated with
affres *f.pl.* pangs, torments, throes
affreusement frightfully, awfully
affreux (affreuse) frightful, awful, horrible
affronter to face, confront
afin to, in order (that), so that; — **de** (+ inf.); — **que** (+ subj.) in order (that), so that
africain(e) African
Afrique *f.* Africa; — **du Nord** North Africa
agaric *m.* fungus; kind of mushroom
agate *f.* kind of quartz, used in the past for eyes of statues
âge *m.* age
agence *f.* branch, agency, bureau; — **de publicité** advertising agency
agenda *m.* notebook, engagement book
s'agenouiller to kneel down
agent *m.* agent, deputy; — **de police** police officer
agir to act, do, set in motion; **s'** — **de** to be about, concern; **il s'** — **de savoir si...** the question is whether...
agiter to shake, stir, disturb; **s'** — to stir, become agitated
agneau *m.* lamb; **gigot d'agneau** leg of lamb
agréable agreeable, pleasing, acceptable
agrégé *m.* person who has the degree to teach in

lycées and some universities
agressif (agressive) aggressive
aguets *m.pl.* used only in the expression **aux aguets** on the lookout
ahurissement *m.* bewilderment
aide *f.* aid, help
aïeul *m.* old man, grandfather; **aieux** *(pl.)* ancestors
aigu (aiguë) piercing, sharp, acute, pointed
aiguille *f.* hand *(of a clock);* needle
ail *m.* garlic
aile *f.* wing
ailleurs elsewhere; **d'** — besides
aimable lovable, likable, nice
aimer to love, like
ainsi now; thus, so, in this (that) way; **il en est** — such is the case; **pour — dire** so to speak
air *m.* air, appearance, aspect; *(mus.)* tune; **avoir l'** — to look; **en plein** — in the open air, outside
aise *f.* ease, comfort; **à son** — comfortably, pleasantly; **mettre à l'** — to put at ease
ajouter to add
alarme *f.* alarm, alert
alarmer to alarm
alerter to alert, warn
alexandrin *m.* alexandrine (a verse of twelve syllables)
Allemagne *f.* Germany
allemand(e) German
aller to go; — **chercher** to fetch, get; **allez-y !** get going, go ahead ! **allons !** come now!; **s'en** — to go away; **je m'en vais lui dire deux mots !** I will tell him a few words! **qu'allait-il devenir ?** what was to become of him
alliage *m.* alloy, mixture
alliance *f.* alliance, union
allié *n.m.* ally (nation); **les — s** the Allies *adj.* — **(e)** allied
allier to ally, combine, unite; **s'** — to combine, unite, become allied, join forces
allonger to lengthen, stretch out; **s'** — to stretch out
allumer to light, turn on, put on
allumette *f.* match
allure *f.* aspect, look; bearing
allusion *f.* allusion, hint, innuendo; **faire** — to hint, allude to
alors then, well?; — **que** whereas, while
Alpes *f.pl.* Alps, highest mountains in Europe, stretching from the Mediterranean Sea to central Europe
altérer to change, alter
alumine *f.* alumina (aluminum oxide)
alun *m.* alum (astringent substance)
amant *m.* lover
ambigu (ambiguë) ambiguous
ambulant(e) moving, itinerant
âme *f.* soul
amène agreeable, pleasant
amener to bring, lead, introduce; — **à ébullition** to bring to a boil
amer (amère) bitter
amertume *f.* bitterness
ameublement *m.* furniture
ameuter to stir up, rouse
ami *m.*, **amie** *f.* friend
amical(e) amicable, friendly
amitié *f.* friendship; **se lier d'** — to make friends
amorce *f.* bait; *fig.* something that attracts as, for instance, by flattery
amour *m.* love, affection
amoureux (amoureuse) in love, infatuated; **tomber** — to fall in love
amuser to amuse, entertain; **s'** — to have fun, have a good time
an *m.* year
analogue analogous, similar
analyser to analyze
anarchie *f.* anarchy
anchois *m.* anchovy
ancien (ancienne) old, ancient, antique; former *(if precedes a noun)*
anémone *f.* anemone, windflower
ange *m.* angel
anglais(e) English
Angleterre *f.* England
angoisse *f.* anguish, great distress
animer to animate
année *f.* year
annelé(e) ringed
annoncer to announce, proclaim
anniversaire *m.* anniversary, birthday
annoncer to announce, proclaim
anomalie *f.* anomaly, irregularity
anonyme anonymous, nameless
anormal(e) abnormal
anticlérical(e) anticlerical
antique ancient, old
anxiété *f.* anxiety
anxieux (anxieuse) anxious
août *m.* August
apaiser to appease, quiet, calm; **s'** — to calm down, subside
apercevoir to notice, perceive, see, discover; **s'** — to observe, perceive, realize
Apollon *m.* Apollo (god of the arts)
apostolique apostolic
apparaître to appear
apparence *f.* appearance, look
apparition *f.* apparition, sudden appearance
appartenir to belong
appel *m.* call, summons
appeler to call; **s'** — to be called; **comment vous appelez-vous ?** what's your name?
applaudissement *m.* applause
appliquer to apply, enforce, implement; **s'** — to apply, apply oneself to
apporter to bring

appréciation *f.* appreciation, estimate, appraisal
apprécier to appreciate
appréhension *f.* fear, apprehension
apprendre to learn; **— par cœur** to learn by heart
apprêt *m.* preparation
apprêter to prepare, dress; **s' —** to prepare oneself, get ready
approcher to approach, draw near; **s' —** to advance, draw near
approprié(e) appropriate, fitting, proper
approvisionner to supply; **s' —** to shop, stock up, lay in supplies
appui *m.* support; sill; **mur d' —** retaining wall; sill *(of window)*
appuyer to prop up, lean; **s' —** to lean, rest, rely upon, depend on
après after, thereafter; **d' —** according to; **— tout** after all
après-midi *m.f.* afternoon
arbre *m.* tree
arc *m.* bow; **— à Diane** bow of Diana, goddess of hunting
arcade *f.* arch; **— sourcilière** brow ridge, eyebrow arch
archaïque archaic
archange *m.* archangel
archiduchesse *f.* archduchess
architecte *m.* architect
ardent(e) fervent, fiery, blazing
ardeur *f.* fervor, passion
argent *m.* money; silver
aristocrate *m.f.* aristocrat
arme *f.* arm, weapon; **—s à feu** firearms; **fait d' — s** feat of arms
armée *f.* army; **corps d' —** army corps *(mil.)*
armer to arm, equip
armoire *f.* cupboard, wardrobe
arqué(e) bowed
arracher to uproot, tear, pull away, snatch, pull up; **s' — à** to tear oneself away from
arranger to arrange, put in order
arrêté *m.* order, decree
arrêter to stop, arrest; **s' —** to stop, pause; **— net** to stop short
arrière *m.* rear, stern *(of a boat)*
arriéré(e) retarded; *(fig.)* old-fashioned
arrière-boutique *f.* room at the back of a shop
arrière-pensée *f.* mental reservation, second thought
arrivée *f.* arrival
arriver to arrive, come, succeed, happen; **il m'arrive** it happens to me
arrondissement *m.* administrative division of a (French) city or department
artère *f.* artery
artichaut *m.* artichoke
artillerie *f.* artillery
artiste *m.f.* artist, player, performer
ascenseur *m.* elevator
asile *m.* asylum, refuge
asperge *f.* asparagus
assaillir to assault, attack suddenly
assaisonnement *m.* seasoning
assassin *m.* murderer
assaut *m.* assault; **à l' — !** charge!
asseoir to seat; **s' —** to sit down, take a seat
assemblée *f.* assembly
assermenter to take an oath, pledge, swear in; **prêtre assermenté** priest who pledged allegiance to the civil constitution of the clergy (1790)
assez enough; rather
assiette *f.* plate
assis(e) seated, sitting
assistant *m.* assistant; person present
assister to be present at, attend; to assist
associer to associate
assurance *f.* assurance, self-confidence; insurance
assuré(e) assured, confident, secure; insured
assurer to assure, guarantee; to insure; **s' — de** to make sure of, be convinced
atmosphère *f.* atmosphere
atomique atomic; **bombe —** atomic bomb
atone unstressed *(gram.)*
attacher to fasten, attach
attaquer to attack
attarder to delay, make late; **s' —** to linger, stay behind
atteindre to reach, affect; **être atteint de** to be seized by
attendre to wait, expect; **s' — à** to expect
attendrir to touch the heart, make tender, move, affect
attente *f.* waiting; **salle d' —** waiting room
attentivement attentively
atterrer to overwhelm, dismay, astound
atterrir to land
attester to certify, vouch for
attirer to attract
attribuer to attribute, ascribe
aucun(e) any, some; **ne . . . — (e)** no one, none; **— (e) . . . ne** none, not any
audace *f.* audacity
augmentation *f.* increase, raise *(in salary)*
augmenter to increase; **s'—** to increase
aujourd'hui today
auparavant before, previously
auprès de near, close by
aurore *f.* dawn
aussi also, too, as; **— bien que** as well as; **— . . . que** as . . . as
aussitôt at once, instantly; **— que** as soon as
autant as much, so much, as many, so many; **tout —** quite as much, quite as many; **— que** as much as **d'autant que** all the more so
autel *m.* altar; **devant d' —** frontal of an altar

auteur *m.* author
autobiographique autobiographic(al)
automne *m.* Autumn
autoritaire authoritarian
autour (de) around
autre another, other, different; else; **d' — part** besides; **d'une part... d' — part** on the one hand. . .on the other hand; **nous — s** we, as for us; **quelqu'un d' —** somebody else; **les uns...les — s** some. . .others
autrefois formerly, in former times, in the past
autrement otherwise; **en être —** to be otherwise
Autriche *f.* Austria
auxiliaire auxiliary, aiding, subsidiary
avance *f.* advance; **d' —** beforehand, in advance
avancé(e) advanced
avancer to advance, hold out; **s' —** to advance, go forward
avant before, forward; **en —** forward; **train —** forequarters *(animal)*
avantage *m.* advantage
avant-garde *f.* vanguard
avare stingy, miserly
avarice *f.* miserliness
avec with
avenir *m.* future
aventure *f.* adventure, experience
aventurer to venture, hazard, risk; **s' —** to venture, take one's chances, take risks
aveu *m.* **(aveux** *pl.***)** confession, admission
aveugle *m.f.* blind person
avion *m.* airplane
avis *m.* opinion, judgment, view, advice; **à votre —** in your opinion
aviser to perceive, consider, inform; **— à** to see to
avoine *f.* oat, oats; **folle —** wild oats
avoir to have, possess, hold; **— à** *(inf.)* to have to; **— affaire à** to have to deal with; **— l'air** to look, seem; **— besoin** to need, be in need; **— coutume** to be in the habit (of); **— le droit** to have the right; **— envie** to want, feel like; **— un faible pour** to be attracted (to), to be in love with; **— faim** to be hungry; **— froid** to be cold; **— l'habitude** to be used to; **— honte** to be ashamed; **— lieu** to take place; **— du mal** to have difficulty; **— peur** to be afraid (of); **— sommeil** to be sleepy; **— tort** to be wrong; **n' — de cesse de** not to rest until; **n' — pas le cœur à** not to have the heart to; not to be in the mood for; **qu'as-tu ?** what is the matter with you?; **qu'est-ce qu'il y a ?** what's the matter?; **c'est tout ce qu'il y a** that's all there is; **il y a** there is, there are; **il y a trois semaines** three weeks ago; **comme ils ont coutume d'être** as they usually are
avouer to confess, admit
avril *m.* April
baba-au-rhum *m.* sponge cake flavored with rum
baccalauréat *m.* baccalaureate, certificate, end of secondary education
baccarat *m.* crystal from Baccarat, city in the region of the Vosges, France
badin(e) lighthearted, playful
bague *f.* ring; **— de fiançailles** engagement ring
baie *f.* berry
bâiller to yawn
baïonnette *f.* bayonet; **la — au fusil** with fixed bayonets
baiser *m.* kiss
balai *m.* broom, brush
balancer to swing, balance; *(fam.)* to dismiss, fire
balayé(e) swept away
balayer to sweep, sweep away
baleine *f.* whale
balle *f.* bullet; ball
bananier *m.* banana tree
bancal *m.* bow-legged man
bande dessinée *f.* cartoon
banlieue *f.* suburb
baptême *m.* christening
baptiser to baptize, christen; to name
baptismal(e) (baptismaux *m.pl.***)** baptismal; **tenir sur les fonts baptismaux** to stand godmother or godfather to a child
barbe *f.* beard
baronne *f.* baroness
barreau *m.* bar
barrière *f.* gate, fence
bas *n.m.* lower part, bottom; **au —** at the bottom; **note au — de la page** footnote; *adv.* low, down; **en —** below, downstairs; **là- —** over there, yonder, down there; **tout —** in a low voice; **tout en —** at the very bottom; *adj.* **— (basse)** low, inferior; **en ce — monde** on this earth; **à — prix** at a low price; **à voix — se** in a low voice; **jeter —** to throw on the ground
bas *m.* stocking; **— sans tickets** stockings purchased without ration tickets
baser to base, found; **se —** to base oneself, depend
basilique *f.* basilica
bassin *m.* artificial lake, pond; **bassins de Versailles** ponds and fountains of Versailles castle, well-known for their beauty
bataille *f.* battle
bateau *m.* **(bateaux** *pl.***)** boat
bâtiment *m.* building; ship
bâtisseur *m.* builder
batiste *f.* cambric, batiste
bâton *m.* stick
battant(e) beating; **tambour battant** with beat

of drum
battre to beat, thrash; **— en retraite** to retreat
bavarder to chat
baver to dribble, slobber, drool
bayadère *f.* Indian dancing girl
béant(e) agape, gaping
beau, bel (belle) (beaux *m.pl.*) beautiful, handsome; **belles-lettres** humanities
beaucoup many, much; **y être pour —** to have a good deal to do with
beau-frère *m.* brother-in-law
beauté *f.* beauty
bec *m.* beak; **— de gaz** gas-jet
bécasse *f.* woodcock *(zool)*; goose *(fam.)*
belette *f.* weasel
Belgique *f.* Belgium
belle-sœur *f.* sister-in-law
bénédiction *f.* blessing
bénéfice *m.* benefit, profit
béquille *f.* crutch
bercer to rock, cradle
besogne *f.* work, task
besoin *m.* need; **avoir — de** to need, have need of
bête *f.* animal, beast
bête stupid
bêtise *f.* stupidity, foolishness
beurre *m.* butter
biaiser to speak obliquely
biblique biblical
bicoque *f.* shanty
bien *n.m.* good, that which is pleasant, useful, advantageous; wealth; *adv.* well, comfortable, rightly, much, very, indeed; **— entendu** of course, certainly; **— sûr** naturally, of course; **eh — !** well! **ou —** or else; **— à eux** particular to them; **c'est — ici ?** is it really here?; **vous pensez —** you may be sure; *conj.* **— que** although, though; **aussi — que** as well as
bienfaisance *f.* charity
bienfait *m.* blessing, benefit; favor
bienfaiteur *m.* benefactor
bientôt soon
bienveillance *f.* benevolence, kindness
bienveillant(e) benevolent, kind
bière *f.* beer
bijou *m.* **(bijoux** *pl.*) jewel
biographique biographical
bise *f.* north wind
bismuth *m.* bismuth (medicine for diarrhea)
bistro or **bistrot** *m.* pub, bar, café
bizarre strange, odd, peculiar, bizarre
blafard(e) pale, wan
blanc (blanche) white; **tout en —** all in white
blanchir to whiten
blasé(e) indifferent, blasé
blême livid, colorless
blessé *m.* wounded person
blesser to wound
blessure *f.* wound, injury
bleu(e) blue
bobèche *f.* candle ring, sconce
bock *m.* glass of beer
bœuf *m.* beef; **— bourguignon** beef stew cooked in red wine *(cul.)*
boire to drink
bois *m.* wood, forest
boisson *f.* beverage, drink
boîte *f.* box; **— de nuit** nightclub
boiteux (boiteuse) lame, limping
bombe *f.* bomb; **— atomique** atomic bomb
bon (bonne) good, kind, fine; **de —ne heure** early; **à — marché** cheap
bondir to leap, bounce
bonheur *m.* happiness
bonjour *m.* hello, good morning, good day
bonne *f.* servant, maid
bonnet *m.* hat, bonnet
bonsoir *m.* good evening, good night
bonté *f.* kindness; goodness
bord *m.* edge, side
bordure *f.* border
borné(e) limited, narrow-minded, shallow
bossu *m.* hunchback
bouche *f.* mouth; **la — grasse** with a greasy mouth
bouché(e) stopped up
bouchée *f.* mouthful
boucher *m.* butcher
boucherie *f.* butcher shop; slaughter; **a-t-on idée d'une — pareille** can one imagine such a slaughter
boue *f.* mud
boueux (boueuse) muddy
bouffer *(fam.)* to eat
bouger to move
bougie *f.* candle
bouillie *f.* pulp; **ils en feraient une —** they would make a pulp (out of him)
bouillir to boil
bouillon *m.* broth
bouillote *f.* hot-water bottle
bouleversé(e) overwhelmed, distraught, distressed
bouleversement *m.* upheaval
bouleverser to overturn, upset
bouquet *m.* bunch, cluster; **— garni** bunch of mixed herbs *(cul.)*
bourg *m.* large village
bourgeois *m.* citizen, middle-class person, bourgeois
bourguignon (bourguignonne) Burgundian (pertaining to Burgundy, a province in France); **bœuf —** beef stew cooked in red wine *(cul.)*
bourreau *m.* executioner
bousculade *f.* hustle, jostle, crush
bousculer to jostle
bout *m.* end, tip, extremity; **au — de** at the

end of
bouteille *f.* bottle
boutique *f.* shop
boutiquier *m.* **(boutiquière** *f.***)** shopkeeper
boutonnière *f.* buttonhole; lapel
branchage *m.* branches
branche *f.* branch
bras *m.* arm; **en — de chemise** in shirtsleeves
brasserie *f.* brewery; pub
brave brave; honest, good *(when preceding a noun)*
braver to defy, dare
bravoure *f.* bravery
bref (brève) *adj.* short, brief; *adv.* in short, in a few words, in conclusion
brevet *m.* patent
bréviaire *m.* breviary
brièvement briefly, in short
brièveté *f.* brevity, briefness
brillant(e) brilliant, shining
briller to shine
brindille *f.* twig
briquet *m.* cigaret lighter; short saber *(mil.)*
brise *f.* breeze
briser to break
britannique British
broder to embroider; *(fam.)* to elaborate
brosse *f.* brush
brouillard *m.* fog
brouiller to mix up, set at odds, divide, disunite
broussailles *f.pl.* brushwood, bushes
brousse *f.* bush
bruit *m.* noise, roll *(organ or drum)*
brûler to burn
brûlure *f.* burn
brun(e) brown; dark-haired
brusque sudden
brusquement suddenly, hastily
Bruxelles Brussels (capital of Belgium)
bruyant(e) noisy
bulle *f.* bubble; seal attached to document; circle in cartoon containing words or thoughts of characters
bureau *m.* office; desk; **— de poste** post office; **garçon de —** office boy; **chef de —** head clerk; office manager
buste *m.* bust
but *m.* aim; objective
butte *f.* hill
ça (*colloquial abbreviation of* **cela)** *pron.* that, that thing; that fellow; **— n'a pas le sou** why he hasn't a cent; **si vous y tenez tant que —** if you want (value) it so much
çà *adv.* here, hither; **— et là** here and there; **ah ! — !** well now, now then
cabaret *m.* tavern
cabinet *m.* office; cabinet (advisers of a minister or secretary of state)
cacher to hide, conceal; **se —** to hide, secrete oneself
cacheter to seal; **cire à —** sealing wax
cachette *f.* hiding place
cadavre *m.* dead body, corpse
cadeau *m.* **(cadeaux** *pl.***)** gift, present
cadran *m.* face (of a clock)
cadre *m.* frame
café *m.* coffee; café
cage *f.* cage; **— d'escalier** stairwell
caillou *m.* **(cailloux** *pl.***)** stone, pebble
calendrier *m.* calendar
calice *m.* chalice
callosité *f.* callus, hardened spot
calmant *m.* sedative, painkiller
calme calm, quiet, peaceful
calmer to calm; **se —** to calm down
calotte *f.* skullcap; *(fam.) box on the ears, slap on the head*
camarade *m.f.* comrade, companion, chum, classmate
camaraderie *f.* good-companionship, camaraderie
cambrure *f.* arch of the foot, curve
camélia *m.* camellia
camp *m.* camp; camping site; side (in a game); **— de concentration** concentration camp
campagne *f.* country, countryside; campaign *(mil.)*
canard *m.* duck
canine *f.* canine tooth; **la — était double** the canine tooth had two points
canon *m.* cannon; barrel (of a gun)
cantonade *f.* wings *(of a theater);* **parler à la —** to speak to someone supposedly in the wings of a theater; to speak to no one in particular
capitaine *m.* captain
capitale *f.* capital (city)
caprice *m.* caprice, whim, fancy, vagary
captif *m.* prisoner, captive
captiver to fascinate, enthrall, captivate
car for, because
caractère *m.* feature, characteristic, disposition; type *(printing);* **— gras** bold type
caractériser to characterize, describe, distinguish
caractéristique *f.* characteristic
cardiaque cardiac
caresse *f.* caress, endearment
caresser to caress, fondle, stroke
caricature *f.* caricature, cartoon
carreau *m.* **(carreaux** *pl.***)** pane of glass; tile floor
carrière *f.* career, course of life
carte *f.* map; card; **— civique** card used during the French Revolution to identify "true patriots"; **— des vins** wine list
carton *m.* cardboard, cardboard box; **— huilé** heavy oiled paper for lampshades
cas *m.* case; **en tout —** in any case
case *f.* hut, cabin

casque *m.* helmet
casqué(e) helmeted
casserole *f.* saucepan
catholique Catholic
cauchemar *m.* nightmare
cause *f.* cause, motive; **à — de** because of
causer to cause, be the cause of, give rise to; to chat
cavalier *m.* cavalryman, horseman, rider
ce (cet) *m.* **(cette** *f.***), (ces** *m.f.pl.***)** *adj.* this, that, these, those; *pron.* **ce (cet)** it, that; **— que je te serrerais !** how I would hug you!
ceci this, this thing
céder to yield, cede
cela *(see also* **ça***)* that; that thing; **à part** — except for that; **quant à** — as for that; **— (ça) ne fait rien** it doesn't matter; **— se peut** that may be
célèbre famous, well-known
célébrer to celebrate; to conduct a religious service
céleste celestial
cellule *f.* cell
celui *m.* **(celle** *f.***), (ceux** *m.pl.***), (celles** *f.pl.***)** the one, the ones, that, these, those
cent hundred
centaine *f.* about a hundred
centre *m.* center
cependant however
céramique *f.* ceramics
cercle *m.* circle, ring
cercueil *m.* coffin
cérémonie *f.* ceremony
cérémonieux (cérémonieuse) formal
cerfeuil *m.* chervil (herb used in soup)
certain(e) certain; sure, fixed *(when following a noun)*
certainement certainly
certes certainly, of course
certitude *f.* certainty, certitude, conviction
cerveau *m.* brain, head
cesse *f.* : **sans** — continually, incessantly; **n'avoir de — de** not to rest until
cesser to cease, stop
césure *f.* caesura *(poet.)*
chacun(e) each one, everyone
chagrin *m.* grief, vexation, chagrin, regret, sorrow
chaîne *f.* chain
chair *f.* flesh, skin; meat
chaise *f.* chair
chamarrer to cover, bedeck; **chamarré d'or** covered with golden stripes
chambre *f.* bedroom, room
champ *m.* field; **— de courses** racetrack, racecourse; **sur-le-** — at once, immediately
champignon *m.* mushroom
chance *f.* luck, chance; **la — lui sourit** luck favored her (him)
chanceler to stagger
chandelier *m.* candlestick
chandelle *f.* candle
changement *m.* change, variation
changer to change, transform
chanson *f.* song
chant *m.* song; **— de guerre** battle song, war song; **tour de** — song recital
chanter to sing
chanteuse *f.* singer, vocalist
chaotique chaotic
chapeau *m.* **(chapeaux** *pl.***)** hat; **passer le** — to pass a hat around (street performers pass a hat around to collect small donations from the public)
chapitre *m.* chapter
chaque each, every
chargé(e) loaded, charged, laden
charmant(e) charming
charme *m.* charm
charrette *f.* cart
charrier to carry along, sweep along
chasse *f.* hunting, hunt; **— à la panthère** panther hunt
chasser to hunt, to chase away
chasseresse *f.* huntress
chasseur *m.* hunter; *(mil.)* **régiment de —s** regiment of light cavalry
chassieux (chassieuse) rheumy, gummy (eyes)
châssis *m.* frame
chat *m.* cat, tomcat
châtaignier *m.* chestnut tree
château *m.* **(châteaux** *pl.***)** palace, mansion, castle
chatouiller to tickle; **se** — to tickle oneself or one another
chaud(e) warm, hot; **tout** — quite warm or hot
chauffage *m.* heating (system)
chauffer to warm up, heat
chaumière *f.* small dilapidated house
chausses *f.pl.* breeches, hose (covering the body from waist to foot) worn before the 19th century
chaut *(pres. ind. of* **challoir** *to matter)*; **peu me** — I don't care, no matter
chaux *f.* lime; **— vive** quicklime
chef *m.* boss, leader, chief; **— de bureau** office manager
chef-d'œuvre *m.* masterpiece
chemin *m.* way, road, path
cheminée *f.* fireplace, chimney; **manteau de** — mantelpiece
chemise *f.* shirt; **en bras de** — in shirt-sleeves
cher (chère) dear; expensive *(when following a noun)*
chercher to look for, search; **— à** to try, to attempt; **aller** — to go to fetch; **venir** — to come to fetch
cheval *m.* **(chevaux** *pl.***)** horse
chevalier *m.* knight
chevet *m.* headboard; **lampe de** — bedside

lamp
cheveu *m.* **(cheveux** *pl.***)** hair (on the head only)
chèvre *f.* goat
chez in, at, to (the house, family . . .)
chic stylish, smart, elegant, chic
chien *m.* dog, male dog
chimique chemical
chinois *m.* Chinese; **ombre — e** shadow silhouette; projection on a screen of cutout silhouettes, shadow theater
choisir to choose
choix *m.* choice
chose *f.* thing, event; **quelque —** something
chouette *f.* owl
chrétien (chrétienne) Christian
chromo *m.* colored lithograph, chromo
chronique *f.* chronicle
chroniqueur *m.* chronicler
chrysalide *f.* chrysalis
ci here; **par — par là** here and there; **— -dessous** below **— -dessus** above
ciboire *m.* ciborium
cicatrisation *f.* formation of scar tissue
ci-devant *m.f.* aristocrat, royalist *(term coined during the French Revolution)*
cidre *m.* cider; **cruche au —** cider jug
ciel *m.* **(cieux** *pl.***)** heaven, sky; **cieux** skies, paradise, heaven
cierge *m.* church candle
cil *m.* eyelash
cime *f.* top *(of a tree, a mountain)*
ciment *m.* cement, concrete
cimetière *m.* cemetery
cinquante fifty
cinquième fifth
circonstance *f.* circumstance, occurrence, event
circulaire *f.* administrative memorandum, circular
cire *f.* wax; **— à cacheter** sealing wax
cirer to polish
citation *f.* quote
cité *f.* city, town; housing unit
citer to cite, mention, quote
citoyen *m.* **(citoyenne** *f.***)** citizen
citron *m.* lemon
citronnelle *f.* citronella (mosquito repellent)
civique civic; **carte —** card used during the French Revolution to identify "true patriots"
clair(e) light, bright, clear
clairement clearly
clairsemé(e) few, scarce
clameur *f.* clamor, outcry; **des — s formidables** a tremendous outcry
clandestinité *f.* secret activities, underground
classe *f.* class, category
classeur *m.* **(classeuse** *f.***)** file clerk
classique classical
claustral(e) (claustraux *m.pl.***)** monastic, claustral
clochard *m.* tramp, hobo
cloche *f.* bell
cloison *f.* partition, division
cloisonné *m.* designed enamel, cloisonné
clôture *f.* enclosure (wall)
clou *m.* nail
coco *m.* licorice water
cœur *m.* heart, spirit, courage, affection; **au grand —** great-hearted; **de tout mon —** with all my heart; **apprendre par —** to learn by heart; **n'avoir pas le —** not to have the heart to; not to be in the mood for
coffre *m.* trunk
coiffure *f.* headdress, hairdo
coin *m.* corner
colère *f.* anger; **en —** angry; **se mettre en —** to get angry
colibri *m.* hummingbird
collation *f.* light meal
colle *f.* glue
collé(e) pasted, glued, stuck to
collègue *m.f.* colleague; **si tous vos — s tenaient ce langage** if all your colleagues spoke that way
collet *m.* collar
collier *m.* necklace
colline *f.* hill
colloque *m.* colloquy, conference
colonne *f.* column
colorer to color, tint, tinge
combat *m.* fight; **hors de —** disabled
combattant(e) fighting
combattre to fight, combat; **il était combattu** he was at strife with himself
combien how, how much, how many
comble full, overflowing, heaped up, crowded
comestible edible
comique *n.m.* comedy, comical aspect; *adj.* comical, ludicrous, funny
comité *m.* committee
commandant *m.* major, commandant
commander to order, command
comme as, like, since; **— d'habitude** as usual; **— ils ont coutume d'être** as they usually are
commémoratif (commémorative) commemorative, memorial
commencement *m.* beginning
commencer to begin
comment how; I beg your pardon?; what?
commenter to comment on
commerce *m.* commerce, trade; **voyageur de —** traveling salesman
commettre to commit
commisération *f.* pity, commiseration
commissariat *m.* commissariat; **— de police** police station
commode *f.* chest of drawers
commun(e) communal, ordinary, common

communauté *f.* community
communiquer to communicate, impart, circulate
compagnie *f.* society, companionship, company; **en — de** with
compagnon *m.* companion, fellow, mate
comparer to compare
compatriote *m.* fellow-countryman, compatriot
compenser to compensate
complainte *f.* lament; popular song with a sad theme
complaire to please, to try to please; **se —** to take pleasure or revel in doing something
complaisance *f.* good nature, willingness, complaisance
complet (complète) complete, entire, whole
complet *m.* suit (for a man)
complètement completely
compléter to complete, finish
complice *m.f.* accomplice
compliquer to complicate, make things difficult; **se —** to become complicated
comportement *m.* behavior
comporter to consist of, include, comprise; **se —** to behave
composé(e) compound, composed; **passé —** compound past *(gram.)*
composer to compose, compound, create; **se — de** to consist of
compositeur *m.* composer
composition *f.* composition; writing
comprendre to understand; to comprise, cover, consist of
compressé(e) compressed, packed
compromis *m.* compromise
compte *m.* count, account, reckoning; **tout — fait** everything considered; **se rendre — de** to realize, get a clear idea of
compter to count, reckon, intend, expect
comptoir *m.* counter, bar (café)
concentration *f.* concentration; **camp de —** concentration camp
concert *m.* harmony, concert; *(fig.)* unanimity; **de —** in unison
concevoir to conceive
concierge *m.f.* caretaker of an apartment house, janitor, concierge
concordance *f.* agreement *(gram.)*
concourir to compete; converge, work toward
concret (concrète) concrete
condamné *m.* convict, condemned person
condamner to convict, sentence, condemn
condition *f.* condition, rank; **— sociale** social class
conduire to drive, lead; **se —** to behave
conduit *m.* water pipe, duct, passage
conduite *f.* conduct, behavior
confiance *f.* confidence, trust
confidence *f.* confidence, personal secret
confier to confide, entrust; **se — (à)** to confide in
confirmer to confirm
conflit *m.* conflict
confondre to confuse, mix up
conformer to model; **se — à** to conform to
confus(e) confused, mixed, jumbled *(sounds);* embarrassed, ashamed
conjecturer to conjecture, surmise
conjoint(e) united, joined; conjunct *(gram.)*
conjonction *f.* conjunction *(gram.)*
conjugaison *f.* conjugation
conjuguer to conjugate; **se —** to be conjugated
conjonctif (conjonctive) conjunctive
conjuré *m.* conspirator
connaissance *f.* knowledge, understanding
connaître to know, be acquainted with
connu(e) known
consacrer to sanctify, consecrate, devote; **se —** to devote oneself
conscient(e) aware, conscious
conseil *m.* advice, counsel; **salle du —** council room
conseiller to advise
consentement *m.* consent
conséquence *f.* consequence, result, inference
conserver to keep, retain, conserve
considérer to consider
consistant(e) solid, sound, substantial
consister to consist; **— de** to be composed of, to consist of
consolation *f.* consolation, comfort, solace
consonne *f.* consonant
constant(e) steadfast, constant, continuous
constatation *f.* verification, authentication
constituer to constitute, make; **se — prisonnier** to give oneself up
construction *f.* construction, structure, building
consulter to consult, seek advice from
conte *m.* story, tale
contempler to contemplate, view
contemporain(e) contemporary
contenance *f.* countenance
contenir to contain, comprise, include, consist
conteur *m.* storyteller
contingent *m.* contingent *(mil.)*
continuel (continuelle) continual, constant
continuellement continually, uninterruptedly
continuer to continue, go on with
contour *m.* shape, outline
contracter to contract, assume
contrainte *f.* constraint, restraint, duress
contraire *m.* contrary, opposite; **au —** on the contrary, on the other hand; *(adj.)* contrary
contrat *m.* contract, agreement
contre against, close by; **le pour et le —** the pros and cons, both sides; **par —** by contrast
contrevent *m.* window shutter

contribuer to contribute
contrôle *m.* control
convaincre to convince, persuade
convenir to agree, suit, be suitable
convenu(e) agreed upon
Convention *f.* Revolutionary Assembly (1792-1795)
conventionnel *m.* member of the Convention
converti(e) converted
convertir to convert; **se —** to become converted, reform
convoi *m.* funeral procession; convoy
coopérer to cooperate
coq *m.* rooster
coquet *m.* **(coquette** *f.***)** dandy, flirt, coquette
coquille *f.* shell; **—s Saint-Jacques** baked scallop dish *(cul.)*
corbeau *m.* crow
corbeille *f.* basket; **— à papier** wastebasket
corde *f.* cord; string *(mus.)*
cordon *m.* bell-pull; cord, string, lace *(shoe)*
corps *m.* body, corpse; **— d'armée** army corps
correspondre to correspond
corriger to correct
corselet *m.* corselet, part of the body of certain insects
cortège *m.* procession, retinue
côte *f.* cutlet; coast; rib
côté *m.* side, direction; **à — de** next to, beside, adjoining
Côte d'Ivoire *f.* Ivory Coast
coton *m.* cotton
cou *m.* neck
couche *f.* bed; layer, coat (of paint)
coucher to put to bed, lay down; **se —** to go to bed, lie down; set *(sun)*; **soleil couchant** setting sun
couler to flow; **se —** to creep, slip
couleur *f.* color
coup *m.* thump *(heart)*; blow, knock, stroke; shot; **— sur —** in rapid succession; **à grands —s pressés** with rapid thumps; **sur le — de** on the stroke of; **tout à —** suddenly; **tout d'un —** all of a sudden; **— d'œil** glance; **porter un —** to strike a blow
coupable guilty
coupe *f.* break, caesura *(poet.)*
coupe-papier *m.* letter opener; paper cutter (used to separate pages in books)
couper to cut; **— la parole** to interrupt
couperet *m.* knife, blade, cleaver
couperosé *m.* person with blotched face (acne)
couplet *m.* *(poet.)* couplet, verse of two rhyming lines; *pl.* verses, song
cour *f.* court; courtyard; **faire la —** to woo, court
courageux (courageuse) brave, courageous
courant *m.* current; **tenir au —** to keep somebody informed; **— (e)** *adj.* current, usual, ordinary
courber to bow down, weigh down, bend
courir to run; **— au devant** to run to meet
couronne *f.* crown
cours *m.* course; **au — de** during the course of
course *f.* race, running; **champ de —s** racetrack
court(e) short
courtepointe *f.* quilt, bedspread
courtier *m.* broker; **— en vins** wine broker
courtois(e) courteous, polite
coussin *m.* cushion
couteau *m.* knife
coutume *f.* custom, habit; **comme ils ont — d'être** as they usually are
couture *f.* dressmaking; **haute —** high fashion
couvent *m.* convent
couvercle *m.* cap, top, cover, lid
couvert *m.* place setting, cutlery
couvert(e) covered
couverture *f.* cover, quilt, bedspread, blanket
couvrir to cover; **se —** to cover oneself; to become overcast *(sky)*
cracher to spit
craindre to fear
crainte *f.* fear
craintif (craintive) timid, fearful, apprehensive
cramponner to cramp, clamp (together); **se —** to hang on, hold fast
crapaud *m.* toad; flaw or blemish *(in a precious stone)*
crasse *f.* filth, dirt
créateur *n.m.* **(créatrice** *n.f.***)** maker, inventor; creator; **— (créatrice)** *adj. creative, inventive*
créature *f.* creature
credo *m.* *(no plural)* belief, creed
crédulité *f.* credulity, gullibility
créer to create; to produce for the first time *(theater)*
crème *f.* cream
crêpe *m.* black mourning crepe
crétin *m.* cretin, idiot, dunce
creux *m.* hollow, depth
crevé(e) burst open, punctured, smashed; *(fam.)* exhausted
crever to burst, break, puncture, smash; *(fam.)* to die; to tire, exhaust
crevette *f.* shrimp
cri *m.* scream, cry, shout; **— de ralliement** rallying cry, slogan
crier to scream, cry out, shout
criminel (criminelle) criminal
crin *m.* coarse hair *(of the mane or tail of horses and other animals)*; horsehair
crisper to contract, shrivel, contort
cristal *m.* crystal, fine glass, cut glass
critère *m.* criterion, test, assumption
critique *m.f.* critic
critique *f.* criticism

critiquer to criticize
crochet *m.* hook; **aux — s de** at somebody's expense
croire to believe, think; **je crois que non** I think not, I don't think so; **il a manqué ne pas me —** he almost didn't believe me
croisade *f.* crusade
croisé *m.* crusader
croisé(e) crossed; *(poet.)* **rimes —es** alternate rhymes
croisée *f.* window; crossing, crossroad
croiser to cross, fold
croissant *m.* crescent *(of the moon)*
crosser to strike *(with a club or a gun)*
croupir to stagnate
cruauté *f.* cruelty
cruche *f.* jug; **— à cidre** cider jug
crue *f.* rising *(of a river)*
cueillir to gather, pick
cuillère *f.* spoonful
cuillérée *f.* spoonful
cuirasse *f.* cuirass, breastplate, armor plate
cuire to cook
cuisine *f.* kitchen; cooking; **faire la —** to cook
cuisinière *f.* stove, range; cook (female)
cuisse *f.* thigh
cuisson *f.* cooking, cooking time
cuit(e) cooked
cuivre *m.* copper, brass
cul *m. (fam.)* rump, tail
culbuter to overthrow, knock down
culinaire culinary
culotte *f.* pants; feminine underpants
culte *m.* cult
cultivé(e) cultivated
culturel (culturelle) cultural
curieux (curieuse) curious; strange
curiosité *f.* curiosity, inquisitiveness
cynique cynical
dactylographe *m. f.* typist
daigner to deign, condescend
dalle *f.* slab
dame *f.* lady
damné *m.* damned person
dangereux (dangereuse) dangerous
dans in, into
danser to dance
danseur *m.* dancer
dater to date; **— de** to date back to
Dauphiné *m.* French province situated in the French Alps
dauphinois(e) pertaining to the province of Dauphiné
davantage more, any more
débâcle *m.* breaking up, crash, collapse, downfall
débarquer to land (from a ship); disembark
débarrasser to rid, free, extricate; **se — de** to get rid of
débat *m.* debate, discussion
débauche *f.* debauchery
déblayer to clear away
debout upright, standing
déboutonner to unbutton
débrouiller to disentangle, unravel, clear up; **se —** to manage
début *m.* beginning; **au —** at first, in the beginning
décasyllabe *f. (poet.)* decasyllable (ten syllables)
déchaîner to unchain, unbind, let loose; **se —** to break loose
déchirant(e) heart-rending; piercing, harrowing
déchirer to tear, split, destroy
décision *f.* decision, resolution
déclarer to declare
décor *m.* setting, decoration
décorer to decorate; to confer a medal
décourager to discourage
découverte *f.* discovery
découvrir to discover
décréter to decree
décrire to describe; **se —** to describe oneself
dedans within; **là- —** in it, in there
déesse *f.* goddess
défaillant(e) weak, fainting
défaillir to feel weak, faint away
défaut *m.* fault, absence; **à — de** for want of, instead of
défavorable unfavorable
défendre to defend, uphold; to forbid
défense *f.* defense, protection; prohibition
défenseur *m.* defender
définir to define, explain, describe
déformant(e) distorting, deforming; **à yeux —s** eyes that deform what they see
déformation *f.* deformation, distortion
déformer to deform, distort
défunt(e) deceased
dégager to free, extricate; **se —** to extricate oneself
dégingandé(e) lanky, gangling, ungainly
degré *m.* step, stair; degree
dehors *n.m. (inv.)* outside, exterior; **les —** appearances; *adv.* out, without, outside; *(fam.)* **ficher —** to kick out
déjà already
déjeuner to lunch
déjeuner *m.* lunch
delà there; **au- —** beyond, farther
délavé(e) washed out, faded, diluted
délicieux (délicieuse) delightful, delicious
délirant(e) delirious
délire *m.* delirium
délivrer to deliver; to set free
demain tomorrow
demande *f.* demand, request, query
demander to ask, beg, request, require; **se —** to ask oneself, wonder

démarche *f.* step, action; gait, walk
déménageur *m.* mover
demeurer to remain; to live, reside
demi(e) half; **à demi-voix** in a low voice
démission *f.* resignation
démissionner to resign
démodé(e) out-of-date, old-fashioned
dense dense, heavy, solid
dent *f.* tooth
dénoncer to denounce
dentelle *f.* lace
départ *m.* departure
dépasser to go beyond, overtake
dépêcher to dispatch, send; **se —** to hurry, rush
dépeindre to depict
dépendre (de) to depend (on)
dépit *m.* spite; **en — de** in spite of
déplaire to displease
déplier to unfold
déposer to give evidence; to lay down, put down
depuis *prep.* since, from; **— que** *conj.* since
dérangé(e) unbalanced, upset
derechef once more, once again
déréglé(e) immoderate, disorderly, disordered, deranged
dérision *f.* ridicule; **tourner en —** to make look ridiculous
dernier (dernière) last
dérober to steal, pilfer; to hide, conceal; **se —** to give way
derrière *n.m.* rear end, buttocks; *prep.* behind
dès *prep.* from, as early as; *conj.* **— que** as soon as; **— lors** since
désaccord *m.* disagreement, conflict
désagréable disagreeable, unpleasant
désarmer to disarm
descendre to descend, go down, step down
descente *f.* going down, descent; slope, incline
désert(e) solitary, deserted
désespéré(e) desperate, disheartened, despondent, in despair
désespérément desperately
désespérer to despair, give up hope
désespoir *m.* despair, hopelessness
déshabiller to undress ; **se —** to undress oneself
désigner to designate
désintéressé(e) disinterested, unbiased, unprejudiced
désir *m.* desire
désirer to desire, wish, want
désolé(e) disconsolate, desolate, sorry
désormais henceforth, from now on
dessécher to dry up, parch; **se —** to become dry; waste away, wither
dessein *m.* design, plan, scheme
dessin *m.* drawing
dessinateur *m.* draftsman, designer, cartoonist, commercial artist
dessiner to draw, design
dessous *n.m. (inv.)* lower part; hidden meaning; *adv.* underneath; **au- —** below; under, inferior; **ci- —** below; **en —** underneath; **par- —** under
dessus *n.m. (inv.)* top, upper part; *adv.* over, above; **au- — de** above, overhead; **ci- —** cited above; **là- —** about it, thereupon; **par- —** over, beyond; *(fam.)* **tirer —** to shoot at
destinée *f.* fate, destiny
destiner to destine, determine, intend
détachement *m.* indifference; squad, party, detail *(mil.)*
détacher to detach, unfasten; to remove stains or spots
détaler *(fam.)* to run away, decamp hastily
détendre to unbend, relax; **se —** to relax
déterminer to establish, determine, cause
détester to detest, hate
détonation *f.* detonation, shot, sound of firing a gun
détourné(e) unfrequented, indirect, roundabout; **d'une façon — e** in a roundabout way
détresse *f.* distress, anguish, misery
détruire to destroy
dette *f.* debt
deuil *m.* mourning; **faire le —** to resign oneself to get along without, resign oneself to; **prendre le —** to go into mourning
deux two; **à — mains** with both hands; **tous les —** both; **tous les — jours** every other day
devant *n.m.* front; **courir au —** to run to meet; **— d'autel** frontal of an altar; *prep.* before, in front of; **par- —** in front
développer to develop, explain, expand
devenir to become **qu'allait-il — ?** What was to become of him
deviner to guess, understand
dévoiler to unveil, discover, reveal; **se —** to unveil, be revealed
devoir to have to, must; to owe
devoir *m.* duty; homework
dévoué(e) devoted
dévouement *m.* devotion
dévouer to devote
diable *m.* devil
diamant *m.* diamond
Diane Diana, goddess of hunting; **arc à —** bow of Diana
dictée *f.* dictation; **prendre la — to take dictation**
dictionnaire *m.* dictionary
Dieu, dieu *m.* God, god
différencier to distinguish, make a difference
différer to differ

difficile difficult
difficilement with difficulty
difficulté *f.* difficulty
digne worthy, honorable, dignified
dignité *f.* dignity
dîner to dine
diplomate *m.* diplomat
diplôme *m.* diploma, degree
diplômé *n.m.* (— **e** *n.f.)* holder of a diploma
dire to say, tell; **se** — to say, say to oneself; **s'entendre** — to hear say; **à vrai** — in truth; **pour ainsi** — so to speak; **vouloir** — to mean; **je dis que non** I say no; **je m'en vais lui dire deux mots** I will tell him a few words
directement directly
directeur *m.* director
directive *f.* directive, order, instruction
Directoire *m.* name given to the French government from October 1795 to November 1799; style of furniture of this period
dirigeant(e) ruling
diriger to direct; **se** — to make for, go toward
discrètement discreetly, quietly
disgracieux (disgracieuse) unsightly, ungainly
disjoindre to disjoin, disunite
disjoint(e) disjunct
disloqué(e) dislocated, disjointed
disparaître to disappear
disposer to dispose, spread, arrange; be inclined to; — **de** to have at one's disposal; — **d'une minute** to have one minute free
disposition *f.* inclination, tendency, disposition; **prendre des — s** to make arrangements
disputer to quarrel, contest; **se** — to be contested, fight over
disque *m.* record
dissémination *f.* spreading, dissemination
dissimuler to conceal, hide; **se** — to hide oneself, be concealed
dissolu(e) dissolute
dissolvant *m.* solvent; — **pour ongles** nail polish remover
distant(e) distant, remote
distendre to distend, stretch out, expand
distinguer to take notice of, distinguish
distique *m.* *(poet.)* couplet
distribution *f.* distribution, casting, cast
divaguer to rave
diversité *f.* diversity, variety, difference
divin(e) divine, heavenly, exquisite
diviser to divide
dixième tenth
dizaine *f.* ten; **la** — ten (exact number); **une** — about ten (approximate number)
doctrine *f.* doctrine
documentaire documentary
dogme *m.* dogma, doctrine; **le — tout aussi important que** the dogma as important as
doigt *m.* finger; **se mettre le — dans l'œil** to make a mistake, be mistaken *(fam.)*
domestique *m. f.* servant
dominer to dominate, conquer, prevail over
dompter to tame, subdue
don *m.* gift, talent
donc then, so, therefore
donner to give
dont whose, from whom, of whom, of which, from which
dormir to sleep
dos *m.* back
double double; **la canine était** — the canine tooth had two points
doublement doubly, for a double reason
doubler to double; — **le pas** to go faster
doucement gently, slowly, softly
douceur *f.* sweetness, softness, pleasantness, gentleness
douleur *f.* pain, sorrow, affliction
douloureux (douloureuse) painful, sorrowful
doute *m.* doubt, misgiving; **sans** — doubtless
douter to doubt; — **de tout** to doubt everything; **se — de** to suspect; **je m'en doute** I expect as much
doux (douce) sweet, pleasant, gentle, soft; **à feu** — slow heat
doux-amer (douce-amère) bittersweet
douze twelve
dramatisation *f.* dramatization
drame *m.* drama, tragedy
drap woolen cloth; sheet
dresser to raise, set up, arrange
drogue *f.* drug; drugs
droit *m.* right, privilege; law; **avoir le** — to have the right; — **(e)** *adj.* right; **tout** — straight ahead
droite *f.* right, right side; **à** — on the right
drôlerie *f.* comical side
duc *m.* duke
duperie *f.* dupery, deception
dur(e) hard, harsh; **œuf** — hard-boiled egg
durable durable, lasting
durant during
durcir to harden
durer to last
eau *f.* **(eaux** *pl.***)** water; — **pluviale** rainwater; **au fil de l'** — with the current
ébène *f.* ebony
s'ébrouer to shake oneself *(animals);* to snort *(horses)*
ébullition *f.* boiling point; **amener à** — to bring to a boil *(cul.)*
écarlate scarlet
écarquiller to open wide *(eyes)*
écart *m.* spread, difference, gap; — **de l'œil** distance between the eyes
écarter to separate, discard, dismiss
ecclésiastique *m.* ecclesiastic, clergyman
échange *m.* exchange

échanger to exchange
échapper to escape, avoid; **s'** — to escape, run away
écharpe *f.* scarf; **prendre en** — to hit sideways
échec *m.* defeat, failure
échine *f.* spine
éclairer to light, enlighten, guide; *(mil.)* reconnoiter; **s'** — to light up, be enlightened
éclaireur *m.* scout
éclat *m.* brilliance, brightness
éclater to burst (forth), ring out, explode
éclipser to overshadow, outshine
école *f.* school
écorce *f.* bark of a tree, rind; *(fig.)* appearance
écorcher to skin
écoulement *m.* flow, passing
écouler to pass, flow; **s'** — to pass by, flow by
écouter to listen
s'écrier to cry out, exclaim
écrire to write; **machine à** — typewriter
écrit *m.* writing; **par** — in writing; —**(e)** *adj.* written
écriture *f.* handwriting, writing
écrivain *m.* writer
écume *f.* foam
écumoire *f.* skimmer
édition *f.* edition, publication; **maison d'** — publishing house
effacer to erase, blot out, rub out; **s'** — to become obliterated, fade away; to efface oneself
effet *m.* effect, fact; **en** — in fact, really, indeed
effilé(e) sharp, slim, slender
effleurer to touch lightly
effrayer to frighten; **s'** — to be frightened
effroi *m.* fright, terror
égal(e) equal; **cela m'est** — that's all the same to me
également also, equally
égaliser to equalize; — **la laine** to smooth out the batting (of a bedspread)
égard *m.* consideration; **à l'** — **de** with regard to, with respect to
égarer to mislead, lead astray; lose, misplace
église *f.* church
égoutter to drain, strain
eh ! ah ! well! hey! — **bien !** well!
éhonté(e) shameless, brazen (person)
élancer to launch, dart, hurl; **s'** — to rush, bound, dash, dart forth
élégant(e) elegant, handsome
élever to bring up, raise; **s'** — to rise, rise up, ascend
éliminer to eliminate
éloigné(e) removed, distant
éloigner to remove, move away; put far away; **s'** — to go away, recede
embarras *m.* perplexity, embarrassment
embarrasser to embarrass, bother
embellir to beautify
embêter (*fam.*) to bother, annoy, bore
emblée : (d' —**)** directly, straight off, at the onset
embranchement *m.* junction
embrasser to kiss, embrace; to encompass
embûche *f.* pitfall, trap
émettre to emit, transmit, broadcast
émigrer to emigrate
éminence *f.* hill, rising ground; distinction, eminence (quality, rank)
emmener to take, take away; to give a lift
émouvant(e) moving, touching
émouvoir to move, affect, stir, excite
empêcher to prevent, stop
empereur *m.* emperor
emphysémateux *m.* person suffering from emphysema
emplir to fill; **s'** — to fill (oneself)
emploi *m.* use, employment, occupation, job
employé *m.* —**e** *f.* employee; **un** — **pour rire** a make-believe employee; **petit** — minor clerk
employer to use, employ; **s'** — to be used
emportement *m.* fit of anger, rage, passion
emporter to sweep along, carry along; to take with, take away, carry away
s'empresser to hasten; to bustle about
emprisonner to imprison, put in prison
emprunter to borrow
ému(e) affected, moved, touched (emotionally)
en *prep.* in, into, at, by, of, like, within; — **bas** below, downstairs; **tout en** — at the very bottom; *pron.* some, any, of it, of them, its, from it, from this, etc.; — **être autrement** to be otherwise; **il** — **est ainsi** such is the case; **ils** — **feraient une bouillie** they would make a pulp (out of him); **n'** — **pouvoir plus** to be worn out; **s'** — **tenir à** to abide by, stick to, be content with; **s'** — **tenir là** to stop at that; **s'** — **tirer** to make out, get along; **s'il s'** —**trouve** if there are any; **ne m'** — **veuille pas** don't hold a grudge against me; **tout le monde** — **veut** everybody wants some
enchaîner to chain, put in chains
enchanté(e) magical; enchanted, delighted
encombre *f.* difficulty
encore still, yet, besides, again, even, more; — **une fois** once again; **pas** — not yet
encourager to encourage
endormi(e) sleeping, asleep, drowsy
endormir to put to sleep; **s'** — to go to sleep, fall asleep
endroit *m.* place, spot
enduire to coat
énerver to irritate, annoy; **s'** — to become unnerved
enfance *f.* childhood

enfant *m. f.* child
enfantin(e) childish
enfermer to shut up, shut away, lock up, confine
enfoncer to sink, push in or down; to smash in; **s'** — to break down, sink
s'enfuir to run away, escape, flee
engager to pawn, pledge, engage, take on; **s'** — to commit oneself, promise, undertake; to enlist (in the army)
engloutir to devour, bolt down (food)
engourdir to dull, enervate; **s'** — to get numb, become dull
enjambement *m.* enjambment, run-on line (*poet.*)
enjamber to step over, leap over
enlacer to interweave, intertwine, interlace, entwine; to embrace, clasp, hug
enlever to carry away, remove; **qui enleva cette affaire** *(mil.)* who brilliantly executed this action
enluminer to color, flush
ennemi *m.* enemy, foe
ennui *m.* ennui, tedium, boredom, dullness; problem, worry
ennuyer to bore, bother, worry, pester; **s'** — to be bored
énorme huge, flagrant, tremendous
enragé *m.* madman
enrhumer to give a cold to; **s'** — to catch cold
enseigne *f.* sign *(above a shop)*
ensemble *n.m.* unity, unison, total effect, whole, totality; *adv.* together
ensevelir to bury
ensuite then, afterward, next
entasser to pile up
entendre to hear, understand, intend; **s'** — to understand each other; to be heard; **s'** — **dire** to hear say; **bien entendu** of course, certainly
entérite *f.* enteritis (inflammation of the intestines)
enterrement *m.* funeral
enterrer to bury
entêter to make giddy, intoxicate; **s'** — to be stubborn, obstinate; **s'** — **à** to persist in
enthousiasmer to render enthusiastic, enrapture
entier (entière) entire, whole, total, complete; **en** — entirely, completely, totally
entorse *f.* sprain; *(fig.)* infringement
s'entraider to help one another
entrailles *f. pl.* intestines, bowels
entraînement *m.* training
entraîner to train, practice; to carry away; **s'** — to practice
entre between, among, in
entrée *f.* entrance
entrer to come in, enter
entretien *m.* conversation, talk; upkeep
entrevoir to catch a glimpse of
énumérer to enumerate
envahi(e) invaded
envahir to invade, overrun
envahisseur *m.* invader
envelopper to wrap up, surround
envers *m.* verso, back, reverse, wrong side; **à l'** — upside down, topsy-turvy, on the wrong side
envi : à l' — in emulation of one another
envie *f.* envy, desire, wish; **avoir — de** to want to, feel like
envier to envy, covet
environ approximately, about
environner to surround
environs *m.pl.* surroundings, vicinity
envoi *m.* sending, dispatch; **— s postaux** items sent by mail
envoyé *m.* envoy
envoyer to send
épais (épaisse) dense, thick
épanchement *m.* effusion, outpouring (of feelings)
épaule *f.* shoulder; **hausser les — s** to shrug
épave *f.* wreck, parts of a wreck, flotsam, jetsam
épée *f.* sword, épée
éperdu(e) bewildered, distracted
éperdument wildly, madly
épier to watch, spy upon
épisode *m.* episode
éplucher to peel
éponge *f.* sponge
éponger to sponge, blot
époque *f.* epoch, time, period
épouse *f.* wife
épouser to marry
épouvantable frightful, dreadful, appalling
épouvante *f.* terror, fright
épouvanter to terrify, frighten
époux *m.* husband; *m.pl.* married couple
éprouver to feel, undergo, experience, test
épuisé(e) worn-out, exhausted
équerre *f.* triangle (right-angled triangle used by draftsmen)
équilibre *m.* equilibrium, balance
équivoque ambiguous, dubious, questionable
ergoter to argue
errant(e) stray, roving, wandering
errer to wander, roam
escadron *m.* squadron *(mil.)*
escalier *m.* stairway, flight of stairs; **cage d'** — stairwell
esclave *m. f.* slave
escorter to escort, accompany
espace *m.* space
espagnol(e) Spanish
espèce *f.* species, kind, sort
espérance *f.* hope

espérer to hope
espion *m.* spy
espionner to spy upon
espoir *m.* hope
esprit *m.* mind, spirit, wit
essai *m.* trial, attempt; essay *(lit.)*
essayer to try, attempt; **essayez voir !** just try it! try and see!
essuyer to wipe; mop; to endure **s'— le front** to mop one's brow
estimer to value, appreciate; to estimate
estomac *m.* stomach
estragon *m.* tarragon
établi(e) established
établir to establish
étage *m.* story, floor; **premier —** first floor above ground floor (American second floor)
étape *f.* stage, step
état *m.* state, government; **être en — de veille** to be awake, watchful
état-major *m.* staff, headquarters; **— de servants** a staff of admirers (cavaliers, willing to serve)
été *m.* summer
éteindre to put out, extinguish, turn off, switch off; **s' —** to go out, fade, die out
étendre to extend, spread out
étendue *f.* area; expanse; extent
éternité *f.* eternity
étoffe *f.* material, fabric
étoile *f.* star
étonnant(e) astonishing, surprising, wonderful; **rien d' —** no wonder, small wonder
étonnement *m.* astonishment, amazement
étonner to astonish, amaze, surprise; **s' —** to wonder, marvel, be astonished
étouffer to smother
étrange strange
étranger *n.m.* **étrangère** *n.f.* foreigner; **à l' —** abroad; **— (étrangère)** *adj.* foreign; **Légion étrangère** Foreign Legion
être to be, belong to, have (as auxiliary); **raison d' —** justification, grounds; **— à l'heure** to be on time; **— occupé** to be busy, be occupied; **— au point** to be ready; **— sur le point de** to be about to; **— de retour** to be back; **— seul à seul** to be privately with, alone with; **— en état de veille** to be awake, watchful; **— en train de** to be underway, in the process of; **en — autrement** to be otherwise; **y — pour beaucoup** to have a good deal to do with; **c'est ici** this is the place; **c'est bien ici ?** is it really here? **ce n'est pas la peine** it isn't worthwhile; **c'est que** the fact is that; **c'est plutôt mon rayon** that's rather my department, my specialty; **c'est tout ce qu'il y a** that's all there is; **vous y êtes** you have caught on; **il en est ainsi** such is the case
être *m.* being, creature, existence
étreindre to embrace, clasp
étude *f.* study; **faire ses — s à** to be educated at (in); to study at (in)
étudiant *m.* student
étudier to study
évaluer to estimate, price, assess, evaluate
évangile *f.* gospel
évanoui(e) unconscious
s'évanouir to faint, vanish, disappear
éveiller to awaken
événement *m.* event
éventer to fan; **s' —** to fan oneself (each other)
éventrer to rip open
éventuel (éventuelle) contingent, possible, eventual
évêque *m.* bishop
évidemment evidently, obviously
évident(e) obvious, evident, plain
évier *m.* sink *(kitchen)*
éviter to avoid
évocation *f.* evocation, recalling, calling-up
évoquer to evoke, call up, allude to, mention; **— le passé** to recall the past
exactement exactly, accurately, precisely
exagéré(e) exaggerated, excessive
exagérer to exaggerate
examen *m.* examination; test; **salle d' — s** exam room
examiner to examine, test
exaspéré(e) enraged, exasperated, aggravated
excellent(e) excellent, first-class
excepté except, but for, apart from
exception *f.* exception; **à l' — de** with the exception of; **nous tous sans —** all of us without exception
exceptionnel (exceptionnelle) exceptional
excessif (excessive) excessive
exciter to excite, stir up, irritate, cause; **s' —** to get excited
excusable excusable, forgivable
exécuteur *m.* executor, enforcer; executioner; **— des hautes œuvres** executioner
exécution carrying out, execution, accomplishment, performance
exemple *m.* example; **par —** for example
exercer to exercise; to practice *(a profession)*, perform; **s' —** to practice, exercise
exercice *m.* exercise
exiger to exact, require, demand
existence *f.* existence, being, life
existentialisme *m.* existentialism: philosophical doctrine in which man's existence precedes his essence, thus granting him freedom and responsibility of choice
existentialiste existentialist
expédition *f.* expedition, dispatch
expéditionnaire *m.f.* forwarding agent, dispatcher
expérience *f.* experience; experiment
expiation *f.* atonement

expiatoire expiatory
expirer to die; breathe out, expire
explication *f.* explanation
expliquer to explain
exportation *f.* export, exportation
exposer to display, explain; to expose, risk
exposition *f.* exposition, showing, exhibition
exprès on purpose, deliberately; **faire** — to do on purpose
expressément expressly, especially
expressif (expressive) expressive, vivid
exprimer to express; **s'** — to express oneself, be expressed
exquis(e) exquisite
extase *f.* ecstasy, rapture
extatique ecstatic, enraptured
extérieur(e) outer, exterior, external
extraire to extract
extrait *m.* extract
extraordinairement extraordinarily
extrêmement extremely
fabriquer to make, manufacture
face *f.* face; **en** — **de** opposite, facing; **miroir à trois** — **s** three-sided mirror; **se voiler la** — to hide one's face
fâcher to anger; **se** — to get angry
fâcheux (fâcheuse) annoying, vexatious
facile easy, fluent, smooth
facilement easily
faciliter to facilitate
façon *f.* manner, way **à la** — **de** like; **d'une** — **détournée** in a roundabout way; — **de parler** way of speaking
factice unnatural, forced
facultatif (facultative) optional
faible *n.m.* weakness, soft spot, kindness, affection; **avoir un** — **pour** to be attracted to, be in love with; *adj.* weak, small (of number), feeble
faiblesse *f.* weakness
faillir to fail, err; — + *inf.* to come near, almost
faillite *f.* bankruptcy; **faire** — to go bankrupt
faim *f.* hunger; **avoir** — to be hungry
faire to make, do, commit, arrange; **que** — **?** what to do?; — **la cour** to woo, court; — **la cuisine** to cook; — **le deuil de** to resign oneself to get along without, resign oneself to; — **ses études** to study; — **exprès** to do something on purpose; — **faillite** to go bankrupt; — **fureur** to be all the rage; — **halte** to halt; — **mal** to hurt; — **partie de** to be part of; — **partie intégrante** to be an integral part; — **de la peine** to upset, distress someone; — **un pique-nique** to have a picnic; — **plaisir à quelqu'un** to do a favor for somone, please someone; — **tout son possible** to do one's utmost, best; — **preuve** to show; — **remarquer** to point out, draw attention to; — **des réserves** to make reservations; — **revenir** to revive; (*cul.*) to brown; — **sauter** (*cul.*) fry rapidly over high heat; — **semblant** to pretend; — **des tours** to perform feats, stunts; **homme à tout** — jack-of-all-trades; **tout fait** ready-made; **tout à fait** entirely, completely; **tout compte fait** everything considered; **se** — to be made, done; **se** — **à** to get used to; **se** — — to have something done for oneself; **se** — — **prisonnier** to make oneself be taken prisoner; **se** — **un jeu de** do make light of something; **se** — **un sang** fret, worry; **cela (ça) ne fait rien** it doesn't matter; **ils en feraient une bouillie** they would make a pulp (out of him)
fait *m.* fact; act, deed; — **d'armes** feat of arms; **en** — in fact, in truth
faîte *m.* ridge (of a roof), top
fait-tout *m.* (*inv.*) (*cul.*) stewpot
falloir to be necessary, proper, expedient (used only with impersonal pronoun **il** as subject)
familier (familière) familiar, intimate
famille *f.* family
fanion *m.* pennant
fantaisie *f.* fancy, imagination
fantaisiste whimsical, fantastic
fantasmagorique magical, ghostly, supernatural
fantoche *m.* puppet
fantôme *m.* ghost
fardeau *m.* burden, load
farine *f.* flour
fatalité *f.* fate
fatigue *f.* fatigue, weariness
faubourg *m.* suburb; division or section of a city
faute *f.* mistake, fault; — **de frappe** typing error; — **d'orthographe** spelling error; — **de** for want of; **en** — at fault, in the wrong
fauteuil *m.* armchair
faux *f.* scythe
faux *n.m.* falsehood, error, false one; *adj.* — **(fausse)** false
faveur *f.* favor
favori (favorite) favorite
fécondité *f.* fertility, fecundity, fruitfulness, richness
féerique fairylike, enchanting, magical
féliciter to congratulate
féminin *m.* feminine, pertaining to feminine gender
femme *f.* woman; wife; — **d'intérieur** housewife, homemaker
fendre to split, break
fenêtre *f.* window
féodal(e) feudal
fer *m.* iron
ferme steady, firm, resolute; **de pied** — without budging, firmly
fermer to close, shut; **se** — to be closed, close

down, shut
fermeté *f.* strength, fortitude
féroce fierce, savage
férocité *f.* fierceness, ferocity
ferveur *f.* fervor
fesse *f.* buttock
festin *m.* feast, banquet
fête *f.* festival, entertainment; holiday, saint's day
feu *m.* **(feux** *pl.***)** fire, flame, light; **à — doux** *(cul.)* slow heat; **à petit** — slow heat *(cul.)*; **armes à** — firearms **pot-au-** — *(cul.)* beef soup with vegetables
feuillage *m.* foliage
feuille *f.* leaf; sheet of paper
fiançailles *f.pl.* engagement; **bague de** — engagement ring
ficeler to bind
ficher *(fam.)* to do, put; **— dehors** *(fam.)* to kick out; **se — de** *(fam.)* to make fun of; **je m'en fiche** I don't care
fidèle faithful, exact
fiel *m.* gall; *(fig.)* bitterness, hatred
fier (fière) proud
se fier à to trust
fiévreux *n.m.* a man with a fever; **— (fiévreuse)** *adj.* feverish
figure *f.* face, appearance, form
figurer to represent, appear, figure
fil *m.* thread; **au — de l'eau** with the current
filet *m.* net; piece of fish or meat
fille *f.* girl, daughter; spinster
fils *m.* son
fin *f.* end
fin(e) thin, small, fine; expert, keen; **fines herbes** *(cul.)* mixed herbs used as seasoning; **pluie — e** drizzle
final(e) final
finalement finally, at last
finesse *f.* fineness, sharpness, keenness; neatness; delicacy
fini(e) finished, ended, over; **c'est** — it's all over
finir to end, finish, complete
firmament *m.* firmament, heaven
fixe fixed, firm, steady
fixer to fasten; fix; **tenir les yeux fixés sur** to stare at
flacon *m.* flask
flageolet *m.* small kidney bean
flamme *f.* flame
flancher to wince; break down
flanquer to flank, consign, throw
flatter to flatter, please
flatterie *f.* flattery, adulation
flèche *f.* arrow
fleur *f.* flower
fleuri(e) flowered (decorated with flowers)
fleuve *m.* river
florentin(e) from Florence, Italy
flot *m.* flood, wave; throng
fluet (fluette) slender
foi *f.* faith, belief, trust; **ma — !** indeed!, really!
fois *f.* time; **à la** — at the same time, at once; **une** — once; **une — de plus** once more; **une — pour toutes** once and for all; **encore une** — once again; **tout à la** — at the same time; **toutes les — que** every time that, whenever
folie *f.* madness, lunacy, insanity
fonction *f.* function
fonctionnaire *m.f.* state servant, civil servant
fond *m.* bottom, background, depth, basis; **au — de** in the depths, at the bottom of; at heart; **la porte du** — rear door
fondateur *m.* founder
fonder to found, start, establish, institute
fondre to melt
fonte *f.* smelting, thawing, melting; casting (of a statue); **il sera à la fonte** it will be sent to be melted
fonts *m.pl.* font; **tenir sur les — baptismaux** to stand godmother or godfather to a child
force *f.* strength, might, skill, force; **à toute** — by all means, at all costs; **à — de** because of, as a result of; **— s** *f.pl.* troops, forces (mil.)
forcer to force, compel, oblige
forfait *m.* crime
forme *f.* form
formel (formelle) formal; positive, definite
former to form, shape, mold; **se** — to take form, shape; **— la haie** to stand in line (soldiers)
formidable formidable, tremendous; **des clameurs — s** a tremendous outcry
fort(e) *adj.* strong, powerful, great; *adv.* very, very much, greatly; **— peu** very little
fortement strongly
fortuné *m.* person who is fortunate, privileged, lucky
fossé *m.* ditch
fou, fol (folle) crazy, mad, insane, foolish; **folle avoine** wild oats
fouet *m.* whisk, whip
foule *f.* crowd
four *m.* oven, kiln
fourche *f.* pitchfork, fork
fourchette *f.* fork
fournir to supply, give
fourrager (fourragère) fit for fodder; **radis** — radish for fodder
fourré *m.* thicket
fourreau *m.* scabbard
fourrureau *m.* scabbard; sheath; case
fourrure *f.* fur
foutre (fam.) to put, do; **se — de** *(fam.)* to make fun of
fox *m.* fox-terrier

fragile fragile, frail
fraîcheur *f.* freshness, coolness
frais *n.m.* coolness; **prendre le** — to take a breath of cool air; — **(fraîche)** *adj.* fresh, cool; **de** — newly, freshly
frais *m.pl.* expense, expenses, charge, charges; **se mettre en** — to make efforts (to please, etc.)
fraise *f.* strawberry
franc *m.* franc (French as well as Belgian and Swiss currency)
franc (franche) frank, sincere
Français *m.* Frenchman; — **e** *f.* French woman
français *n.m.* French (language); *adj.* — **(e)** French; **à la** — **e** in the French style, manner
franchir to clear, get over, cross
franc-tireur *m.* sniper; guerrilla
frappe *f.* impression; **faute de** — typing error
frapper to strike, knock
frayeur *f.* fright
frémir to quiver, tremble, shudder, shake (with fright), rustle
frénétique frantic
fréquent(e) frequent, often
fréquenter to see frequently; to move in (literary, fashionable circles)
frère *m.* brother
frison *m.* curly hair, tendril
frisson *m.* shudder, thrill
frissonner to shiver, tremble
frit(e) fried
frites *f.pl.* French fried potatoes
friture *f.* fried food (especially fish)
froid(e) cold; **avoir** — to be cold
fromage *m.* cheese
front *m.* forehead, brow
frontière *f.* border, frontier
fruit *m.* fruit; — **s de mer** seafood
fugitif (fugitive) fugitive, fleeting, transient
fuir to run away, escape
fuite *f.* flight
fumé(e) smoked
fumée *f.* smoke
fumer to smoke
funèbre funereal, mournful, lugubrious
funérailles *f.pl.* funeral, obsequies
fureur *f.* fury, rage; **faire** — to be all the rage
fuselé(e) tapered
fusil *m.* gun; **la baïonnette au** — with fixed bayonets; **coup de** — gunshot
fusillade *f.* shooting
fusiller to shoot down, execute by shooting, gun down
futur *m.* future
gabegie *f.* fraud; *(fam.)* muddle, stupidity
gâcher to spoil, make a mess of *(fam.)*; **se** — to make a mess of *(fam.)*
gage *m.* pledge, token, proof
gagner to gain, get, earn, win, overcome; to reach
gaieté (or **gaîté**) *f.* cheerfulness, good humor, mirth, high spirits
galant(e) gallant, courteous, amorous, romantic
gamin *m.* (— **e** *f.*) kid, urchin; — **(e)** *adj.* playful
ganter to glove (to cover as tightly as a glove)
garant *m.* guarantor, one who vouches for
garçon *m.* boy, young fellow; waiter; **mon** — my son; — **de bureau** office boy
garde *f.* guard, watch; — **nationale** National Guard, militia; **mettre en** — to put on guard, warn; **monter la** — to mount guard
garde *m.* guard, watchman; — **national** member of the National Guard
garde-à-vous *m. (inv.) (mil.)* position at attention
garder to keep, take care of, guard
gardien *m.* guard, keeper, protector
garrotter to bind, tie
gâteau *m.* **(gâteaux** *pl.***)** cake, pastry; **pelle à** — cake server
gâté(e) spoiled
gâteux (gâteuse) senile
gauche *f.* left hand; left side; **à** — to (on, at) the left; *(adj.)* left
gaufre *f.* waffle
gaz *m.* gas; **bec de** — gas-jet
gémir to moan, groan
gêne *f.* embarrassment, trouble, discomfort
gêner to embarrass, bother, hinder
général(e) general; **le secrétaire** — chief secretary
Gênes Genoa (city in Italy)
génie *m.* genius; genie
genou *m.* **(genoux** *pl.***)** knee
genre *m.* kind, type; genre *(lit.)* gender *(gram.)*
gens *m.pl.* (*f.pl.* when preceded by an adjective) people; **petites** — people of modest means, poor people
gentil (gentille) nice, pleasant, kind
géomètre *m.* geometrician
germanique Germanic
geste *m.* gesture
gigot d'agneau *m.* leg of lamb
glace *f.* ice, ice cream; mirror
glacé(e) frozen, freezing, ice-cold, frosted
glacer to freeze, chill; to paralyze
glacial(e) icy
glisser to slip, glide; — **à l'oreille** to whisper in someone's ear; **se** — to slide; to creep, steal
gloire *f.* glory
glycine *f.* wisteria
godasse *f.* shoe *(fam.)*
goitreux *m.* person suffering from goiter

gondoler to bulge, wrinkle
gonfler to swell
gorge *f.* throat, woman's breast, bosom; ravine
gorille *m.* gorilla
gothique Gothic
gourdin *m.* club, thick stick
gourmand(e) greedy, gluttonous
goût *m.* taste, inclination
goûter to taste
goutte *f.* drop
gouvernement *m.* government
grâce *f.* favor, thanks; charm, grace; **— à** thanks to
graillon *m.* unpleasant kitchen smell
graine *f.* seed
graisse *f.* grease
grand(e) large, big, tall, great; **— magasin** department store; **au — cœur** great-hearted
grandeur *f.* size, greatness; **— nature** life-size
grandir to grow, increase
gras (grasse) fat, plump, oily, greasy; **la bouche — se** with a greasy mouth; **caractère —** bold type
gratin *m.* cheese-topped dish, gratin
gratiner to cook *au gratin* (with cheese on top)
gratter to scratch
grave serious, grave
graver to engrave
gravure *f.* engraving, print
gré *m.* pleasure, inclination; **à son —** as (he) pleases
grec (grecque) Greek
grègues *f.pl.* breeches worn before the 18th century; **leurs — étaient à terre** their breeches were on the ground
grenade *f.* grenade, bomb
grenier *m.* attic
grenouille *f.* frog
grille *f.* iron gate, railing
griller to grill, broil *(cul.)*
grimper to climb, clamber up
grisant(e) exhilarating, intoxicating
gros (grosse) large, big, stout, fat
grossier (grossière) coarse, rough, impolite, crude, vulgar
groupe *m.* group
guère hardly, scarcely; **ne . . . —** hardly at all
guéridon *m.* a small round table
guerre *f.* war, warfare; **— mondiale** world war; **chant de —** war song, battle song
guerrier *m.* warrior
guetter to watch for, be on the lookout
guillemet *m.* quotation mark
guillotine *f.* guillotine
guillotiner to guillotine
guise *f.* manner, fancy; **en — de** by way of; **à votre —** as you like, prefer, in your way
guitare *f.* guitar
habiller to dress; **s' —** to get dressed
habit *m.* clothe(s), garment
habitant *m.* inhabitant, resident
habiter to live in, inhabit, lodge
habitude *f.* habit, custom; **avoir l' — de** to be used to; **comme d' —** as usual
habituer to accustom, habituate, familiarize
hagard(e) distraught, frantic
haie *f.* hedge; **former la —** to stand in line *(soldiers)*
haillon *m.* rag, tatter
haine *f.* hatred, hate
haleter to gasp, pant
halo *m.* radiance, halo
halte *f.* halt, stop; **faire —** to halt
hanche *f.* hip
hanter to haunt, obsess
hantise *f.* obsession
hardes *f.pl.* old clothes, rags
hardi(e) daring, fearless, bold
hargne *f.* grumpiness, bad temper
haricot *m.* bean
harmonieusement harmoniously
harmonieux (harmonieuse) harmonious
hasard *m.* risk, danger, hazard, chance, luck; **au —** at random, haphazardly
hausser to raise; **— les épaules** to shrug
haut *n.m.* upper part, height; **— (e)** *adj.* tall, high, loud; **à — e voix** aloud; **à — e et intelligible voix** in a clear and audible voice; **exécuteur des — es œuvres** executioner; *adv.* high, loud, aloud; **en —** above; **là- —** up there; **tout —** aloud; **tout en —** at the very top; **tout là- —** way up there
hauteur *f.* height
hébéter to stun, stupefy
hélas alas
herbe *f.* grass; **fines — s** mixed herbs (used for seasoning) *(cul.)*
hérisser to bristle, stand on end
héroïne *f.* heroine
héroïsme *m.* heroism
héros *m.* hero
hésitant(e) undecided, wavering
hésiter to hesitate, waver
heure *f.* hour, time, o'clock; **à l' — même** just now, at that very hour; **de bonne —** early; **tout à l' —** presently, just now, in a short while; **à tout à l' —** see you soon; **être à l' —** to be on time
heureusement happily, fortunately, luckily, successfully
heureux (heureuse) happy
hideux (hideuse) hideous
hier yesterday
hisser to hoist, pull up
histoire *f.* history, story; **— de rire** something to laugh at, just for a joke

historien *m.* historian
historique historical
hiver *m.* winter
hocher to nod, shake (one's head)
hollandais(e) Dutch
homard *m.* lobster
hommage *m.* homage, tribute, token
homme *m.* man; **— de lettres** man of letters; **— -orchestre** jack-of-all-trades; **en tant qu' —** as a man
honneur *m.* honor; credit
honte *f.* shame, disgrace; **avoir —** to be ashamed of
honteux (honteuse) ashamed, shameful
hoquet *m.* hiccup
horaire *m.* schedule, timetable
horizon *m.* horizon; **à l' —** on the horizon
horloge *f.* clock
horreur *f.* horror
hors out, outside; **— de combat** disabled; **— de prix** exorbitant
hors d' œuvre *m. (inv.)* hors d' oeuvre, appetizer; **— variés** selection of appetizers
hospitalité *f.* hospitality
hostie *f.* host, consecrated wafer
hôte *m.* host; guest
hôtel des ventes *m.* auction house
hôtel de ville *m.* town hall
huile *f.* oil
huilé(e) oiled, smooth; **carton —** heavy oiled paper for lampshades
huissier *m.* doorman, usher (usually in uniform)
huitième eighth
humain(e) human, humane
humaniser to humanize; **s' —** to become more human or sociable
humanité *f.* humanity, mankind
humeur *f.* temper, spirit, humor
humide watering, damp, wet, humid
humoristique humorous
hurler to scream, yell, howl
hutte *f.* hut
hymne *m.* anthem, hymn
hypnotiser to hypnotize, mesmerize
ibis *m.* ibis (exotic bird, venerated by the ancient Egyptians)
ici here, in this place; **c'est bien — ?** Is it really here?; **c'est —** this is the place;**d' — là** from here to there, between now and then;**— même** this very spot, right here
idée *f.* idea, notion; **a-t-on — d'une boucherie pareille** can one imagine such a slaughter
identifier to identify
identique identical
idiot(e) idiotic, stupid
idole *f.* idol
ignoble unworthy, ignoble, filthy, disgusting
ignorer to be ignorant of, not to know
illico *(fam.)* immediately
illuminer to illuminate, light up, enlighten
illustre illustrious, famous
illustrer to illustrate
image *f.* image, picture, likeness
imagé(e) vivid, picturesque
imaginé(e) imagined
imaginer to imagine, conceive, think, fancy; **s'—** to imagine oneself, conjecture, fancy
imbécile *m.f.* imbecile, idiot, fool
immédiatement immediately
immense huge, immense
immeuble *m.* apartment house, building
immobile motionless
immodéré(e) excessive, immoderate
imparfait *n.m.* that which is incomplete, unfinished; imperfect tense *(gram.)*; **— (e)** *adj.* imperfect, defective
impatiemment impatiently
impensable unthinkable
impersonnel (impersonnelle) impersonal
impitoyable merciless, pitiless
impitoyablement mercilessly
implacable implacable, inexorable
impopulaire unpopular
importer to import, concern, matter, signify; **à n'importe quel prix** at any price; **à n'importe qui** to anybody; **à n' import[e] quoi** to anything; **peu importe** it doesn['t] matter
importuner to bother, trouble
imposteur *m.* impostor, cheat
imposture *f.* imposture, deception, illusion
impressionner to impress
inavouable shameful, undisclosable
incapable unable, incompetent, incapable
incarner to embody, personify, incarnate
incertain(e) uncertain, unsure
incessant(e) ceaseless, unremitting
incliné(e) tilted, inclined
incongru(e) incongruous, unseemly
inconnu *n.m.* **(—e** *n.f.***)** stranger; **—(e)** *adj.* unknown
inconscience *f.* unconsciousness
incontestable unquestionable, indisputable
incroyable incredible
inculte uncultivated, unkempt, uneducated
indécis(e) indecisive, undecided
indépendance *f.* independence
indicatif *m.* indicative (mood) *(gram.)*
indicible inexpressible, indescribable
indifférent(e) indifferent, unconcerned
indigence *f.* poverty, destitution
indigent *n.m.* **(—e** *n.f.***)** pauper; **—(e)** *adj.* poor, destitute
indiquer to indicate, point out
indirectement indirectly
indiscrétion *f.* indiscretion, imprudence
individu *m.* individual

indulgent(e) lenient, indulgent
inégal(e) unequal, uneven
inestimable priceless
infaillibilité *f.* infallibility
infaillible infallible, never failing
infini *n.m. and adj.* **(-e)** infinite, endless
infiniment infinitely, exceedingly
infirme frail; invalid, cripple
ingénieur *m.* engineer
ingénieux (ingénieuse) clever, ingenious
ingrat(e) ungrateful
initial(e) initial
initier to initiate
innocent(e) innocent
inonder to inundate, overflow
inouï(e) unheard of, unprecedented
inquiet (inquiète) uneasy, anxious, troubled
inquiétant(e) disquieting, alarming
inquiéter to worry; **s'—** to worry
insatiable incapable of being satisfied
inscrire to inscribe, set down, register; **s'—** to sign up, register, enter one's name
insolite unusual, strange
insomnie *f.* insomnia, sleeplessness
inspecteur *m.* inspector, superintendent
inspiration *f.* inspiration, impulse
inspirer to inspire
installer to set, equip; **s'—** to settle oneself
instant *m.* moment, instant; **à l'—** immediately
instruire to inform, instruct
insulter to insult
insupportable unbearable
intact(e) intact, unchanged, untouched
intégrant(e) integral; **faire partie — e** to be an integral part
intellectuel (intellectuelle) intellectual
intelligible clear, understandable, intelligible; **à haute et — voix** in a clear and audible voice
intendant *m.* major-domo; administrative officer *(mil.)*
interdire to prohibit, forbid
interdit *m.* prohibition, what is forbidden
intéressant(e) interesting
intéresser to interest, concern; **s' — à** to be interested in, be concerned with
intérêt *m.* interest
intérieur *n.m.* interior; **à l' — de** inside; **femme d' —** housewife, homemaker; **ministère de l' —** Ministry of the Interior; **— (e)** *adj.* inner, inside
interlocuteur *m.* interlocutor, one who takes part in a dialogue or conversation
intermédiaire *m.* intermediary
interminable endless
interpréter to interpret, explain
interrogation *f.* questioning; interrogation; **point d' —** question mark
interrompre to interrupt, stop; **s' —** to stop oneself, break off
intervenir to intervene, interfere
intimité *f.* intimacy, closeness
intituler to entitle, give a title
introduire to insert, bring in, show in, introduce; **s' —** to gain admittance
inutile useless, needless, unnecessary
inventer to invent
inventeur *m.* inventor
involontaire involuntary, unintentional
involontairement involuntarily
ironie *f.* irony
ironique ironic
irréel *n.m.* unreality; **— (irréelle)** *adj.* unreal
irrégulier (irrégulière) irregular, uneven
irrégulièrement irregularly, unevenly, fitfully
irréprochable beyond reproach, faultless
irrésistiblement irresistibly
irriter to irritate, annoy
isolé(e) solitary, isolated
issue *f.* way out; *(fig.)* result; **sans —** hopeless
italien (italienne) Italian
ivoire *f.* ivory
ivre drunk, intoxicated
jadis a long time ago
jaloux (jalouse) jealous
jamais ever, never; **à —** forever; **ne —** never; **pour —** forever
jambe *f.* leg
japonais *m.* Japanese
jaquette *f.* jacket, morning coat
jardin *m.* garden
jaser to gossip
jasmin *m.* jasmine
jaune yellow
jeter to throw, cast, hurl; **— le trouble** to disturb; **— bas** to throw on the ground
jeu *m.* **(jeux** *pl.***)** game; **— sur les mots** play on words; **jouer un —** to put on an act; **se faire un — de** to make light of something
jeudi *m.* Thursday
jeune young
jeûne *m.* fast; abstinence (food)
jeunesse *f.* youth
joie *f.* joy
joindre to join, unite, add
joint(e) joined, clasped, added; **à pieds — s** with one's feet together
joli(e) pretty
joue *f.* cheek
jouer to play, act; **— un jeu** to put on an act; **— un mauvais tour** to play a bad trick; **faire — un ressort** to release a spring
joug *m.* yoke, bondage
jouir to enjoy
jour *m.* day, daylight, daytime; **au — levant** at daybreak; **de — en —** from day to day; **de nos — s** these days, in our time, nowa-

days; **le lever du** — daybreak; **tous les deux — s** every second (other) day; **mouchoir du** — clean handkerchief daily; **quinze —s** two weeks
journal *m.* **(journaux** *pl.***)** newspaper; diary
journée *f.* day; **toute la** — the whole day, all day long
juge *m.* judge
jugement *m.* judgment, opinion
juger to judge, consider, believe, think; **se** — to judge oneself
juillet *m.* July
juin *m.* June
jumeau *m.* **(jumelle** *f.***)(jumeaux** *m.pl.***)** *n.* or *adj.* twin
jupe *f.* skirt
jupon *m.* petticoat
jurer to swear, promise
jus *m.* juice
jusque till, until, as far as; **— -là** until then, up to that point
jusqu'à *prep.* until; **jusqu'à ce que** *conj.* until
juste *adj.* fair, just; *adv.* rightly, justly, exactly, barely, narrowly
justement exactly, precisely
justifier to justify

kilomètre *m.* kilometer (about six-tenths of a mile); **à six — s** six kilometers away

là there; **— -bas** over there, yonder, down there; **— -dedans** in it, in there; **— -haut** up there; **tout — -haut** way up there; **çà et** — here and there; **d'ici** — from here to there, between now and then; **jusque-** — until then, up to that point; **s'en tenir** — to stop at that
lâche cowardly
laid(e) ugly
laideur *f.* ugliness
laine *f.* wool; **ègaliser la** — to smooth out the batting (of a bedspread)
laisser to leave, leave behind, allow; **se** — to allow oneself, let oneself; **c'est à prendre ou à** — take it or leave it
lait *m.* milk
laiton *m.* brass
laitue *f.* lettuce
lamentable pitiful
lamenter to moan, lament; **se** — to lament, bewail, deplore
lampadaire *m.* floor lamp; street lamp
lampe *f.* lamp; **— de chevet** bed lamp; **— pigeon** small oil lamp
lancer to throw; **se** — to rush; *(fig.)* to embark on
lancinant(e) shooting *(pain);* haunting
langage *m.* language, speech; **si tous vos collègues tenaient ce** — if all your colleagues spoke that way
langue *f.* tongue, language
lanterne *f.* lantern
lapin *m.* rabbit
large *n.m.* width, breadth; open sea; **prendre le** — to clear off, take off; *adj.* wide; generous
larme *f.* tear
las (lasse) weary
latte *f.* floorboard
laurier *m.* bay leaf
lavabo *m.* sink *(in a bathroom);* **— s** *pl.* water closet, toilet
lavement *m.* washing
laver to wash
lecteur *m.* reader
lecture *f.* reading
léger (légère) slight, light; **à la légère** lightly, impulsively
légèrement slightly, thoughtlessly
légion *f.* legion; **— étrangère** Foreign Legion
légionnaire *m.* soldier of the French Foreign Legion
légume *m.* vegetable
lendemain *m.* next day
lentement slowly
lequel, laquelle, lesquels, lesquelles who, whom, which, that
lestement briskly; nimbly
lettre *f.* letter; **à la** — literally; **les belles — s** humanities; **un homme de — s** a man of letters; **suivre à la** — to follow literally
leurre *m.* deception
levant rising (sun); **au jour** — at daybreak
levée *f.* rising, call to arms, upheaval
lever to raise, lift, lift up; **se** — to get up, rise, stand up
lever *m.* rising; **— du jour** daybreak
lèvre *f.* lip
lézarde *f.* crack
lézardé(e) cracked
liane *f.* liana; tropical creeper
libellule *f.* dragonfly
libérer to liberate, free
liberté *f.* freedom, liberty
libertin(e) dissolute, libertine, wanton
libre free
librement freely
lien *m.* bond, tie, link; **— s** *pl.* bonds, chains, shackles
lier to tie up, bind, link up, unite; **se — avec** to become friendly with; **se — d'amitié** to become friends
lieu *m.* place, spot; **au — de** instead of; **avoir** — to take place
lièvre *m.* hare; **tapi comme un** — cowering like a hare
ligne *f.* line
limace *f.* slug; *(fam.)* shirt
lime *f.* file; **— à ongles** nail file
Limousin *m.* inhabitant of the province of

same name
linge *m.* linen
lire to read
lisible readable
liste *f.* list; **— noire** blacklist
lit *m.* bed
littéraire literary
littérature *f.* literature
livre *f.* pound (equals 500 grams in the metric system; 10% more than the avoir du poids pound which equals 454 grams)
livre *m.* book
livrer to deliver, hand over; **se — à** to be engaged in
location *f.* renting, leasing
locution *f.* expression, term, locution
loger to house, lodge
logique logical
logis *m.* house, home, lodgings
loi *f.* law
loin far, far off, distant; **au** — far away
lointain *n.m.* distance; **— (e)** *adj.* distant, far off
long *n.m.* length, extent; **le — de** along; **tout au** — the whole length; **tout le** — all along; **— (longue)** *adj.* long, slow
longer to skirt, walk along
longtemps long, a long time
longuement a long time, at length
loquet *m.* latch
lorgnon *m.* eyeglasses, pince-nez, lorgnette
lorsque when
lot *m.* lot, fate
louange *f.* praise
louer to rent; praise
louis *m.* French gold coin
lourd(e) heavy
lourdement heavily
lucidité *f.* lucidity, clear-mindedness
lueur *f.* glimmer, light
lugubre lugubrious, gloomy, dismal
lundi *m.* Monday
lune *f.* moon; **rayon de** — moonbeam
lustre *m.* chandelier
lutte *f.* struggle, fight
lutter to fight, offer resistance, struggle
luxe *m.* luxury
lycée *m.* secondary public school
lycéen *m.* secondary-school student
lys *m.* lily
M. abbreviation of **Monsieur** (Mr.)
machinalement automatically, instinctively
machine *f.* machine, engine; **— à écrire** typewriter; **taper à la** — to type
maculer to dirty, stain
madame *f.* **(mesdames** *f.pl.***)** madam, lady, Mrs.
mademoiselle *f.* **(mesdemoiselles** *f.pl.***)** miss
magasin *m.* store; **grand** — department store
magique magical
magistral(e) masterly, brilliant
magnanime noble, magnanimous, eager for glory
magnifique magnificent
magot *m.* species of ape; *(fig.)* ugly person
mai *m.* May
maigre thin, lean, skinny
maigrelet (maigrelette) a little thin, lean, spare
maigrir to lose weight, grow thin
main *f.* hand; **à deux —s** with both hands
maintenant now
maintenir to sustain
mairie *f.* city hall, town hall
mais but
maison *f.* house, family; **— de ville (Hôtel de ville)** town hall; **— d'édition** publishing house; **— de santé** nursing home, mental home
maître *m.* master, teacher
majesté *f.* majesty
majestueux (majestueuse *f.***)** stately
mal *n.m.***(maux** *pl.***)** evil, bad, aches, hurt; *adv.* wrongly, badly; **avoir du** — to have difficulty; **faire — à** to hurt; **pas — du tout** not bad at all; **tomber** — to do something inopportune, come at the wrong moment
malade sick, ill, unwell
maladie *f.* sickness, disease
malaise *m.* feeling of faintness or sickness; discomfort
mâle male, manly
malédiction *f.* curse, malediction
malgré in spite of
malheur *m.* misfortune, misery, disgrace
malheureux (malheureuse) unfortunate, unhappy
malin (maligne) sly, shrewd
malpropre dirty, grubby, grimy
mandarin *m.* mandarin *(high official of the Chinese Empire)*; by analogy man of letters, intellectual
mangeaille *f.* food for certain animals; *(fam.)* food for humans
manger to eat, eat up, squander
manguier *m.* mango tree
manière *f.* manner, way, kind; **de — à** so as to
manifester to show, indicate, demonstrate; **se** — to show itself, oneself; to express itself, oneself; appear
manœuvrer to maneuver, handle, scheme
manque *m.* lack, want
manquer to lack, miss, fail, be missing; **— à** to flaunt, neglect; **il a manqué ne pas me croire** he almost didn't believe me
mansarde *f.* small attic room
mante *f.* cloak (for a woman)
manteau *m.* woman's coat; mantle, soldier's overcoat; **— de cheminée,** mantlepiece
maquillage *m.* make-up
marchand *m.* **(marchande** *f.***)** merchant, dealer

marche *f.* walk, march; way of proceeding — **d'escalier** step of a staircase
marché *m.* marketplace; **à bon** — cheap; — **aux puces** flea market
marcher to walk, march
maréchal *m.* marshal
margouillat *m.* gray lizard (found only in Africa)
mari *m.* husband
mariage *m.* wedding, marriage
marié(e) married
marier to marry, give in marriage; **se** — **(avec)** to marry
marque *f.* brand, trademark; mark, sign
marquer to mark
martin-pêcheur *m.* kingfisher (bird)
martyriser to torture, torment
massacrer to massacre, murder
massif (massive) massive, bulky, heavy
matelas *m.* mattress
matérialisme *m.* materialism
matière *f.* matter, subject matter
matin *m.* morning; **au** — in the morning
maussaderie *f.* sulkiness, sullenness, moodiness
mauvais(e) bad; — **temps** bad weather; **jouer un** — **tour** to play a bad trick; **sentir** — to smell bad
mazout *m.* oil (fuel)
mécanique mechanical
méchant(e) mean, nasty
mécompte *m.* miscalculation, error, disappointment
médecin *m.* physician (M.D.)
médiocrité *f.* mediocrity, nonentity
médire to slander
méditation *f.* meditation, musing
se méfier to mistrust, distrust, be suspicious; **méfiez-vous !** watch out! keep your eyes open!
mégot *m.* cigarette butt; **ramasseur de** — person who picks up cigarette butts
meilleur(e) better; **le** —, **la** — **e**, **les** — **s**, **les** — **es** the best
mélancolie *f.* melancholy, despondency
mélancolique melancholy, melancholic, gloomy
mélange *m.* mixture
mélanger to mix, combine
mêlée *f.* scuffle
mêler to mix, mix together, mingle; **se** — to mingle, interfere; **de quoi vous mêlez-vous ?** what business is it of yours?
mélodie *f.* melody, tune
membre *m.* member, limb
même *adj.* same, identical; self, very *(after a noun)*; *adv.* even, indeed, also, too; **en** — **temps** at the same time; **ici** — this very spot; **à l'heure** — just now, at that very hour; **tout de** — all the same, just the same
mémoire *f.* memory; — **s** *m.pl.* memoirs, life story
menacer to menace, threaten
ménage *m.* household; couple
ménager (ménagère) thrifty, pertaining to the house, fit for human consumption; **radis** — edible radish
ménager to spare, treat carefully
mener to lead, conduct
mensonge *m.* lie
menteur *m.* **(menteuse** *f.***)** liar
mentir to lie
méprendre to mistake, make a mistake, be mistaken for; **à s'y** — might almost be taken for
mépris *m.* contempt, scorn
mépriser to despise, scorn
mer *f.* sea; **fruits de** — seafood
merci *m.* thanks, thank you
mère *f.* mother
mérite *m.* merit
mériter to deserve, merit; — **la peine** to be worth the trouble
merveilleux *n.m.* supernatural, fantastic element; — **(merveilleuse)** *adj.* marvelous, wonderful
messager *m.* messenger
messe *f.* mass
mesure *f.* measurement, extent, degree
mesurer to measure
méthode *f.* method
métier *m.* job, profession
metteur en scène *m.* stage or screen director or producer
mettre to put, use, place, put in, on; — **à l'aise** to put at ease; — **à la porte** to throw out, fire, dismiss; — **au net** to clarify, put in order; — **aux voix** to put to the vote; — **dans son tort** to put somebody in the wrong; — **en garde** to put on guard, warn; — **en ordre** to straighten out; — **en terre** to bury; — **entre guillemets** to enclose in quotation marks; — **le pied** to set foot; **se** — **à** to begin, start; **se** — **d'accord** to come to an agreement; **se** — **en colère** to get angry; **se** — **en frais** to make efforts (to please, etc.); **se** — **en mouvement** to start out; **se** — **en route** to set out; **se** — **le doigt dans l'œil** *(fam.)* to make a mistake, be mistaken
meuble *m.* piece of furniture; — **s** furniture
meurtre *m.* murder
meurtri(e) bruised, sore
midi *m.* noon; **le Midi de la France** the south of France
le mien *m.* **(la mienne** *f.***)(les miens** *m.pl.***)(les miennes** *f.pl.***)** *pron.* mine
mieux better; **tant** — so much the better; **il vaut** — it is better
milice *f.* militia, troops, soldiery

milieu *m.* middle; environment; circle; **au — de** in the midst of, the middle of, among
militaire *n.m.* military man; *adj.* military; **service —** military service
mille thousand
minauderie *f.* simpering, smirking, mincing manners
mince thin, slender
mine *f.* deposit, mine (coal etc.)
mineur *m.* miner
ministère *m.* ministry, cabinet, department; **— de l'intérieur** Ministry of the Interior
minuit midnight
minutieux (minutieuse) minute, searching, detailed
miroir *m.* mirror; **— à trois faces** three-sided mirror
miroiter to sparkle, gleam
mis(e) placed; dressed
misérable miserable, unfortunate, poor
misère *f.* distress, want, wretchedness, misery
miséricorde *f.* mercy
missel *m.* missal
mite *f.* moth
mitraille *f.* ammunition for rifles, machine guns, etc.
Mlle abbreviation of **Mademoiselle** (Miss)
Mme. abbreviation of **Madame** (Mrs.)
mode *f.* fashion; **à la —** fashionable
mode *m.* mode; mood (of a verb) *(gram.)*
modèle *m.* model
moderniser to modernize, bring up-to-date
modeste modest, unassuming, simple
modestie *f.* modesty, simplicity
modifier to modify
moellon *m.* building stone
mœurs *f.pl.* customs, habits
moindre less; **le, la — , les — s** least, smallest
moineau *m.* sparrow
moins less, fewer; not so (much); **à — que** unless; **au —** at least; **du —** at any rate, at least, at all events; **le —** least
moire *f.* watered silk
mois *m.* month
mollet *m.* calf (of the leg)
môme *m.f. (fam.)* kid, child
moment *m.* moment, time; **à tout —** at any time, every instant
monarchie *f.* monarchy
monarchique monarchistic, monarchical
monarque *m.* monarch
monastère *m.* monastery, convent
monde *m.* world; people; **tout le —** everybody; **en ce bas —** on this earth; **tout le — en veut** everybody wants some; **toutes les peines du —** all the trouble in the world
mondial(e) worldwide, universal; **guerre — e** world war
monnaie *f.* currency; change (small coins)
monologuer to talk to oneself
monotone monotonous, dull, dreary
monsieur *m.* **(messieurs** *pl.***)** mister, Sir, gentleman
monstre *m.* monster
monstrueux (monstrueuse) monstrous; freakish
montagne *f.* mountain
montée *f.* rise *(of a river)*
monter to go up, climb, mount, carry up; to stage *(a play)*; **— la garde** *(mil.)* to mount guard; **— sur** to climb on
montrer to show, point out; **se —** to show oneself
moquer to ridicule, mock, joke; **se — de** to make fun of, laugh at
moquette *f.* carpeting
morceau *m.* **(morceaux** *pl.***)** piece, morsel *(of food)*
mordre to eat at, gnaw at, bite
morne gloomy, dismal
mort *n.f.* death; **peine de —** death sentence
mort *n.m.* **— e** *n.f.* dead person; *adj.* **— (e)** dead
mortel (mortelle) mortal, fatal, deadly
mortuaire mortuary
mot *m.* word; **jeu sur les — s** play on words; **je m'en vais lui dire deux —s** I am going to tell him a few words
motif *m.* motive
mou (molle) soft
mouchoir *m.* handkerchief; **— du jour** clean handkerchief daily
mouette *f.* seagull
mourant *n.m.*, **— e** *n.f.* dying person; *adj.* **— (e)** dying
mourir to die; **se —** to be dying
moustache *f.* mustache
moustique *m.* mosquito
mouvement *m.* movement, bustle; **se mettre en —** to start out; **se remettre en —** to start out again
mouvoir to move, prompt
moyen *m.* means, way
moyen (moyenne) medium, average
muet (muette) mute, silent, speechless; **e —** mute e
multiple numerous
munir to fit with, provide
mur *m.* wall; **— d'appui** retaining wall; sill (of a window)
mûr(e) ripe
muraille *f.* thick wall
murmure *m.* muttering, murmur
murmurer to murmur, mutter
musée *m.* museum
musicalité *f.* musical quality
musicien *m.* musician
musique *f.* music
mutuel (mutuelle) mutual
mystère *m.* mystery

mystérieusement mysteriously
mystérieux (mystérieuse) mysterious
mythe *m.* myth
mythologie *f.* mythology
nageur *m.* swimmer
naïf (naïve) naïve, artless, unaffected, unsuspecting
naissance *f.* birth
naître to be born; **il naquit** he was born; **né(e)** *p.p.* born
naïvement innocently, naïvely
narine *f.* nostril
national(e) national; **garde — e** National Guard, militia; **garde —** member of the National Guard
natte *f.* mat
nature *f.* nature, kind, character; **grandeur —** life-size
naturel (naturelle) natural, normal
naturellement naturally
nausée *f.* nausea
néanmoins nevertheless
néant *m.* nothingness, nothing, naught
nécessaire necessary
nécessairement necessarily, inevitably
neiger to snow
net (nette) clear, clean, pure; **arrêter —** to stop short; **mettre au —** to clarify, put in order
neuf (neuve) new
neveu *m.* nephew
nez *m.* nose
ni nor; **ni . . . ni** neither . . . nor
niais *m.* ninny, simpleton, fool
niçois(e) from Nice (town on the Mediterranean coast in southern France)
nid *m.* nest
nièce *f.* niece
nier to deny, repudiate, disown
nigaud *m.* numbskull, simpleton
noblesse *f.* nobility
nocturne nocturnal
Noël *m.* Christmas
nœud *m.* knot, bow
noir(e) black; **liste — e** blacklist
noircir to blacken
nom *m.* name, noun *(gram.)*; **— d'un — !** *(oath)* confound it! what the deuce! **au — de** in the name of
nombre *m.* number
nombreux (nombreuse) numerous
nombril *m.* navel
nommer to name, call; **se —** to be named
non no, not; **— plus** not either, neither; **je crois que —** I think not, I don't think so; **je dis que —** I say no
nord *m.* north; **Afrique du Nord** North Africa
nostalgique nostalgic
notamment especially, more particularly, notably
note *f.* note, memorandum; **— au bas de la page** footnote
noter to note
notre *m.f.* **(nos** *m.f.pl.***)** our; **de nos jours** in our time, nowadays
nouilles *f.pl.* noodles
nourrir to feed, nourish; **se —** to eat; to live upon
nourriture *f.* food; **paquets de —** *(fig.)* gulps of food
nous we, us; **à —** ours; **— autres** as for us; **— tous sans exception** all of us without exception
nouveau (nouvelle) (nouveaux *pl.***)** *adj.* new; **de —** *adv.* again, once more
nouvelle *f.* short story; piece of news; **— s** news; **prendre des —s de quelqu'un** to ask for news of someone, to ask about somebody
nu(e) bare, naked
nuage *m.* cloud
nuance *f.* color, shade, nuance
nuancé(e) delicately shaded
nudité *f.* nakedness, nudity
nuit *f.* night; **boîte de —** nightclub
nuitamment by night
nul (nulle) no, not any; **—le part** nowhere
nullement not at all, in no way
nuque *f.* nape of the neck
obéir to obey
obéissance *f.* obedience
objet *m.* object, thing, article
obligatoirement obligatorily
obliger to force, oblige, compel
obscurcir to darken, render less visible
obscurité *f.* darkness
observation *f.* observation, remark, comment; **se remettre en —** to be on the lookout again
observer to observe
obtenir to obtain, get
occasion *f.* occasion, opportunity; **d' —** second-hand, used goods
occuper to occupy, hold, employ; **être occupé** to be busy, occupied; **s' — de** to be in charge of, take care of, look after
odeur *f.* odor, smell, scent
odieux (odieuse) hateful, obnoxious
odoriférant(e) sweet-smelling, fragrant
œil *m.* **(yeux** *pl.***)** eye; **coup d' —** glance; **l'écart de l' —** distance between the eyes; **se mettre le doigt dans l' —** *(fam.)* to make a mistake, be mistaken
œsophage *m.* esophagus, gullet
œuf *m.* egg; **— dur** hard-boiled egg
œuvre *f.* work; **exécuteur des hautes — s** executioner
offenser to offend
offensif (offensive) offensive *(mil.)*; **retour —** counterattack

office *m.* office, service, divine worship
officier *m.* officer
offrande *f.* offering
offre *f.* offer, proposal
offrir to offer
ohé *interj.* hi! hello!
oignon *m.* onion
oiseau *m.* **(oiseaux** *pl.***)** bird
oisif (oisive) idle
ombilic *m.* navel, umbilicus
ombre *f.* shadow, gloom, shade, phantom, something fugitive; **— chinoise** shadow silhouette; projection on a screen of cutout silhouettes, shadow theater
omettre to omit
oncle *m.* uncle
onction *f.* unction; impressiveness
onctueux (onctueuse) smooth, unctuous, mellow
ongle *m.* nail; **lime à — s** nail file; **vernis à — s** nail polish
onyx *m.* onyx (i.e., agate in layers of different shades of color, used especially in making cameos)
onze eleven
onzième eleventh
opération *f.* operation, surgery
opiniâtrement doggedly
opportunité *f.* timeliness
opposer to set against; oppose, object
opposition *f.* opposition, objection
oppresser to oppress, impede; *(fig.)* to vex, deject
optimiste *n.m.f.* optimist; *adj.* optimistic
opulent(e) opulent, wealthy
or *m.* gold; **chamarré d' —** covered with gold stripes
or now, whereas
oranger *m.* orange tree
orbe *m.* globe, sphere, orb
orchestre *m.* orchestra; **homme- —** jack-of-all-trades
ordinaire ordinary, common, usual
ordonner to order, command
ordre *m.* order, command; **mettre en —** to straighten out
ordure *f.* garbage, rubbish, filth
oreille *f.* ear; **tout — s** all ears; **glisser à l' —** to whisper in someone's ear; **prêter l' —** to listen; **tendre l' —** to listen carefully
orfèvre *m.* goldsmith
organe *m.* organ, part of body; medium
organiser to organize, arrange, set up
orgueil *m.* pride, arrogance
ornement *m.* ornament, decoration
orner to adorn, embellish, decorate
ornière *f.* rut, ditch
orteil *m.* toe; big toe (in particular)
orthographe *f.* spelling; **faute d' —** spelling error
os *m.* bone
oser to dare
ôter to take off, remove
ou or, either, else
où where; **par — ?** which way?; **— que** wherever
oubli *m.* forgetfulness, forgetting, lapse of memory
oublié(e) forgotten
oublier to forget
ouest *m.* west
outil *m.* tool, implement
outre beyond, in addition to; **en —** besides, moreover
ouvert(e) open
ouvertement openly
ouvrage *m.* work, piece of work
ouvrier *m.* worker
ouvrir to open; **s' —** to open for oneself; *(fig.)* to reveal oneself
pacifique peace-loving, peaceful, pacific
pacifiquement peacefully
pacifiste *n.m. f.* pacifist; *adj.* pacifist
pacte *m.* pact, agreement, contract
page *f.* page; **note au bas de la —** footnote
page *m.* page (boy)
pagne *m.* loincloth
paiement, payement *m.* payment
paillasson *m.* doormat
paille *f.* straw
pain *m.* bread
paisible peaceful, calm, quiet
paisiblement peacefully
paix *f.* peace
pâleur *f.* paleness
palme *f.* palm leaf, palm
palmier *m.* palm tree
pan *m.* flap; coattails
panique *f.* panic, fear
pantalon *m.* (pair of) pants, trousers
panthère *f.* panther; **chasse à la —** panther hunt
pantoufle *f.* bedroom slipper
papier *m.* paper; **corbeille à —** wastebasket
papillon *m.* butterfly
Pâques *f.pl.* Easter; **à — ou à la Trinité** at a very uncertain date, never in a month of Sundays
paquet *m.* bundle, package, mass; **— s de nourriture** gulps of food *(fig.)*
par by, through, for, in, with; **— où ?** which way?; **— contre** by contrast
paradis *m.* paradise, heaven
paradoxalement paradoxically
paraître to seem, appear, look like
paralyser to paralyze
parapher to initial
parc *m.* park

parce que because
parcourir to go all over, travel (go) through
pardon *m.* pardon, forgiveness
pardonner to forgive
pareil (pareille) similar, same, such, like, equal; **a-t-on idée d'une boucherie** — can one imagine such a slaughter
parent *m.* **(parente** *f.***)** relative; **— s** parents; relatives
parer to adorn
paresse *f.* laziness, indolence
parfait(e) perfect; **c'est** — that's very good, perfect
parfaitement perfectly, completely
parfois sometimes, occasionally
parfum *m.* perfume
parfumerie *f.* perfume and cosmetic shop
parfumeur *m.* perfumer
parisien (parisienne) Parisian
parité *f.* parity
parler to speak, talk; **façon de** — way of speaking; **se** — to talk to each other, talk to oneself; to be spoken, talked
parodie *f.* parody, travesty
parole *f.* (spoken) word, speech, utterance; **couper la** — to interrupt
parolier *m.* lyric writer, librettist
part *f.* part, concern, share, slice; **à** — aside; **à — cela** except for that; **d'autre** — moreover; **d'une — ...d'autre** — on the one hand...on the other hand; **de la — de** on behalf of; **nulle** — nowhere; **quelque** — somewhere
partage *m.* dividing up; distribution
partager to share, divide up
parti *m.* party, side; **prendre** — to take sides
participer to participate
particulier (particulière) private, special, particular; **tout** — special, particular
particulièrement particularly, especially
partie *f.* part; **en** — partly; **faire — de** to be part of, belong to, be one of; **faire — intégrante** to be an integral part
partiellement partly, partially, in part
partir to leave, set out, go away
partisan *m.* partisan, follower, supporter
partout everywhere; **de** — from all sides
parvenir to reach, succeed
pas *m.* step, pace, footstep, stride, gait; threshold (of a door); **doubler le** — to go faster
passable passable, tolerable, so-so
passage *m.* passing, crossing, passage
passant *m.* **(— e** *f.***)** passerby
passé *m.* past, past life, time past; past tense *(gram.)*; **évoquer le** — to recall the past; **le — composé** compound past *(gram.)*; **le — simple** simple past *(gram.)*
passé(e) past; last; faded; worn
passer to pass, pass on or around; disappear; **— le chapeau** to pass a hat around (street performers pass a hat around to collect small donations from the public); **se** — to pass, happen
passif (passive) passive
passivement passively
patate *f. (fam.)* potato
patauger to flounder; *(fam.)* to fumble for words
pâtée *f.* dog food, feed, swill
paternel (paternelle) fatherly
paternité *f.* paternity, fatherhood
pathétique pathetic, moving
pâtisserie *f.* pastry; pastry shop
pâtissier *m.* **(pâtissière** *f.***)** confectioner, pastry cook
patrie *f.* homeland
patriotique patriotic
patriotisme *m.* patriotism
patron *m.* **(patronne** *f.***)** patron saint; owner, boss
patte *f.* paw, leg (of an animal); **à quatre — s** on all fours
paupière *f.* eyelid
pauvre poor
pauvreté *f.* poverty
payé(e) paid
payer to pay, pay for, reward, atone for; **se** — to treat oneself to
pays *m.* country, nation, land
paysan *m.* peasant
peau *f.* skin
pécheresse *f.* sinner
pêcherie *f.* fishery; fishing ground
peindre to paint; to describe; **se** — to be represented, depicted
peine *f.* pain, grief, difficulty; **à** — hardly, scarcely; **ce n'est pas la** — it isn't worthwhile; **faire de la** — to upset, distress someone; **mériter la** — to be worth the trouble; **toutes les — s du monde** all the trouble in the world; **— de mort** death sentence
peintre *m.* painter, artist
peinture *f.* paint, painting
peler to peel
pelle *f.* shovel, spade; **— à gâteau** cake server
pellicule *f.* flake of dried skin, dandruff; film
pelouse *f.* lawn; spectator sections at racetrack
pencher to lean (over), bend; **se** — to lean, bend
pendant(e) hanging, pending, undecided
pendant *prep.* during; **— que** *conj.* while
pendre to hang
pendule *f.* clock
pénétrant(e) penetrating
pénétrer to penetrate, enter
pénible laborious, difficult, painful
péniblement painfully

pénombre *f.* half-shadow, semiobscurity
pensant(e) thinking
pensée *f.* thought
penser to think; **vous pensez bien** you may be sure
penseur *m.* thinker
pensif (pensive) thoughtful, pensive
pépin *m.* pip, seed
percer to pierce, cut through
perdre to lose
perdu(e) lost
père *m.* father
perle *f.* pearl
permettre to allow, permit
perruque *f.* wig
persan(e) Persian
persécuter to persecute, harass, plague
persécuteur *m.* persecutor
persil *m.* parsley
persistant(e) persistent
persister to persist
personnage *m.* personage, character (of a play)
personnalité *f.* personality
personne *f.* person; *pron.* no one, nobody, anyone, anybody; **— ne, ne . . .** — nobody, no one
personnel (personnelle) personal; selfish
personnifier to personify, embody
perspective *f.* prospect; perspective
perte *f.* loss
pesant(e) heavy
peser to weigh
pessimiste *m.f.* pessimist; *adj.* pessimistic
petit *m.* the little fellow, the little one; **la — e** the little girl; **— (e)** *adj.* little, small, petty; **— à —** little by little; **un tout — peu** just a little bit; **tout(e) — (e)** very small; **un — employé** a minor clerk; **à — feu** *(cul.)* slow heat; **les —es gens** people of modest means, poor people; **— e pluie** sprinkle
peu little, not much; **à — près** almost, nearly, approximately; **c'est** — it's a mere trifle; **fort** — very little; **un tout petit** — just a little bit; **— importe** it doesn't matter; **peu me chaut** I don't care, no matter
peuple *m.* people, nation; masses; crowd
peupler to people, populate, fill
peur *f.* fear; **avoir — de** to be afraid of
peureux (peureuse) fearful
peut-être perhaps, maybe
phénomène *m.* phenomenon
philosophe *m.* philosopher
philosophie *f.* philosophy
philosophique philosophical
phrase *f.* sentence
physionomie *f.* countenance, look
physique physical
piaf *m. (fam.)* sparrow
pièce *f.* coin; room; piece; **— de théâtre** play
pied *m.* foot; **— tourné** person with deformed foot; **à — s joints** with one's feet together; **de — ferme** without budging, firmly; **mettre le —** to set foot
pierre *f.* stone, jewel; **— tombale** tombstone
pieusement piously, reverently
pieux (pieuse) pious, devout, dutiful, reverent
pillage *m.* plunder
pincer to pinch; **se** — to pinch oneself
pinçon *m.* pinch, bruise, mark on the skin (which has been pinched)
pioche *f.* pickaxe
pique-nique *m.* picnic; **faire un** — ou **pique-niquer** to have a picnic
piquer to prick; pick out; bite (insect)
piqueur *m.* huntsman
pis worse; **tant** — so much the worse
piste *f.* track
pistil *m.* pistil (female organ of flower that receives pollen)
pistolet *m.* pistol
pitance *f.* sustenance, food
pitié *f.* pity
pittoresque picturesque, vivid
place *f.* place, room; seat; public square; position, job
placer to place; sell; **se** — to be placed, place oneself
plafond *m.* ceiling
plaider to plead, go to court, speak for
plaideur *m.* litigant
plaidoyer *m.* plea, speech for the defense
plaindre to pity, feel sorry for; **se** — to complain, moan, groan
plaine *f.* plain
plainte *f.* complaint, groan, moan
plaire to please, suit; **s'il vous plaît** please; **se** — to enjoy
plaisant(e) pleasant, amusing
plaisanterie f. joke, joking
plaisir *m.* pleasure; **faire — à quelqu'un** to do a favor for someone
plan *m.* level; plan; **rôle de premier** — key role
planche f. board
plancher *m.* floor
plante *f.* plant
planter to plant
plaque *f.* plank, tablet, slab; **— commémorative** memorial tablet
plat *m.* dish, course; serving platter
plat(e) flat, even; dull
plateau *m.* tray
plâtrier *m.* plasterer
plein(e) full; **en** — in the middle of; **en — air** in the open air, outside
pleurer to cry, weep
pleurs *m.pl.* tears, weeping
pleuvoir to rain; **il pleut à torrents** the rain is coming down in buckets

pliant *m.* folding chair
plonger to throw, plunge, be immersed in; **se** — to be immersed (in)
pluie *f.* rain; — **fine** drizzle; **petite** — sprinkle
plupart most, the most
plus more; — **de** more than; **de — en** — more and more; **ne** — no longer, no more, not any more; **non** — not either, neither; **au — vite** as quickly as possible; **tout au** — at the very most; **n'en pouvoir** — to be worn-out
plusieurs several
plus-que-parfait *m.* pluperfect *(gram.)*
plutôt rather; — **que** rather than; **c'est — mon rayon** that's rather my department, my specialty
pluvial(e) rainy; **eau — e** rainwater
poche *f.* pocket
pocher to poach
poêle *f.* frying pan
poêle *m.* stove
poète *m.* poet
poétique poetic
poids *m.* weight
poignet *m.* wrist
poil *m.* hair (on the human body, not on the head; hair of an animal)
poing *m.* fist; **le revolver au** — with revolver(s) drawn
point *m.* point, stage, mark, degree; period *(gram.)*; **à** — ready; **ne . . .** — not at all; — **d'interrogation** question mark; — **de vue** point of view, opinion; **être au** — to be ready; **être sur le** — to be about to
pointe *f.* point, peak
poire *f.* pear
poireau *m.* leek
poisson *m.* fish
poitrine *f.* chest, breast, bosom
poivre *m.* pepper
poli(e) polite, civil, refined, polished
police *f.* police; **agent de** — policeman, police officer; **commissariat de** — police station
politesse *f.* politeness, courtesy
politique political
polyglotte *m.f.* polyglot (person who speaks several languages)
pomme *f.* apple; — **d'Adam** Adam's apple; — **de terre** potato
pomper to pump, suck up
pompeux (pompeuse) solemn, stately
ponctuation *f.* punctuation
pont *m.* bridge
pontifical(e) (pontificaux pl.**)** pontifical (pertaining to the Pope and the Vatican)
populaire popular
popularité *f.* popularity
porc *m.* pork; pig
porte *f.* door; **mettre à la** — to throw out, fire, dismiss; **la — du fond** rear door
porter to carry; wear; — **un coup** to strike a blow
porto *m.* Port wine
portrait *m.* picture, portrait, image
poser to put, set; **se** — to perch, land, come up; — **une question** to ask a question; **le problème tel qu'il se pose** the problem such as it presents itself
posséder to possess
possible possible, feasible, potential; **faire tout son** — to do one's utmost
possibilité *f.* possibility, potential
postal(e) (postaux *pl.***)** postal, pertaining to the post office; **envois postaux** things sent by mail
poste *f.* postal service; **bureau de** — post office
poste *m.* post, position; **être à son** — to be at one's post
pot *m.* pot, jug, pitcher; — **à eau** water pitcher; — **-au-feu** beef soup with vegetables
potasse f. potash
potiche *f.* oriental porcelain vase
poudre *f.* powder
poudrer to powder
poulet *m.* chicken
poupe *f.* stern (of a ship)
poupée *f.* doll
pour in order to, for; — **que** in order that; **le — et le contre** the pros and cons
pourquoi why
pourri(e) rotten, decayed
poursuite *f.* pursuit
poursuivre to continue, pursue
pourtant however, still, yet, nevertheless
pourvu que *conj.* provided that, provided
pousser to push; utter (a cry); grow (plants, crops); — **un cri** to utter a scream
poussière *f.* dust
pouvoir to be able (to); **n'en — plus** to be worn-out; **je n'y puis rien** there is nothing I can do about it; **cela se peut** that may be; **je peux (puis)** I can, I am able to
pouvoir *m.* power
pratique practical
pratiquer to practice; to cut an opening
préambule *m.* preamble
précaution *f.* precaution, caution; **avec** — cautiously
précédent(e) preceding
précéder to precede, be ahead of
précieux (précieuse) precious
précipitamment hurriedly, hastily
précipiter to precipitate, hurl; **se** — to rush
précis(e) precise, accurate, exact
préciser to state precisely, specify

précision *f.* precision, preciseness, accuracy
préférer to prefer
premier (première) first; **— étage** first floor above ground floor (American second floor); **— venu** first comer, the first to come, anyone; **à première vue** at first glance; **rôle de — plan** key role
prendre to take, assume, catch, overcome; **— le deuil** to go into mourning; **— des dispositions** to make arrangements; **— des nouvelles de quelqu'un** to ask for news of someone; **— le frais** to take a breath of cool air; **— le large** to clear off, take off; **— en écharpe** to hit sideways; **— parti** to take sides; **c'est à — ou à laisser** take it or leave it; **à tout —** on the whole; **ça vous prend souvent ?** does it happen to you often?
prénom *m.* first name
préoccuper to preoccupy
préparer to prepare
près near, by, close; **— de** near to, close to, almost; **à peu —** about, approximately; **tout —** very near
présent *m.* present time; gift; present tense *(gram.)*
présentation *f.* introduction, presentation, appearance
présenter to present, offer, introduce
préserver to protect (from, against), save (from)
présider to preside, chair
presque almost, nearly, scarcely
pressé(e) in a hurry, pressed; ironed; **à grands coups —s** with rapid thumps
pressentiment *m.* foreboding, premonition
presser to press; to iron; **se —** to hurry
prestigieux (prestigieuse) renowned, prestigious
prêt(e) ready
prétendre to pretend, claim
prétendu(e) pretended, so-called
prêter to lend, give, grant; **— l'oreille** to listen; **— serment** to take an oath; **se —** to lend itself (oneself)
prétexter to give as a pretext or an excuse
prêtre *m.* priest
preuve *f.* proof; **faire — de** to give proof of, show
prévenir to prevent, avert; warn, inform
prévoir to foresee
prévoyance *f.* foresight, forethought
prier to pray, request, beg
prière *f.* prayer, request, entreaty; **— de** please
principal(e) (principaux *m.pl.***)** main, principal, most important
principe *m.* principle, assumption
printemps *m.* spring
prise *f.* hold, grip; capture *(mil.)*
prisonnier *m.* **(prisonnière** *f.***)** prisoner; **se faire faire —** to make oneself be taken prisoner
privé(e) private; deprived
priver to deprive
prix *m.* price, prize; **à bas —** at a low price; **hors de —** exorbitant; **à n'importe quel —** at any price
probablement probably
problème *m.* problem; **le — tel qu'il se pose** the problem such as it presents itself
procédé *m.* process
procès *m.* trial
proche *adj.* near, close
proches *m.pl.* relatives
proclamer to proclaim
prodigalité *f.* prodigality, extravagance, extravagant expenditure
produire to produce, bring forth, cause, bring about; **se —** to be brought about, take place, happen
produit *m.* product
proéminent(e) prominent, protruding
proférer to utter, pronounce
professer to profess, declare, state
professeur *m.* teacher, professor
professionnel (professionnelle) professional, occupational
profit *m.* profit, advantage
profiter to benefit, profit, avail oneself of
profond(e) deep
profondeur *f.* depth
programme *m.* program
progrès *m.* progress, progression
projecteur *m.* spotlight; projector
projet *m.* project, scheme, design, plan
projeter to project, cast, throw; plan
promenade *f.* walk
promener to take for an outing, a walk; **se —** to take a walk, go for a walk
promesse *f.* promise
promettre to promise
promptement promptly, swiftly
prononcer to pronounce, utter
prononciation *f.* pronunciation
proposer to propose, propound; offer
proposition *f.* proposal; *(gram.)* **— principale, subordonnée** main, subordinate clause
propre clean, neat, right; own, very (when placed before a noun)
propreté *f.* cleanliness
propriétaire *m. or f.* owner; landlord, landlady
prosaïque prosaic, commonplace, pedestrian (style)
proscrire to outlaw, banish
proscrit *m.* exile, outlaw
protagoniste *m.* principal character, protagonist
protecteur *m.* protector, guardian; patron

(arts)
protéger to protect, guard, shield
prouver to prove
provençal(e) Provençal (pertaining to Provence, a southern province of France)
province *f.* province, county
provision *f.* supply
provoquer to provoke, cause, prompt
prudence *f.* caution; prudence, carefulness
prunelle *f.* pupil of eye
prussien *m* **(prussienne** *f.***)** Prussian
pseudonyme *m.* pen name, pseudonym
psychologique psychological
psychologue *m.* psychologist
public *m.* audience, spectators, viewers, public
public (publique) public
publication *f.* publication, publishing
publicité *f.* publicity, advertising; **agence de —** advertising agency
publier to publish
puce *f.* flea; **marché aux — s** flea market
puis then, afterward
puisque since, as
puissance *f.* power, strength
puissant(e) powerful, potent, mighty
punir to punish
punition *f.* punishment
pur(e) pure, clear, honorable, honest
purement purely
puritain *n.m.* **(— e** *n.f.***)** puritan; **— (e)** *adj.* puritanical
pustuleux *m.* pimply man
qualifié(e) qualified
qualité *f.* quality
quand when
quant à as for, as to, as far as; **— cela** for that matter; **— vous** as for you
quant-à-soi *m. (inv.)* stand-offishness, reserve
quantité *f.* quantity
quarante forty
quart *m.* quarter, quart
quartier *m.* quarters, barracks *(mil.)*; quarter; district (of a town)
quatorze fourteen
quatre four; **à — pattes** on all fours
quatrième fourth
que *conj.* that, than, how, as; may, let *(with subj.)*; **ne . . . —** only; *pron.* that, whom, which, what; **ce — . . .** what; **qu'est-ce — . . . ?** what?; **qu'est-ce qu'il y a ?** what's the matter? **ce — je te serrerais !** how I would hug you!
quel (quelle) what, which, whatever; **à n'importe — prix** at any price; **—le que soit votre intention** whatever your intention may be
quelconque any, whatsoever; mediocre
quelque some, any, a few, several; **— chose** something; **— part** somewhere; **— s uns (unes)** several, some, a few; **en — sorte** in a way, as it were
quelquefois sometimes
quelqu'un(e) (quelques-uns *m.pl.***) (quelques-unes** *f.pl.***)** *pron.* someone, somebody (some *pl.*); **— d'autre** someone else
querelle *f.* quarrel, brawl
se quereller to have a fight, a quarrel
question *f.* question; **poser une —** to ask a question
questionner to question, ask
quête *f.* quest, pursuit; **en — de** in search, quest of
qui who, whom, which, what; who?; whom?; whoever; **ce —** what; **— est-ce — ?** who?; **— est-ce que ?** whom?; **qu'est-ce — ?** what?; **à n'importe —** to anybody; **— que ce soit** whoever
quille *f.* ten-pin (bowling)
quinze fifteen
quitter to leave, abandon, desert
quoi what, which; **n'importe —** anything; **de — vous mêlez-vous ?** what business is it of yours?; **— que** *(+ subj)* whatever
quoique *conj.* although, though
quotidien (quotidienne) daily

raccommoder to mend, repair
raccourcir to shorten
race *f.* race, breed, species
racheter to redeem, buy back
racine *f.* root
raconter to tell (a story, a tale)
radiodiffusion *f.* broadcasting
radis *m.* radish; **— fourrager** radish for fodder; **— ménager** edible radish
rafler *(fam.)* to carry off, round up
rageur (rageuse) ill-tempered, in a rage
ragoût *m.* stew *(cul.)*
railler to joke, banter
raisin *m.* grapes
raison *f.* reason, right, argument; **— d'être** justification, grounds; **à — de** at the rate of; **avoir —** to be right, be justified
raisonné(e) rational
raisonner to reason, argue; **se —** to reason with oneself
râle *m.* death rattle
ralentir to slow down
ralliement *m.* rallying (action); **cri de —** rallying cry, slogan
ramasseur *m.* scavenger, collector; **— de mégots** person who picks up cigarette butts
rampe *f.* bannister, handrail
rangé(e) serious, respectable; tidy; steady
ranger to put in order, straighten out
rapide quick, swift

rapidement fast, quickly
rappeler to remind, remember; to call again; **se —** to remind oneself, remember
rapport *m.* contact
rapprocher to bring closer, bring together; **se —** to get closer
râpure *f.* gratings
rasseoir to seat again; **se —** to sit down again
rassurant(e) reassuring
rassurer to reassure; **se —** to set one's mind at rest
ratatiner to shrivel
ratatouille *f.* ratatouille (dish from the south of France made of sliced eggplant, zucchini, green pepper, onion, tomato, and herbs cooked in olive oil) *(cul.)*
rationner to ration
rattacher to tie up again; **se —** to be related to; to be attached, connected
ravin *m.* ravine, gorge
ravissant(e) ravishing, charming
rayé(e) striped
rayon *m.* ray, beam, radius; shelf; department of a store; **— de lune** moonbeam; **c'est plutôt mon —** that's rather my department, my specialty
réagir to react
réalisation *f.* fulfillment
réalisme *m.* realism
réalité *f.* reality
rebelle rebellious, intractable
se rebeller to rebel
recéler to receive stolen goods, hide
récemment recently
recette *f.* revenue; recipe *(cul.)*
recevoir to receive
réchauffer to reheat, warm up
recherche *f.* research, pursuit, investigation; **à la — de** in search of
récit *m.* narrative, story, account
réclamer to demand, ask for, require
récolter to reap; to gather in
recommencer to begin again; to repeat
récompense *f.* reward
reconnaissance *f.* gratitude, acknowledgment; reconnoitering party *(mil.)*; **en —** on a reconnoitering expedition *(mil.)*
reconnaître to recognize, acknowledge, admit
recourbé(e) bent, curved
recourir to resort to, turn to
recouvrir to cover, cover again, overlay
récrire to rewrite
recueil *m.* collection
rédacteur *m.* **(rédactrice** *f.***)** editor
redevenir to become again
rédiger to draw up, edit
redire to say again, repeat
redoubler to redouble; to increase, accelerate
redoutable formidable, fearful, dreadful
redresser to put right, straighten, set up again; **se —** to straighten up, stand erect again
réduit *m.* tiny room, cubbyhole, retreat, nook
réel (réelle) real, actual, genuine
réellement really, actually
refiler *(fam.)* to palm off (something) on (someone); **vous — de la vache** *(fam.)* to give you a tough piece of meat
réfléchir to reflect, think, ponder
reflet *m.* reflection
refléter to reflect, mirror
réflexion *f.* reflection, thought
réforme *f.* reform
reformer to form again; **se —** to form anew, re-form (of troops, etc.)
réformer to reform, mend, improve, correct; **se —** to reform, mend one's ways
refroidir to cool, chill
refuge *m.* refuge, sanctuary, retreat
se réfugier to take refuge, seek shelter
regard *m.* look, glance, stare
regarder to look (at), look on; **se —** to look at oneself, look at each other
régicide *m.f.* regicide (person guilty of murdering a king)
registre *m.* register, appointment book; log
règle *f.* rule, ruler
règlement *m.* rule, regulation
régler to regulate, resolve the question, settle
régner to reign, prevail
regret *m.* regret, grief
regretter to regret, be sorry for, miss
régulateur *m.* regulator
régulier (régulière) regular, steady
régulièrement regularly, steadily, evenly
rein *m.* kidney; **—s** lower back
reine *f.* queen
réintégrer to reinstate
rejoindre to join again, meet again, rejoin
relatif (relative) relative
relation *f.* connection, relationship, acquaintance
relever to pick up, find, lift
relief *m.* relief, depth
relier to connect, bind again; **se — à** to connect oneself to
religieuse *f.* nun
religieusement religiously, scrupulously
religieux (religieuse) religious
relique *f.* relic
relire to reread
reluire to shine, gleam, glisten
remarquable remarkable, outstanding
remarque *f.* remark, note
remarquer to notice, observe; **faire —** to point out, draw attention to
remerciement *m.* thanks, acknowledgment
remercier to thank
remettre to hand back, put back, put off, post-

pone; **se — à** to begin again **se — en mouvement** to start out again; **se — en observation** to be on the lookout again
remonter to wind up (a mechanism); to go up again, rise; **— à** to date back to
remords *m.* remorse
remplacement *m.* replacement, substitution
remplacer to replace
remplir to fill, fulfill, complete, comply with
remporter to carry or take back; obtain, win
remuer to move, stir
rencontre *f.* meeting, encounter, accidental meeting
rencontrer to meet, come across; **se —** to meet each other, meet with each other, coincide, collide
rendre to render, make, give back, return, restore; **se —** to surrender; **se — à** to go to, get to; **se — compte de** to realize, get a clear idea of
rêne *f.* rein
renforcer to strengthen, reinforce
renoncer to renounce, give up
renouveler to renew
rentrée *f.* return, re-entrance
rentrer to reenter; to return, go home
renverser to throw down, overthrow, upset, spill
renvoi *m.* dismissal, discharge
renvoyer to dismiss, discharge; send away, send back
répandre to pour out, scatter, spread; **se —** to spread, become widespread; to go out into society
reparaître to reappear
repartir to leave again, set out again; **— à zéro** to start again from scratch, go back to square one
repas *m.* meal
repasser to iron; to cross again; to retake (an exam)
repentir *m.* repentance
répertoire *m.* repertory
répéter to repeat; rehearse; **se —** to recur; to repeat oneself
répétition *f.* repetition; rehearsal (theater, orchestra, etc.)
replier to fold up (again); **se —** to retreat, fall back *(mil.)*
réplique *f.* reply, answer, retort
répliquer to reply, retort
replonger to dive again, relapse; **se —** to plunge again, go back
répondre to answer
réponse *f.* answer
reporter to carry or take back; to postpone; to transport
reposer to rest; **se —** to rest
reprendre to take back, resume, continue; put on again (play); **se —** to correct oneself
représenter to present again, represent; to perform (play)
réprimer to repress
repris(e) retaken
reprise *f.* resumption, new spell; revival (theater); **— des classes** beginning of a term
reproche *m.* reproach
reprocher to reproach
républicain(e) republican
réserve *f.* reserve, reservation, caution; **faire des — s** to make reservations
résider to reside, dwell; to consist
résignation *f.* resignation, relinquishment, submission
résigner to resign, relinquish; **se —** to resign oneself, be resigned, submit
résistance *f.* resistance, opposition, stamina, strength; **Résistance française** anti-German underground during the Second World War
résistant *n.m.* member of a resistance movement; **— (e)** *adj.* robust, tough, resistant
résister to resist
résolu(e) determined, resolved; solved
résolution *f.* resolution; decision
résonner to resound, reverberate
résoudre to resolve, solve
respectueusement respectfully
respirer to breathe
responsabilité *f.* responsibility
ressasser to harp on, scrutinize
ressemblance *f.* resemblance, likeness
ressembler to resemble, look like
ressentir to feel, be deeply affected
resserre *f.* storage locker, storeroom
ressort *m.* spring; **faire jouer un —** to release a spring
ressortir to go or come out again, arise; to stand out, bring out
reste *m.* rest, remainder; **— s** remnants, remains; leftovers
rester to stay, remain
résumer to recapitulate, sum up
retenir to hold back, keep, retain
retentir to resound
retirer to withdraw, extract, draw from, remove; **se —** to withdraw
retomber to fall again, fall back
retour *m.* return; **— offensif** counterattack *(mil.)*; **être de —** to be back
retourner to go back, return
retracer to recount, relate; retrace
retraite *f.* retreat, refuge; **battre en —** to retreat *(mil.)*
retransmettre to retransmit
retrouver to find again, recover; **se —** to meet, meet again
réunir to gather together, reunite, join; **se —** to meet, get together
réussir to succeed

réussite *f.* success
rêve *m.* dream
réveiller to arouse, awaken; **se —** to wake up
révélateur (révélatrice) revealing
révéler to reveal, disclose
revenant *m.* ghost, spirit
revenir to come back; **faire —** to revive; to brown (*cul.*)
rêver to dream, muse, daydream
réverbère *m.* street lamp
révérence *f.* reverence, respect
rêverie *f.* reverie, musing, daydreaming
revêtir to clothe again, cover, coat; to assume
rêveur (rêveuse) dreaming, daydreaming, pensive
revivre to relive
révocation *f.* dismissal
revoir to see or meet again; **au —** good-by
révolte *f.* revolt, rebellion, insurrection
révolter to revolt, rouse, stir up, disgust
révolution revolution; **la Révolution** the French Revolution of 1789
révolutionnaire *n.m. f.* revolutionary; person who took an active part in the French Revolution; *adj.* revolutionary
revolver *m.* revolver; **le — au poing** with revolver(s) drawn; **tirer un coup de —** to shoot at
revue *f.* magazine
rez-de-chaussée *m.* ground floor
ricin *m.* castor-oil plant
rideau *m.* **(rideaux** *pl.***)** curtain
ridicule *n.m.* absurdity; *adj.* ridiculous, ludicrous
ridiculiser to ridicule, make fun of
rien nothing; **ne . . . —**, nothing, not anything; **— du tout** nothing at all; **de —** don't mention it; **cela ne fait —** that does not matter; **je n'y puis —** there is nothing I can do about it
rigueur *f.* severity, harshness
rime *f. (poet.)* rhyme
rimer *(poet.)* to rhyme
rire to laugh; **un employé pour —** a make-believe employee; **histoire de —** something to laugh at, just for a joke
rire *m.* laugh, laughter
risque *m.* risk
risquer to risk; **— le tout pour le tout** to risk all to win all
rival *m.* **(— e** *f.***) (rivaux** *m.pl.***)** *n.* or *adj.* rival
rivé(e) riveted
rivière *f.* river; diamond necklace
riz *m.* rice
rizière *f.* rice paddy
robe *f.* dress
rôder to prowl, roam, creep around
roi *m.* king
rôle *m.* role; **— de premier plan** key role
romain(e) Roman
roman *m.* novel
romantisme *m.* romanticism
ronce *f.* bramble, thorn
rond(e) round, plump
ronde *f.* dance (in a circle or a ring)
ronflement *m.* snoring, snore
ronfler to snore
roseau *m.* **(roseaux** *pl.***)** reed
rôti *m.* roast
rotule *f.* kneecap
rouge red
rougir to blush
rouler to roll, roll over
roulis *m.* roll (waves or ship), lurch
route *f.* road, way, route
royaume *m.* kingdom, realm
royauté *f.* monarchy
ruban *m.* ribbon
rude coarse, rough
rue *f.* street
ruer to kick (horse); **se —** to rush, pounce on
ruisseler to flow (like a stream); **— de beauté gothique** *(fig.)* to exude Gothic beauty
rumeur *f.* rumor, noise
ruse *f.* guile, wile, cunning
rusé(e) artful, cunning, wily
russe Russian
rythme *m.* rhythm, tempo
rythmique rhythmic(al)

sable *m.* sand
sabre *m.* saber, sword
sachet *m.* little bag; sachet
sacré(e) sacred, holy
sacrifié(e) sacrificed
sacrifier to sacrifice
sagesse *f.* wisdom
saigner to bleed
saillant(e) prominent, salient, outstanding
Saint-Sylvestre December 31st
saisir to seize, grab; to understand; **se —** to grab, seize; **être saisi(e)** to be stricken
saison *f.* season
salaire *m.* salary, wages
sale dirty
saleté *f.* filth
salle *f.* room; **— d'attente** waiting room; **— du conseil** council room, conference room; **— d'examens** exam room
salle à manger *f.* dining room
saluer to salute, greet
salut *m.* hello, hi, greetings; salvation
sanctuaire *m.* sanctuary
sang *m.* blood; **se faire un —** to fret, worry
sanguinaire blood-thirsty, bloody
sans without
santé *f.* health; **maison de —** mental home, nursing home
saoul(e), soûl(e) drunk, satiated

sapin *m.* fir tree
satire *f.* satire, lampoon
satisfaire to satisfy, please
satisfait(e) satisfied, pleased
saturnien (saturnienne) Saturnian
saucisson *m.* sausage, salami
sauf except
saumon *m.* salmon
sauter to jump; **faire —** to sauté, fry rapidly over high heat (*cul.*); **— aux yeux** to be obvious
sauvage wild, savage, shy
sauver to save, rescue
savant *m.* scholar, scientist
savate *f.* *(fam.)* slipper
savoir to know; **il s'agit de — si** the question is whether; **pas que je sache** not so far as I know
sceller to seal
scène *f.* scene, stage; **metteur en —** stage or screen director or producer
sébile *f.* begging bowl
sec (sèche) dry, cold
sécher to dry, dry up
second(e) second; **la — e guerre mondiale** the Second World War
secondaire secondary
seconde *f.* second (time)
secouer to shake
secret (secrète) secret, hidden
secrétaire *m.f.* secretary; **le — général** chief secretary, secretary of a corporation
secrètement secretly, in secrecy
séduire to seduce, charm, captivate
séduisant(e) attractive, enticing, seductive
Seigneur, seigneur *m.* The Lord, lord; **— !** Good Lord!
sein *m.* bosom, breast; **au — de** in the midst of
sel *m.* salt
selon according to
semaine *f.* week
semblable similar, such a
semblant *m.* semblance; appearance; **faire —** to pretend
sembler to seem, appear
semelle *f.* sole (of shoe)
semer to scatter, sow, strew
sénile senile
sens *m.* meaning
sensible sensitive
sentiment *m.* impression, feeling
sentir to feel, perceive, smell; **— mauvais** to smell bad; **se —** to be conscious of, feel
séparer to separate, divide
sept seven
septembre *m.* September
septième seventh
série *f.* series
sérieux (sérieuse) serious, reliable
serment *m.* oath; **prêter —** to take an oath
serre *f.* greenhouse
serrer to press, squeeze, hug; **ce que je te serrerais !** how I would hug you!
servant *m.* servant, admirer; **état-major de — s** a staff of admirers (cavaliers, willing to serve)
service *m.* service; duty; **— militaire** military service
servir to serve, wait on, attend; **— de** to be used as; **se — de** to use, make use of
serviteur *m.* servant
servitude *f.* servitude, constraint
seuil *m.* threshold, doorstep
seul(e) alone; one, only (when preceding a noun); **être — (e) à — (e) avec** to be privately with, alone with
seulement only
sévère stern, strict, severe
sexe *m.* sex
si if, whether; so (much); yes (*after a negative sentence*)
siècle *m.* century
siège *m.* seat
le sien *m.* **(la sienne** *f.***) (les siens** *m.pl.***) (les siennes** *f.pl.***)** *pron.* his, hers, its; **les siens** his (her) family (people)
sifflement *m.* whistling, hissing
siffler to whistle
signe *m.* sign
signification *f.* meaning
signifier to mean
silencieux (silencieuse) silent, quiet, still
silhouette *f.* outline, silhouette, profile
simili-carrelage *m.* imitation tiling
similitude *f.* similitude, resemblance, analogy, comparison
simple simple, unpretentious; **tout(e) —** very simple; **passé —** simple past *(gram.)*
simplement simply, merely
simplicité *f.* simplicity, straightforwardness, plainness
simultané(e) simultaneous
singe *m.* monkey, ape
sirène *f.* siren
situé(e) located
sixième sixth
sobre sober
société *f.* society
sœur *f.* sister
soie *f.* silk
soigné(e) carefully prepared; well-groomed
soigner to take care of, look after
soigneusement carefully
soin *m.* care, attention
soir *m.* evening
soirée *f.* evening
soit well and good, all right, OK; **tant — peu**

ever so little; — ... — ... either...or...
soixantaine *f.* about sixty
soldat *m.* soldier
soleil *m.* sun; — **couchant** setting sun
solennel (solennelle) solemn
solennité *f.* solemnity
solitaire solitary, single, alone
solitude *f.* isolation, loneliness, solitude
sombre somber, dark, gloomy, dismal
somme *f.* sum, total, amount; — **toute** on the whole; **en** — finally, in short, on the whole
sommeil *m.* sleep; **avoir** — to be sleepy
somnoler to doze
son *m.* sound
sonder to examine carefully
songe *m.* dream
songer to think, dream, imagine
sonner to ring, sound, strike
sonnerie *f.* ringing (of bells); chimes; bugle or trumpet call *(mil.)*
sonnette *f.* bell
sonore sonorous, resonant, clear, voiced
sorcier *m.* sorcerer
sordide sordid, squalid
sort *m.* destiny, fate
sorte *f.* sort, kind, manner; **en** — **que** so that; **en quelque** — in a way, as it were; **de la** — in this manner
sortie *f.* outing, exit
sortir to go out, come out, show up, stick out
sottise *f.* stupidity, foolishness
sou *m.* small French coin (five centimes or 1/20 of a franc); **ça n'a pas le** — why, he hasn't a cent *(fam.)*
soudain(e) *adj.* unexpected, sudden; *adv.* suddenly
souffle *m.* breath, breathing
souffler to blow, breathe, pant, whisper
souffrance *f.* suffering, pain
souffrir to suffer, endure
souhait *m.* wish, desire
souhaiter to desire, wish for
souiller to stain, sully, soil, tarnish
soulagement *m.* relief
soulager to relieve
soulever to lift; **se** — to rise; to rebel
soulier *m.* shoe
souligner to underline, stress, emphasize
soupçon *m.* suspicion
soupçonneux (soupçonneuse) suspicious
souplesse *f.* suppleness, flexibility, compliance
source *f.* spring; source
sourcil *m.* eyebrow, brow
sourcilier (sourcilière) of the eyebrow, superciliary; **arcade sourcilière** brow ridge, eyebrow arch
sourd(e) deaf; muffled
sourire *m.* smile
sourire to smile; **la chance lui sourit** luck favored him (her)
sous under, beneath
sous-préfecture *f.* sub-prefecture (secondary town of a department in France)
soustraire to subtract, take away; **se** — to shirk, escape
souvenir *m.* memory, remembrance, recollection
se souvenir (de) to remember, call to mind, recollect
souvent often; **ça vous prend — ?** does it happen to you often?
spécialement especially, particularly
spécialiser to specialize; **se** — to specialize; to become a specialist
spécialiste *m.* specialist
spécialité *f.* speciality
spécifique *n.m.* specific; *adj.* specific
spectre *m.* specter, phantom, ghost
spirituel (spirituelle) spiritual; sacred *(mus)*; witty
spontanément spontaneously
squelette *m.* skeleton
sténographe *m. f.* stenographer
stéréotypé(e) stereotyped
strophe *f. (poet.)* verse, stanza
stupéfait(e) astonished, amazed, stupefied
stupide silly, idiotic, stupid
subit(e) sudden
subjonctif *m.* subjunctive *(gram.)*
sublime sublime, lofty, noble
subordonné(e) subordinate; **proposition — e** subordinate clause *(gram.)*
substantiel (substantielle) substantial, real
substantif *m.* substantive, noun *(gram.)*
subvention *f.* subsidy
succéder to follow, succeed, inherit
succès *m.* success
successif (successive) successive, in succession
succession *f.* succession, sequence; inheritance
sucre *m.* sugar
sud *m.* south
sueur *f.* sweat
suffire to suffice, be enough
suffisant(e) sufficient
suggérer to suggest
suisse Swiss
suite *f.* continuation, sequel, effect, consequence; **par la** — afterward; **tout de** — immediately
suivant according to
suivant(e) following
suivre to follow
sujet *m.* subject, reason; **au** — **de** about, concerning
superbe superb, magnificent

superbement superbly
supérieur *n.m.* superior; **— (e)** *adj.* upper, superior
supermarché *m.* supermarket
supplier to beseech, implore
supporter to endure, bear; to support
supposer to suppose, surmise
sur on, upon, over, in, concerning; **un — dix** one out of ten
sûr(e) secure, sure, certain, infallible
sûreté *f.* safety, security
surexcité(e) overexcited
surgir to rise into view; to appear abruptly
surmonter to surmount, overcome; to rise above; to master
surnom *m.* nickname, surname
sursaut *m.* start, jump (involuntary)
sursauter to start up, give a start
surtout above all, especially
surveillance *f.* watch, supervision, surveillance
surveiller to watch over, keep an eye on, supervise
survenir to appear, arrive unexpectedly
survivant *m.* survivor
syllabe *f.* syllable
symbole *m.* symbol
symboliser to symbolize
sympathique likable, sympathetic
symptôme *m.* indication, symptom
syrop *m.* syrup
systématiquement systematically

tableau *m.* board, picture, painting; scene
tabouret *m.* stool
tache *f.* spot, stain
tâche *f.* task
tacher to stain, spot
tâcher de to try, attempt
taciturne silent, taciturn
taille *f.* height; size; waist (of a person)
taire to say nothing of, pass over in silence; **se —** to be silent
talent *m.* talent, gift
talisman *m.* talisman, good luck charm
talon *m.* heel
talonner to follow on the heels of; to push
tambour *m.* drum *(mus.)*; **— battant** with beat of drum(s)
tam-tam *m.* tomtom (African drum)
tandis que whereas, while
tanière *f.* den, lair
tant so much, so many, so, as much, to such a degree; **— mieux** so much the better; **— pis** so much the worse; **— que** so much that; **— soit peu** ever so little; **en — qu'homme** as a man; **si vous y tenez — que ça** if you want (value) it as much as that
tante *f.* aunt
taper to strike, tap; **— à la machine** to type
se tapir to cower, crouch (from fear); **tapi comme un lièvre** cowering like a hare
tapis *m.* carpet, rug
tard late
tarder to delay, put off; **ne pas —** not to be long in
tarte *f.* tart (pastry)
tas *m.* heap, pile; **un — de** many, a lot
tasse *f.* cup
tassement *m.* settling, sinking, cramming, compressing
taudis *m.* hovel
teint *m.* complexion, color, tone
tel (telle) *adj.* such, like, as, so, thus; *pron.* such a one; **le problème — qu'il se pose** the problem such as it presents itself
tellement so, so much
témoigner to show, express; to testify
témoin *m.* witness
temps *m.* time, hour, weather; tense (*gram.*); **mauvais —** bad weather; **de — en —** from time to time; **en même —** at the same time; **en tout —** at all times, any time; **tout le —** all the time
tenable bearable
tendre to extend, stretch; **— à** to tend to, have a tendency to; **— l'oreille** to listen carefully
tendresse *f.* tenderness, love, affection
ténèbres *f.pl.* darkness, shadows, night, gloom
tenir to hold, keep, consider; **— à** to value, insist on; **tiens ! tenez !** see here! well!; **— au courant** to keep somebody informed; **— sur les fonts baptismaux** to stand godmother or godfather to a child; **— les yeux fixés sur** to stare at; **si tous vos collègues tenaient ce langage** if all your colleagues spoke that way; **si vous y tenez tant que ça** if you want (value) it as much as that; **s'en — à** to abide to, stick to, be content with; **s'en — là** to stop at that
tenter to try, attempt; tempt
terme *m.* end; term
terminaison *f.* ending (*gram.*)
terminer to terminate, end, finish; **se —** to end, come to an end
terne dull, dim, wan, lusterless
terrain *m.* plot of land; ground, soil
terre *f.* earth, ground, soil, land; **à —** on the ground; **pomme de —** potato; **mettre en —** to bury; **leurs grègues étaient à —** their breeches were on the ground
terreau *m.* topsoil; compost
terreur *f.* terror, fear, dread; **la Terreur** revolutionary régime from May 1793 to July 1794
terriblement terribly, dreadfully

terrier *m.* burrow; hole
terrifier to terrify
territoire *m.* territory
tête *f.* head, brains, top; **trotter par la —** to run through one's mind
théâtral(e) theatrical
théâtre *m.* theater; **pièce de —** theater play
thème *m.* theme, topic, subject
thon *m.* tuna
thym *m.* thyme
ticket *m.* ticket, coupon; **bas sans — s** stockings purchased without ration tickets
tiède lukewarm, tepid, mild; **au —** lukewarm
tige *f.* stem
tigre *m.* tiger
timide timid, shy, bashful
tinter to ring, chime, jingle
tirailler to pester, plague, pull about, tease; **tiraillé par** torn (between, by)
tirer to draw, get, pull out; to fire (at), shoot (at); **s'en —** to make out, get along; **— dessus** *(fam.)* to shoot at
tiret *m.* dash *(gram.)*
tiroir *m.* drawer
tisserin *m.* weaverbird
titre *m.* title; **au même —** for the same reason
titulaire *m.* holder, titular, bearer, chief
toi you; **à —** yours, to (for) you
toit *m.* roof
toiture *f.* roof
tomate *f.* tomato
tombal(e) funerary; **pierre — e** tombstone
tombe *f.* tomb
tombeau *m.* tomb, grave
tomber to fall, drop, sink down; **— amoureux** to fall in love; **— mal** to do something inopportune, come at the wrong moment, to be mistaken
ton *m.* tone, tint
tonique tonic; stressed *(gram.)*
tonnant(e) thundering
tonner to thunder
torrent *m.* torrent; **il pleut à — s** the rain is coming down in buckets
tort *m.* wrong, error, harm, injustice; **avoir —** to be wrong; **mettre dans son —** to put someone in the wrong
tortue *f.* tortoise, turtle
tôt early, soon
totalement totally, completely
toucan *m.* toucan (big tropical bird)
touchant(e) touching, moving
toucher to touch, feel, affect, move (emotion)
toucher *m.* touch, feeling
touffe *f.* clump, cluster
toujours always, still, ever
tour *f.* tower
tour *m.* turn; outing; trick; **— de chant** song recital; **faire des — s** to perform feats, stunts; **jouer un mauvais —** to play a bad trick
tourelle *f.* turret
tourment *m.* torment
tourmenté(e) tormented, tortured
tourmenter to torment, plague, distress
tournant *m.* turn, bend
tourné(e) turned; **un pied —** a person with a deformed foot
tourner to turn; **— en dérision** to make look ridiculous; **se — vers** to turn toward
tousser to cough
tout *n.m.* the whole, the entirety; **risquer le — pour le —** to risk all to win all; *pron.* **—, tous, — e, — es** all, everything; **pas du —** not at all; **pas mal du —** not bad at all; **rien du —** nothing at all; **c'est —** that is all; **douter de —** to doubt everything; **un homme à — faire** jack-of-all-trades; **nous tous sans exception** all of us without exception; **à — prendre** on the whole; **après —** after all; **— ce qui (ce que)** all that, whatever; **c'est — ce qu'il y a** that's all there is; **— au —** quite as much; *adj.* **—, tous, —e, — es** all, whole, any, every; **tous les deux** both; **— es les fois que** whenever; **tous les jours** every day; **tous les deux jours** every other day; **— e la journée** the whole day; **— le monde** everybody; **— es les peines du monde** all the trouble in the world; **— le temps** always; **tous trois** the three of them; **faire — son possible** to do one's utmost, best; **somme — e** on the whole; **à — moment** at any moment; **de — mon cœur** with all my heart; **en — temps** at any time; *adv.* quite, wholly, entirely, completely, altogether, very; **cette — e petite femme** this very small woman; **robe noire — e simple** very simple black dress; (*note in these two examples that* **tout** *adverb takes the feminine form* **toute** *before a feminine adjective beginning with a consonant*); **— d'abord** from the very first, first of all; **— bas** in a low voice; **— en bas** at the very bottom; **— en blanc** all in white; **—chaud** quite warm; **— à coup** suddenly; **— d'un coup** all of a sudden; **— droit** straight ahead; **— fait** ready-made; **— à fait** quite, wholly, entirely; **— haut** aloud; **— en haut, — là-haut** way up there, at the top; **— à l'heure** presently, just now, in a short time; **à — à l'heure** see you soon; **— le long** all along; **— de même** all the same; **— au moins** at least; **— oreilles** all ears; **— particulier** very special, particular; **un — petit peu** just a little bit; **— au plus** at the very most; **— près** quite near; **— de suite** at once, right away; **le dogme — aussi important que** the dogma as impor-

tant as; **il est — à son travail** he is absorbed in his work
tracer to trace, sketch, draw, portray
traduire to translate
trahir to betray
trahison *f.* betrayal
train *m.* way; **— avant** forequarters (animal); **être en —** to be underway, in the process of
traîner to drag, trail, haul; **se —** to drag oneself
trait *m.* stroke; feature, trait
traiter to treat, deal with; **— de** to call
traître (traîtresse) treacherous
tramway *m.* streetcar
tranche *f.* slice
tranquille quiet, calm, peaceful
transfert *m.* transfer
transformer to transform, change
transitoire transitory, fleeting
transmettre to transmit, hand over; **se —** to be passed on, to be transmitted
transparence *f.* transparency
transpiration *f.* perspiration, sweat
transpirer to perspire, sweat
transporter to transport; to convey; **se —** to go, transport oneself somewhere (in imagination)
trappe *f.* trapdoor
travail *m.* work; **il est tout à son —** he is absorbed in his work
travailler to work
travers *m.* width, breadth; failing, eccentricity, bad habit; **à —** through; **de —** awry, askew, crooked; **en —** across
traverser to cross, traverse, pierce
treize thirteen
tremblement *m.* shiver, trembling, shaking
trembler to shiver, shake, tremble
trémolo *m. (mus.)* tremolo (rapid fluttering reiteration of a tone or chord producing a tremulous effect)
tremper to dip, soak, drench
trente thirty
très very, most, very much
tressaillir to tremble, shudder, wince
tribunal *m.* court of law, tribunal
tricolore three-colored, tricolored, blue-white-red (the colors of the French flag)
Trinité *f.* Trinity; Trinity Sunday; **à Pâques ou à la —** at a very uncertain date or never in a month of Sundays
triompher to overcome, triumph over, vanquish
triste sad, unhappy
tristesse *f.* sadness, unhappiness
trois three; **tous —** the three (of them); **miroir à — faces** three-sided mirror
troisième third
trompe *f.* proboscis (sucking organ of insects)
tromper to deceive, mislead, trick, be unfaithful; **se —** to make a mistake, be mistaken
trompettiste *m.* trumpet player
trompeur (trompeuse) deceitful, deceiving, misleading
tronc *m.* trunk
trop too, too much, too many
trotter to run around; **— par la tête** to run through one's mind
trou *m.* hole
troubadour *m.* troubadour (in modern French a composer-singer)
trouble *m.* turmoil, distress; **jeter le —** to disturb
troubler to trouble, disturb
troué(e) full of holes, torn
troupe *f.* troupe, crew; company (of actors, dancers, performers)
troupeau *m.* herd, flock
troupier *m.* trooper, soldier
trousse *f.* kit, case, bag; **à nos — s** at our heels
trouvaille *f.* discovery, lucky hit, windfall
trouver to find, discover; to think; **se —** to feel, happen, be, be located; **s'il s'en trouve** if there are any
tuer to kill
tueur *m.* killer
tuile *f.* tile
tumultueux (tumultueuse) tumultuous, turbulent
tussor *m.* silk cloth
tutoyer to use the familiar forms *tu* and *toi* when addressing a person
tuyau *m.* **(tuyaux** *pl.***)** pipe, tube
type *m.* style, type
typique typical, true to type

unanime unanimous
unique single; unrivaled
uniquement solely
unir to unite
univers *m.* universe
universel (universelle) universal
urbain(e) urban
usage *m.* usage, habit
usagé(e) worn, old; used, second-hand
usé(e) worn-out
ustensile *m.* utensil, implement
utiliser to utilize, make use of, use

vache *f.* cow; **vous refiler de la —** *(fam.)* to give you a tough piece of meat
vaguement dimly, vaguely
vain(e) vain, ineffectual; **en —** vainly, in vain
vaincre to win, defeat, conquer
vaincu *n.m.* loser, conquered person; *adj.* **— (e)** vanquished, conquered
vainement in vain
vainqueur *m.* victor, winner, conqueror

vaisseau *m.* ship, vessel; receptacle
vaisselle *f.* dishes
valeur *f.* value, price
vallée *f.* valley
vallon *m.* small valley
valoir to be worth, deserve, merit; **il vaut mieux** it is better
vanité *f.* vanity, conceit
variable variable, changeable, unsettled
variation *f.* variation, varying, change, changing
varié(e) varied, diversified; **hors d'œuvre — s** a selection of appetizers
varier to vary, change, diversify
variété *f.* variety, diversity
vasistas *m.* opening, fan light (over a door or a window)
veau *m.* **(veaux** *pl.***)** calf; veal
vécu(e) lived
veille *f.* eve, day before; being awake, sleeplessness; **être en état de —** to be awake, watchful
veiller to watch; **— à** to look out for; **— sur** to keep an eye on
velours *m.* velvet
Vendée *f.* region situated in the west of France
Vendéens *m.pl.* royalists who rebelled in 1793 against the republican armies; this uprising started in Vendée
vengeance *f.* revenge
venger to avenge
venir to come; **— de** + *inf.* to have just; **— chercher** to come (and) pick up
vent *m.* wind
vente *f.* sale, auction; **hôtel des — s** auction house
ventre *m.* belly, stomach
ventripotent(e) pot-bellied
venu *m.* comer; **le premier —** the first comer, anyone
véridique truthful
vérifier to verify, check
véritable veritable, true, genuine
véritablement really, truly
vérité *f.* truth
verni(e) varnished; *(fam.)* lucky; **ce qui vous a —e** *(fig.)* what has charmed you
vernis *m.* varnish; **— à ongles** nail polish
verre *m.* glass
verrue *f.* wart
vers *m.* verse, line (of poetry)
vers toward; about
verser to pour; to shed; to pay (in)
vert(e) green
vertu *f.* virtue
verve *f.* vigor, zest
vestige *m.* vestige, sign, trace
vêtement *m.* garment; **— s** clothes
veuf *n.m.* widower; **veuve** *n.f.* widow; **— (veuve)** *adj.* widowed
viande *f.* meat
vibrant(e) vibrant, stirring, thrilling
vichyssoise *f.* soup made of potatoes, leeks, and cream *(cul.)*
victoire *f.* victory
vide empty, vacant
vider to empty
vie *f.* life
vieillard *m.* old man
vieille *f.* old woman
vieillir to get old, age
Vienne Vienna (capital of Austria)
vieux (vieil) *m.* **(vieille** *f.***)** old, aged
vif (vive) animated, sharp, active, lively; **chaux-vive** quicklime
villageois *m.* villager
ville *f.* city, town; **maison de —** town hall; **hôtel de —** town hall
vin *m.* wine; **carte des — s** wine list; **courtier en — s** wine broker
vinaigre *m.* vinegar
vinaigrette *f.* vinaigrette (oil and vinegar dressing) *(cul.)*
vingt twenty
vingtaine *f.* about twenty
violemment violently
violent(e) violent, furious
violet (violette) purple
virginal(e) pure, virginal
visage *m.* face
visiblement visibly
vision *f.* sight
visiter to visit
visiteur *m.* visitor
vite swiftly, quickly, quick, fast; **au plus —** as quickly as possible
vitesse *f.* speed
vitrage *m.* glass window
vitrail *m.* **(vitraux** *pl.***)** stained-glass window
vitre *f.* windowpane
vivant(e) alive, lively; **de son —** in his (her) lifetime
vivement quickly, swiftly, briskly
vivre to live
vocabulaire *m.* vocabulary
vociférer to shout, yell
vœu *m.* wish; **vœux** *pl.* vows; good wishes, best wishes
voici here is (are)
voie *f.* way, track, path, course; vocation *(fig.)*
voilà there is (are); **et — !** there it is!; **le — !** there he (it) is!; **— . . . que** there is . . . that
voiler to veil; **se — la face** to hide one's face
voir to see; **se —** to see oneself, each other; **essayez — !** just try it, try and see!
voire even
voisin *m.* neighbor
voiture *f.* cart; car

voix *f.* voice; **à demi-** — in a low voice; **à haute** — aloud; **à** — **basse** in a low voice; **mettre aux** — to put to the vote
vol *m.* flight (airplane, bird); theft
voler to fly; to steal
voleur *m.* **(voleuse** *f.***)** thief
volonté *f.* will, willpower; **à** — at will, at pleasure
volontiers willingly, gladly, with pleasure
volupté *f.* voluptuousness, sensual pleasure
voluptueux (voluptueuse) voluptuous, sensual
votre (vos *pl.***)** *adj.* your
le vôtre *m.* **(la** — *f.***)** **(les** — *m.f.pl.***)** *pron.* yours, your own
vouer to consecrate, devote
vouloir to wish, want, desire; — **bien** to accept, be willing; — **dire** to mean; **ne m'en veuille pas** don't hold a grudge against me; **tout le monde en veut** everybody wants some
voulu(e) wished, required, deliberate, studied
vous you; **quant à** — as for you
voûte *f.* vault, arch
voûté(e) stooped, bent over
vouvoyer to say *vous* instead of *tu* or *toi* when addressing someone
voyage *m.* trip, journey
voyager to travel
voyageur *m.* traveler; — **de commerce** traveling salesman
voyelle *f.* vowel
vrai(e) true, real, genuine; **à** — **dire** in truth
vraiment truly, really, indeed
vue *f.* sight, glance, **point de** — point of view; **à première** — at first glance

y *adv.* there; *pron.* it, to, at, about it; **il** — **a** there is, there are; — **être pour beaucoup** to have a good deal to do with it; **vous** — **êtes** you have caught on; **à s'** — **méprendre** almost to be taken for; **c'est tout ce qu'il** — **a** that's all there is; **si vous** — **tenez tant que cela** if you want (value) it as much as that; **je n'** — **puis rien** there is nothing I can do about it
yeux *m.pl.* **(œil** *sing.***)** eyes; **à** — **déformants** eyes that deform what they see; **sauter aux** — to be obvious; **tenir les** — **fixés sur** to stare at

zèle *m.* zeal, warmth, enthusiasm
zéro *m.* zero, naught; a nonentity; **repartir à** — to start again from scratch, go back to square one

Photo Credits

Page 2: Library of Congress.
Page 14: UPI.
Page 22: Library of Congress.
Page 45: French Press and Information Service.
Page 53: From *Littérature Africaine 7* © 1964 Fernand Nathan/The New Public Library.
Page 71: Courtesy Editions Julliard.
Pages 80 and 132: H. Roger-Viollet.
Page 139: Courtesy Anna Marley.
Page 147: Photo by Jacques Robert N.R.F.
Page 153: Top, Culver Pictures.
Page 154: H. Roger-Viollet.
Page 161: French Press and Information Service.
Page 155: H. Roger-Viollett.